Bauerngärten
schön gestaltet

Sue Phillips

Bauerngärten
schön gestaltet

Kaleidoskop Buch

Aus dem Englischen übersetzt
von Angelika Feilhauer
Redaktion: Brigitte Milkau
Korrektur: Petra Tröger
Einbandgestaltung: Johannes Maasburg, München
Herstellung: Dieter Lidl
Satz: Fotosatz Völkl, Puchheim

Die Originalausgabe mit dem Titel *The Cottage Garden*
wurde erstmals 1994 im Verlag
Conran Octopus Ltd, London, veröffentlicht

Druck und Bindung: New Interlitho, Mailand
Printed in Italy

ISBN 3-88472-401-0

HINWEIS

Alle Informationen und Hinweise, die in diesem Buch enthalten sind, wurden vom Autor nach bestem Wissen erarbeitet und von ihm und dem Verlag mit größtmöglicher Sorgfalt überprüft. Unter Berücksichtigung des Produkthaftungsrechts müssen wir allerdings darauf hinweisen, daß inhaltliche Fehler oder Auslassungen nicht völlig auszuschließen sind. Für etwaige fehlerhafte Angaben können Autor, Verlag und Verlagsmitarbeiter keinerlei Verpflichtung und Haftung übernehmen.

Korrekturhinweise sind jederzeit willkommen und werden gerne berücksichtigt.

SEITE 1: Borretsch *(Borago officinalis)* und Judassilberling *(Lunaria annua)*

SEITE 2: Katzenminze *(Nepeta racemosa)* Rittersporn *(Delphinium)* und *Rosa* ›Comte de Chambord‹

RECHTS: Ein blühender Bauerngarten

INHALT

Die Tradition des englischen Cottage-Gartens

Immer und überall haben Menschen, die in einfachen Häusern lebten, ihre Gärten nicht nur zur Verschönerung ihrer Umgebung, sondern auch zur Selbstversorgung genutzt. Sie bauten Pflanzen an, die ihnen als Nahrung dienten, für den Haushalt nützlich waren oder sich sogar verkaufen ließen. Der englische Cottage-Garten beruht – ebenso wie der Bauerngarten, wie wir ihn im deutschsprachigen Raum kennen – auf einer jahrhundertealten Tradition. Heute besitzt der ländliche Garten zwar kaum noch eine existentielle Funktion, aber dennoch erlebt er gegenwärtig eine Renaissance. Für viele Menschen ist er mehr als nur ein Hobby – er ist Ausdruck einer Lebensweise.

Des Bauern Stolz – ein Cottage-Garten
von Henry Sutton Palmer (1854–1933).
In diesem Gemälde aus Viktorianischer Zeit spiegelt sich die Vorstellung vieler Menschen von einem traditionellen Cottage-Garten wider. Typisch sind gewaltige Obstbäume und auch der zufällig wirkende Charakter der Pflanzungen, in denen sich viele Blumen selbst ausgesät haben.

Der Cottage*-Garten hat seine Wurzeln in der Sehnsucht nach Vergangenem, in romantischen Vorstellungen vom ländlichen Leben, wie es auf Aquarellen aus Viktorianischer Zeit dargestellt ist, mit bescheidenen alten Häuschen, um deren Türen sich Rosen ranken, und Bauernmädchen, die, umringt von engelhaften Kindern, Stockrosen hegen. Dennoch sind seine Ursprünge sehr viel älter. Schon im Mittelalter waren englische Cottages von einer Art Garten (oder Einfriedung) umgeben. Im Lauf der Jahrhunderte allerdings veränderten sich diese Cottage-Gärten und ihre Nutzung stark – und sie wandeln sich auch heute noch.

Die Geschichte des Cottage-Gartens

Im Mittelalter wohnten in den Cottages meist Pächter, die ein bescheidenes Leben führten. Diese aus Flechtwerk und Lehm errichteten Häuschen waren einfache Hütten mit nicht mehr als zwei Räumen. In der Mitte des größeren Raums befand sich eine offene Feuerstelle, doch ein Kamin, durch den der Rauch abziehen konnte, existierte nicht. Auch der Garten entsprach heutigen Vorstellungen wenig, eher erinnerte er an ein kleinbäuerliches Anwesen. In einem von groben Einfriedungen umgebenen Hof war das Vieh untergebracht, mit dem die Menschen in Winternächten das Haus teilten. Möglicherweise wurden in diesem Garten Futterpflanzen für die Tiere gezogen und Wildkräuter, die von den Wiesen der Umgebung stammten. Auch einige Gemüsearten baute man damals schon an, etwa halbwilden Kohl, der dem täglichen Mahl der Bauern, einer dicken Getreidesuppe, Geschmack verlieh. Auf den großen Gütern legte man Gärten für die Kultur von Gemüsen und Kräutern an, und auch Klöster besaßen stattliche Nutzgärten, in denen die Mönche eine beachtliche Vielfalt an Gemüse, Obst und Heilkräutern zogen. Im 16. Jahrhundert (Tudor- und Elisabethanische Zeit) erlebte England in Handel und Schiffahrt einen großen Aufschwung, und in dieser Zeit wurden die Anfänge des englischen Kolonialreichs geschaffen. Exotische Nahrungsmittel wie Feigen, Mandeln und Orangen, Gewürze wie Pfeffer und Ingwer und auch neue Rezepte kamen nach

* Cottages nannte man früher in England die Hütten der Landarbeiterfamilien.

Cottage-Garten von Miles Birket Foster (1825–1899). Dieses Gemälde zeigt die Wirklichkeit jenseits aller romantischen Vorstellungen – einen Cottage-Garten einfacher Leute in Viktorianischer Zeit. Es fehlt nur der Schweinestall, den man bis in neuere Zeit in fast jedem Cottage-Garten fand.

LINKS Die ersten Pflanzen, die in Cottage-Gärten wuchsen, waren keine reinen Zierpflanzen, sondern immer auch Nutzpflanzen. Diese Pflanzen findet man bis zum heutigen Tag, auch wenn sie vielleicht im Haushalt nicht mehr verwendet werden. Hier sind es die Schlingrose ›Dorothy Perkins‹, rasch wachsende Kapuzinerkresse *(Tropaeolum majus),* kriechender Thymian, buntlaubiger Günsel *(Ajuga),* goldblättriger Dost (*Origanum vulgare* ›Aureum‹) und Waldmeister *(Galium odoratum).*

England. Es bildete sich eine Schicht reicher Kaufleute, und man investierte Geld in das Land. Die Dörfer wurden verschönert, und auch den Landarbeitern ging es besser. Doch mochten die Behausungen der Landarbeiter auch komfortabler werden, ihre Lebensweise änderte sich kaum. In dieser Zeit fanden möglicherweise auch die ersten Wildblumen Eingang in den einen oder anderen Winkel des Gartens.

Eine Sprosse höher auf der sozialen Leiter kultivierten die Frauen von Kleinbauern und Handwerkern in ihren Gärten Pflanzen, aus denen sie Nützliches für den Haushalt herstellten, wie Duftkissen für die Wäsche, Toilettenartikel, Insektenabwehrmittel und Arzneien oder Aromazutaten für Speisen und Getränke. Vermutlich waren sie es auch, die neben Gemüsen, Kräutern und Obstbäumen Blumen zu ziehen begannen, in dem Bestreben, die unter Großgrundbesitzern aufgekommene Mode der Ziergärten zu kopieren. Recht hübsch sahen wohl auch die Gärten von Gasthäusern aus. Wirte zogen Kräuter wie Marienblatt *(Chrysanthemum majus)* und Gartennelken *(Dianthus caryophyllus),* mit denen sie Wein und gesüßtes warmes Bier aromatisierten – Getränke, die zu jener Zeit sehr beliebt waren.

Das 18. Jahrhundert

Im 18. Jahrhundert lebten in den kleineren Städten Händler und Kunsthandwerker in Cottages, die von Gärten umgeben waren. Vor allem in den Städten Nordenglands entstanden nun *florist's societies* (Pflanzenliebhaber-Gesellschaften), doch bei ihren Mitgliedern handelte es sich nicht um professionelle Blumenbinder, sondern um Laien, die sich auf die Kultur, Züchtung und Ausstellung bestimmter Blumen spezialisiert hatten. Jede dieser Vereinigungen veranstaltete dreimal im Jahr eine Blumenschau, bei der als Preise Kupferkessel und ähnliche Trophäen winkten und zum Schluß ein Festschmaus stattfand. Solche Ereignisse waren allgemein als *florist's feasts* bekannt. Bei den Mitgliedern dieser Vereinigungen handelte es sich meist um Bürger aus der Mittelschicht, wie Ärzte oder Geistliche, wenngleich auch gelegentlich Händler und Fabrikarbeiter unter ihnen anzutreffen waren. So züchteten beispielsweise die Weber im schottischen Paisley Nelken und versuchten, in den bunten Zeichnungen der Blüten die komplizierten Muster ihrer Wollschals nachzuahmen. Zu den vielen Blumen, welche die engagierten Hobbygärtner damals zogen, gehörten Nelken *(Dianthus)*, Aurikeln *(Primula auricula)* und Hahnenfuß *(Ranunculus)*, und sie versuchten, Gruppen mit neuen Farben und Zeichnungen oder vollkommen runden Blüten zu züchten.

Die Großgrundbesitzer auf dem Land waren in dieser Zeit so begütert, daß sie ihre beim Dorf gelegenen Höfe aufgaben und an exponierten Plätzen herrschaftliche Häuser errichteten, von denen sie die umliegende Landschaft überblicken konnten. Sie hegten das Land rund um das Haus ein, legten großzügige Parks an und gestalteten die Landschaft so, daß großartige Panoramen entstanden. Und da sie nicht auf verfallene Häuser schauen wollten, wurden oft ganze Dörfer niedergerissen. Humane Grundbesitzer siedelten die Bauern in »Modelldörfer« um, die speziell für diesen Zweck errichtet worden waren, andere überließen die vertriebenen Menschen einfach ihrem Schicksal. Ende des 18. Jahrhunderts hatte die Mode, pittoreske Landschaften zu gestalten, solche Blüten getrieben, daß manche Dörfer in weit größerem Maße der Verschönerung der Szenerie dienten, als ihren Bewohnern zu nutzen. Häufig besaßen die Häuser einen geradezu märchenhaften Charakter und wiesen zahlreiche architektonische Spielereien auf, wie etwa kunstvolle Kamine, aber es gab praktisch kein Land, auf dem die Bewohner Nahrungsmittel anbauen konnten. Es wird sogar behauptet, daß einige Landbesitzer den Dorfbewohnern ein Entgelt zahlten, damit sie, als Knechte und Milchmädchen verkleidet, umherspazierten und das Landschaftsbild »schmückten«; auf diese Weise wollte man Besuchern imponieren, die auf die Tore des Parks zufuhren.

Das 19. Jahrhundert

Die schmucken Cottages, die gegen Ende des letzten Jahrhunderts gebaut wurden, verlangten nach passenden Gärten, und immer mehr Grundbesitzer versuchten auf ihre Pächter einzuwirken, damit sie ihre Umgebung verschönerten. In den oberen Gesellschaftsschichten entwickelten sich Gartenarbeiten rasch zu einem modischen neuen Hobby, und einflußreiche Autoren jener Tage wie John Claudius Loudon versuchten die Lebensbedingungen der Armen auf dem Land zu verbessern, indem sie den Landadel motivierten, Cottage-Entwicklungsprogramme zu entwerfen. Einige Großgrundbesitzer veranstalteten auch Wettbewerbe und setzten Preise für die schönsten Gärten und besten Gartenprodukte aus. Um diese Zeit begannen Landarbeiter ein echtes Interesse am Garten zu zeigen, und es entstand das, was wir heute als den Geist des Cottage-Gartens ansehen. Die Gärten des Landadels wurden mit neuen und exotischen Pflanzen aus fernen Ländern bepflanzt, und Dorfbewohner, die in ihnen arbeiteten, gaben – heimlich oder mit Erlaubnis der Gutsbesitzer – überzählige Pflanzen oder Samen an Verwandte und Freunde weiter.

Die Bewohner von Cottages lebten äußerst sparsam und nutzten für die Verbesserung ihrer Gärten ausschließlich natürliche Ressourcen. Man setzte Schweine- und Geflügelmist mit Garten- und Küchenabfällen zum Verrotten an, bewegte zur Düngung des Bodens tragbare Klosetts durch den Garten und verwendete selbst noch den Inhalt des Nachttopfes. Der feine Schlamm, den Landarbeiter jedes Jahr aus Entwässerungsgräben entfernten, diente in den Cottage-Gärten als Dünger.

Ausschnitt aus einem »Aurikel-Theater«, abgebildet auf dem Titelblatt von C. Harman Paynes *Florist's Bibliography* (1908). Es handelt sich dabei um die Reproduktion einer Illustration aus *Traite de la Culture parfaite de l'Oreille-d'Ours* (1735) von Sieur de Guenin.

Der Cottage-Garten (Bossington, Somerset) von Arthur Claude Strachan (1865–1935). Viktorianische Maler hatten eine Vorliebe, das Landleben zu romantisieren, wie dieses Gemälde eines idyllischen Cottage-Gartens zeigt.

Das viktorianische Ideal

Der romantische Cottage-Garten, wie wir ihn heute kennen – mit Stockrosenrabatten am Gartentor und Rosen an der Eingangstür –, entstand jedoch erst in der Viktorianischen Ära. Zu diesem Zeitpunkt hatte sich das Gärtnern bei den Reichen der Oberschicht zu einer regelrechten Manie entwickelt. Sie finanzierten Reisen ins Ausland zur Entdeckung neuer Pflanzen, sammelten Exoten, wie etwa Orchideen, und gehörten zu den ersten, die mit neuen Formen der Bepflanzung experimentierten. Um die vorstädtischen Villen der Mittelschicht entstanden Wintergärten und geometrische Rabatten. Die Begeisterung für den Cottage-Garten in der Viktorianischen Zeit nahm vermutlich ihren Anfang, als Maler, Dichter und Schriftsteller pittoreske alte Cottages renovierten und sich dort niederließen. Sie legten romantische Gärten an, in denen ihre Vorstellung des ländlichen Idylls zum Ausdruck kam, und zum erstenmal waren Cottage-Gärten nicht mehr nur zweckmäßig, sondern dekorativ. Und mit der Einführung neuer, exotischer Pflanzen aus fernen Ländern fanden bald alle möglichen empfindlichen und außergewöhnlichen Gewächse Eingang in den Cottage-Garten.

Auch die alteingesessenen Dorfbewohner begannen unter dem Einfluß der Veränderungen um sie herum exotische Pflanzen zu ziehen, die sie von ihren neuen Nachbarn erhielten. Gleichzeitig nutzten sie ihre Gärten als Einkommensquelle, indem sie das darin gezogene Obst und Gemüse sowie den Honig aus ihren Bienenkörben verkauften. Die *florist's societies* hatten zu dieser Zeit nur noch wenige Mitglieder, da die meisten Handwerker nicht mehr zu Hause arbeiteten, sondern in die Fabrik gingen und daher nur noch wenig Gelegenheit hatten, Pflanzen zu ziehen und zu pflegen. Als Folge gingen viele alte Sorten, etwa von Aurikeln *(Primula auricula),* Polyanthus-Primeln, altmodischen Nelken, Leberblümchen *(Hepatica)* und Tulpen, wie auch einige alte Cottage-Blumen, die durch modernere Pflanzen ersetzt worden waren, beinahe verloren.

Die Edwardianische Zeit

Während der Regierungszeit Edwards VII. (1901 bis 1910) kamen Staudenrabatten und Pergolen in den vornehmen Gärten der Oberschicht in Mode, und wiederum setzten sich diese neuen Ideen allmählich auch in allen anderen Gesellschaftsschichten durch. Zeitgenössische Gartenbuchautoren wie William Robinson priesen die schlichte Gestaltung des Cottage-Gartens, was auch die große Gärtnerin Gertrude Jekyll und die englische Schriftstellerin Vita Sackville-West beeinflußte, obwohl sie die Gärten von Häusern gestalteten, die nichts mit Cottages gemein hatten. Beide Frauen benutzten ausgefallene Farbzusammenstellungen, wobei Gertrude Jekyll, um die gewünschte Wirkung zu erzielen, ihre Pflanzen ähnlich verwendete wie ein Maler Farben auf einer Leinwand. Vita Sackville-West mochte es dagegen, wenn Pflanzungen natürlich aussahen. Sie ließ Kletterpflanzen in buntem Durcheinander an Mauern emporwachsen oder Pflanzen, die sich selbst ausgesamt hatten, beliebig gedeihen oder kombinierte wilde und altmodische Blumen mit den neueren Exoten. Ihr Landhaus Sissinghurst Castle in Kent existiert noch heute, und der Garten ist ein wunderbares Beispiel für das »Goldene Zeitalter« des Cottage-Gartens. Vermutlich haben diese Tatsache und der Umstand, daß der Garten bis heute praktisch originalgetreu erhalten blieb, dazu geführt, daß der »Sissinghurst-Stil« den wahrscheinlich größten Einfluß auf den heutigen Cottage-Garten bekommen hat.

OBEN Im Garten von Sissinghurst Castle in Kent hat sich wenig verändert, seit ihn die berühmte Schriftstellerin und passionierte Gärtnerin Vita Sackville-West bepflanzte. Für diesen Gartenbereich wurde eine Komposition in Rot, Orange und Gelb verwendet – Farben, die in heutigen Cottage-Gärten oft gemieden werden, da viele Gartenbesitzer sie als schwierig empfinden.

OBEN Die Autorin Sue Phillips in ihrem Cottage-Garten in West Sussex.

LINKS In diesem traditionellen Cottage-Garten führt ein gerader Weg durch einen üppigen Pflanzenteppich zur Eingangstür.

Der Bauerngarten

Ein flüchtiger Blick genügt, und man kann einen Bauerngarten von allen anderen Gärten unterscheiden. Aber woran erkennt man ihn so leicht? Ungeachtet aller Entwicklungen und modischen Trends folgen die meisten Bauerngärten bis heute ungeschriebenen traditionellen Gesetzen, die auf einer Reihe von Merkmalen beruhen, die in ihrer Summe einen bäuerlichen Garten ergeben. Doch das Mischen der richtigen Zutaten allein ist noch längst keine Garantie für einen gelungenen Bauerngarten. Jeder Gartenbesitzer muß darüber hinaus seine Phantasie und Intuition einsetzen, um den Zauber perfekt zu machen.

Das klassische Rezept für einen gelungenen Bauerngarten sind üppig gedeihende Pflanzen, die sich auf ganz natürliche Weise selbst ausgesamt haben. Hier wachsen vor Holunderbüschen Fingerhut *(Digitalis)*, Nachtviolen *(Hesperis matronalis)*, Lupinen *(Lupinus)* sowie Rittersporn *(Delphinium)* und bilden einen ländlich wirkenden Garten.

Charakteristische Elemente

Hier wird eine dichte, natürlich wirkende Pflanzung, wie man sie oft in Vorgärten von Landhäusern findet, von einem gewundenen Kiesweg geteilt. Zu den Pflanzen, die eine bunte Mischung aus Farben, Formen und Strukturen bilden, gehören Lupinen *(Lupinus)*, Lungenkraut *(Pulmonaria)*, Margeriten (*Chrysanthemum-Maximum*-Hybriden), Wolfsmilch *(Euphorbia cyparissias)*, Iris und Zitronenmelisse *(Melissa officinalis)*.

Es mag Sie vielleicht überraschen, daß in einem Bauerngarten nicht unbedingt auch ein reizendes altes Bauernhaus stehen muß. Diese besondere Art der Gartengestaltung kann praktisch jedem kleinen Garten einen gewissen ländlichen Charme verleihen, ganz gleich, ob er in einer Großstadt oder auf dem Land liegt. Der Unterschied zwischen einem Bauerngarten und anderen Gartenstilen beruht auf seiner Atmosphäre, und die gibt es nicht im Gartencenter zu kaufen, sondern sie muß durch sorgfältiges Zusammenfügen traditioneller Elemente geschaffen werden.

Die Atmosphäre

Bauerngärten haben das reizvolle Flair eines geordneten Durcheinanders. Man hat den Eindruck, sie seien nie geplant worden; fast wirken sie ein wenig vernachlässigt, und die Pflanzen scheinen zufällig darin zu wachsen. In Bauerngärten werden die üblichen Regeln der Gartengestaltung außer Kraft gesetzt. Oft stehen die Pflanzen zu dicht zusammen und sehen aus, als habe nicht die Gartenschere, sondern die Natur sie geformt. Und hohe Pflanzen müssen nicht in Reih und Glied aufrecht an Stäben und Stützen wachsen, sondern dürfen sich anmutig zur Seite neigen. Da Bauerngärten aus vielen kleinen Details bestehen, die sich nicht mit einem flüchtigen Blick erfassen lassen, erkundet man sie am besten langsam und gemütlich umherschlendernd. In Rabatten hebt sich keine Pflanze aus der Masse heraus, denn was zählt, ist der Gesamteindruck. Seit alters her sind ihre Farben kräftig und willkürlich kombiniert, und gerade heute erlebt diese Art der Farbgebung eine Renaissance, nachdem jahrelang gedämpfte Pastelltöne und eng umgrenzte Farbpaletten in Mode waren.

In alten englischen Cottage-Gärten kann man eine ungewöhnliche Mischung aus formalen und zwanglosen Elementen entdecken, die überraschend harmonisch wirkt. So mag sich in manchem Garten eine Reihe als Hochstämme erzogener Stechpalmen *(Ilex aquifolium)* finden, die in eine ordentliche Form gestutzt wurden und aus einer wellenförmig

OBEN RECHTS Ein gewundener Weg lenkt das Auge auf natürliche Weise von einer Pflanzengruppe zur nächsten. Die hohen Sträucher hinter den Rabatten rahmen den Bereich ein und lassen einen kleinen »Garten im Garten« entstehen.

RECHTS Diese mit Lupinen *(Lupinus)*, Mohn *(Papaver orientale)*, winterhartem Storchschnabel *(Geranium)* und Nachtviolen *(Hesperis matronalis)* bepflanzte Fläche wird durch einen Weg geteilt, der lediglich aus einer einzelnen Reihe von Pflasterplatten besteht und selbst für eine einzelne Person kaum breit genug ist.

geschnittenen Weißdornhecke *(Crataegus monogyna)* herausstehen, oder eine ordentliche Linie aus den Schalen großer Jakobsmuscheln mit einer schnurgeraden Pflanzenreihe dahinter, die einen Weg säumt.

Bestimmte Blumen ordnet man automatisch bäuerlichen Gärten zu, insbesondere beliebte altmodische Arten wie Stockrosen *(Alcea rosea),* Bartnelken *(Dianthus barbatus),* Madonnenlilien *(Lilium candidum)* und Rosen. Mittlerweile gibt es aber auch andere Pflanzen, die in das bunte Blumenpotpourri des Bauerngartens Eingang gefunden haben, wie etwa Lilienhybriden, großblumige *Clematis* und Wolfsmilch *(Euphorbia),* ja sogar Steingartenpflanzen, die heute in Mode sind. Obwohl sie in traditionellen Bauerngärten gewiß keinen Platz gehabt hätten, wirken sie überhaupt nicht deplaziert und verleihen dem Garten Farbe und Reiz.

Bäume und Sträucher beispielsweise spielten in den Bauerngärten des 19. Jahrhunderts keine große Rolle, wenn man einmal von traditionellen Arten absieht, zu denen insbesondere Rosen und Obstgehölze gehörten. In modernen Bauerngärten findet man dagegen häufiger Bäume und Sträucher, die einen dekorativen Hintergrund für die bunten Blumenrabatten bilden und darüber hinaus den Garten über einen längeren Zeitraum des Jahres schmücken. Um die Tradition fortzuführen, entscheiden sich viele Gartenbesitzer für ausgefallenere Obstgehölze wie etwa Mispeln und Quitten oder nahe Verwandte heimischer Arten.

Rasen fehlte im traditionellen Bauerngarten gänzlich, denn man hatte damals noch keine Rasenmäher und wollte gewiß keinen Platz verschwenden, auf dem Obst und Gemüse wachsen konnten. Und wenn sich in den meisten heutigen Bauerngärten doch Rasenbereiche finden, sind sie oft mit Gänseblümchen *(Bellis perennis)* getupft und wirken recht natürlich. In keinem Bauerngarten aber spielt Rasen die zentrale Rolle, die ihm bei vielen anderen Gestaltungsstilen zukommt.

Wasser kann als traditionelles Element des bäuerlichen Gartens betrachtet werden. In vielen alten Anwesen gab es Brunnen oder Pumpen, die das Haus mit Wasser versorgten, und in alten Zeiten hatten die Gärten sogar einen Ententeich. Daher können zwanglose oder, im Idealfall, naturnahe Teiche im heutigen Bauerngarten durchaus passend wirken (siehe auch S. 60).

Vorgärten

Früher wuchsen in den meisten Bauerngärten Pflanzen, die ausschließlich dekorativen Charakter hatten, vermutlich auf der Vorderseite des Hauses. Dies hatte zum einen praktische Gründe – im Vorgarten waren normalerweise keine Tiere untergebracht, und Außengebäude, Schweinestall und Gemüsegarten waren meist hinter dem Haus plaziert –, zum anderen aber auch ästhetische, da der Vorgarten ständig im Blickfeld von Nachbarn und Passanten lag. Vor allem dort, wo Großgrundbesitzer zu ihrem persönlichen Vergnügen auf schmucke Dörfer blicken wollten, versuchten sie ihre Pächter dazu zu bewegen, die Gärten entsprechend zu gestalten. Der Grundriß eines Bauernvorgartens wurde weitgehend durch die Form des Grundstückes bestimmt, die häufig sehr unregelmäßig war, obgleich sich hier mehrere traditionelle Formen entwickelten. Darüber hinaus gab es eine Reihe von Bepflanzungsstilen, die von streng formal bis nahezu vollkommen wild reichten.

Formale und natürliche Gestaltungen

Auf viktorianischen Aquarellen sind Bauernhäuser dargestellt, deren Vorgärten so natürlich wirken, daß sie nur durch Selbstaussaat und eine ordentliche Portion Nachlässigkeit entstanden sein können. Aber trotz des romantischen Pflanzendurcheinanders wirken Bauerngärten dennoch stets ordentlich. Dieses »geordnete Durcheinander« entsteht nicht zufällig, sondern durch das Zusammenspiel von Geometrie und Symmetrie mit der vielfältigen, bunten Pflanzenpracht. Manche Häuser haben überhaupt keinen Vorgarten, da sie unmittelbar an einer Straße stehen, wenngleich hier und dort in Ecken Stockrosen *(Alcea rosea)*, Gemeiner Baldrian *(Valeriana officinalis)*, Kissenprimeln *(Primula vulgaris)* und andere Blumen wachsen, oder es gibt eine Hecke und ein Fleckchen Wiese, in der wie zufällig ein Apfelbaum und Blumen gedeihen. Da die viktorianischen Künstler aber Romantiker waren, malten sie am liebsten baufällige Häuschen, und die Gärten, die sie darstellten, sind vermutlich nicht ganz typisch. Die Gärten der Landhäuser von Künstlern und Intellektuellen waren besser gepflegt, aber ebenfalls natürlich gestaltet. Sie wirkten nicht vernachlässigt, sondern sollten den Eindruck üppiger Fülle erwecken.

Wie man auf Illustrationen und frühen Fotos aus den Anfängen des 20. Jahrhunderts sieht, gab es zu jener Zeit zwei Vorgartentypen. Kleine Häuschen besaßen nun Vorgärten, die überwältigend formal wirkten. Zur Eingangstür führte ein gerader Weg, an dessen Seiten Blumenteppiche wuchsen, und oft standen am Wegesrand mehrere strenge Blumenreihen, vor denen möglicherweise als Abgrenzung noch Muschelschalen aufgereiht waren. Wo es auf der Rückseite des Hauses keinen richtigen Garten gab, versteckten sich hinter den Blumen im Vorgarten auch Gemüsereihen. Bei manchen Reihenhäusern bestanden die Gärten fast gänzlich aus Blumenreihen, die parallel zum Weg gepflanzt waren und den Garten gleichzeitig von den Wegen und Blumenreihen der Nachbarhäuser trennten.

In den Vorgärten größerer Landhäuser, deren Eigentümer wohlhabender waren, gab es möglicherweise ein Stück Rasen, das von üppigen Rabatten umgeben wurde, und gewundene Wege, die hinter das Haus führten. Oder die Besitzer hatten sich für eine vollkommen natürliche Gestaltung entschieden und ihren Vorgarten mit einem Meer aus Blumen bepflanzt. Damals gab es aber noch keine Autos, Garagen oder Auffahrten, und so ist es unvermeidlich, daß die heutigen Vorgärten etwas anders aussehen als ihre Gegenstücke im 19. Jahrhundert.

Da historische Quellen ein solch breites Spektrum an authentischen Vorgartengestaltungen be-

OBEN Üppige Staudenrabatten säumen den Weg zur Eingangstür dieses Landhauses.

OBEN RECHTS Hinter einer Blumenrabatte, in der Gladiolen, Zinnien und Kornblumen *(Centaurea cyanus)* dominieren, liegt versteckt ein Gemüsebeet.

RECHTS Selbst im kleinsten Vorgarten ist Platz für ein hübsches Arrangement aus Kletterpflanzen wie Rosen und Staudenwicken *(Lathyrus latifolius)*, die hier zusammen mit Fingerhut *(Digitalis)* wachsen.

reithalten, ist es recht einfach, dort Vorschläge zu finden, die unseren heutigen Gegebenheiten angepaßt werden können. Beliebt sind beispielsweise kleine Vorgärten mit Beeten und Rabatten, zwischen denen Kieswege hindurchführen, an deren Rändern sich kleine Pflanzen ausgesamt haben, die auflockernde Wirkung haben. Besonders hübsch sind Beeteinfassungen aus geschnittenem Buchs, denn das dunkelgrüne Blätterwerk ist auch im Winter ein schöner Anblick. Aber auch Steine aus der Region, wie etwa Flußkiesel, wirken mit Kies sehr reizvoll. Solchen Gärten liegt oft eine konventionelle Anlage zugrunde, die ursprünglich aus einer kleinen Rasenfläche mit Beeten oder Rabatten bestand. Doch im Lauf der Zeit wurden die Beete vergrößert, um Platz für noch mehr Pflanzen zu schaffen. Und irgendwann waren von dem Rasen nur noch ein paar Fleckchen übrig, die bei nassem Wetter matschig wurden, bis endlich der Besitzer die restliche Grasnarbe entfernte und durch Kies ersetzte. Dieser Prozeß ist typisch für die Entwicklung eines bäuerlichen Gartens, und Sie wären sicher überrascht, wenn Sie wüßten, wie viele der schönsten Bauerngärten von heute auf diese Weise zustande kamen.

Diese niedrige Steinmauer trennt auf natürlich wirkende Weise zwei sehr unterschiedliche Pflanzungen, erzeut dabei aber nur wenig Schatten. Vor der Mauer wachsen streng aufgereiht Bartiris, die mit Mauerpfeffer *(Sedum acre)* unterpflanzt wurden, um den Rand der strengen Kiesfläche aufzulockern.

Die Aufteilung des Gartens

Der traditionelle Bauerngarten kennt weder jenen Rasen noch jene ausgedehnten Flächen mit harten Belägen, die in modernen Gärten die Grundform definieren, sondern hier übernehmen diese Funktion mehrere weniger dominierende Elemente. Außenbegrenzung, innere Trennelemente und Wege dienen als Hilfsmittel, um vorhandene Formen hervorzuheben. Elemente wie diese bereichern den Garten durch Details, wichtiger ist aber noch, daß sie den Hauptattraktionen des Gartens – den Blumenrabatten – in unterschiedlichen Höhen Reiz verleihen.

Grundstücksgrenzen

Traditionelle Bauerngärten wurden meist von einer typisch ländlichen gemischten Hecke aus obsttragenden und anderen Gehölzen umgeben, die das Vieh der Nachbarn fernhalten sollte und darüber hinaus einige Zutaten für die Küche lieferte. Heute haben gemischte Hecken als Schutz für exponierte Gärten unschätzbaren Wert, da in einer solchen Anlage auch die Kultur anspruchsvollerer, zarterer Pflanzen möglich ist, und sie bilden einen schönen Hintergrund für die Rabatten. Eine Hecke aus stachel- oder dornenbewehrten Pflanzen wie Weinrose *(Rosa rubiginosa)* und Weißdorn *(Crataegus monogyna)* kann zudem für mehr Schutz vor ungebetenen Gästen im Garten sorgen.

Früher errichtete man in Gegenden, in denen sich Steinbrüche befanden, um die Gärten Mauern aus Stein, von denen heute noch viele existieren. Wo es hingegen große Kopfweiden gab, die die notwendigen Rohmaterialien lieferten, wurden in alten Zeiten zur Einhegung der Gärten Flechthürden benutzt. Sie sind darüber hinaus nützlich, wenn Lücken in Hecken zu schließen sind, selbst wenn man mit ihnen keinen ganzen Zaun errichten will. Im allgemeinen kommt jedes natürliche Material, das vor Ort erhältlich und in ausreichenden Mengen vorhanden sowie preiswert ist, für die Einhegung von Bauerngärten in Frage – zumindest hätte man diese Materialien in alten Zeiten verwendet.

Unterteilungen innerhalb des Gartens

Bei Gärten mit unregelmäßigem Grenzverlauf liegt es nahe, sie in kleinere Bereiche zu unterteilen, doch prinzipiell ist dies natürlich in jedem Garten möglich (siehe regelmäßig und unregelmäßig geschnittene Grundstücke, S. 50). Als unterteilende Elemente bieten sich hier verschiedene Möglichkeiten wie ins Auge fallende Gruppen hoher Pflanzen, formale Hecken, rustikale Zäune, Kletterpflanzen, an Drähten erzogene Obststräucher und sogar Blumenbeete, Wege oder offene Flächen an.

Durch eine geschickt angelegte Unterteilung können selbst in kleine Gärten zahlreiche Details integriert werden, ohne die Gesamtstruktur zu stören. Mit Hilfe dieser Methode kann man innerhalb des eigentlichen Gartens kleine Themenbereiche entstehen lassen, die wie Miniaturgärten wirken. Diese laden nicht nur zu Spaziergängen durch den Garten ein, sondern bieten auch eine gute Möglichkeit, neue Gestaltungskonzepte zu erproben und mit verschiedensten Pflanzenkombinationen und neuen Ideen zu experimentieren, ohne daß die Gefahr besteht, durch einen Fehler die Freude am übrigen Garten zu schmälern. So lohnt sich etwa ein Versuch mit einem Kräutergarten (siehe S. 30), einem Kamillenrasen (siehe S. 31), einem dekorativen Gemüsegarten (siehe S. 68) oder einem gepflasterten Gartenbereich mit zahlreichen Pflanzgefäßen (siehe S. 64).

Beeteinfassungen

In traditionellen Bauerngärten wurden Wege und Blumenbeete häufig eingefaßt, um klare Konturen zu schaffen. Auf diese Weise bekam auch ein Garten, der eigentlich nur aus einem Pflanzenteppich bestand, mehr Gestalt. In einem modernen Garten haben Einfassungen darüber hinaus praktischen Nutzen, denn sie verhindern, daß der Kies eines Weges in den angrenzenden Blumenbeeten verschwindet.

Für traditionelle Einfassungen werden niedrige Pflanzen verwendet wie Gänseblümchen *(Bellis perennis),* Porzellanblümchen *(Saxifraga umbrosa),* Hauswurz *(Sempervivum)* oder Nelken *(Dianthus),* aber auch Materialien wie etwa die Schalen von Jakobsmuscheln oder Ziegel, die man schräg in die Erde setzt, so daß eine Zickzackkante entsteht. Muschelschalen haben jedoch ihre Tücken, da sie leicht wieder umfallen und das Jäten behindern, und schließlich muß man zunächst einmal eine ganze Menge Muscheln verspeisen, bevor man genug Schalen für eine Wegeinfassung gesammelt hat. Früher bestanden Wegeinfassungen sogar häufig aus mehreren Reihen, etwa einer Ziegelreihe und ein oder zwei dahinterliegenden Blumenreihen.

In Viktorianischer Zeit wurden für Wege Kantensteine aus Terrakotta mit gedrehten Rändern benutzt. Von ihnen gibt es heute Reproduktionen, die trotz hoher Preise wieder gefragte Dekorationselemente sind. Man bekommt sie in Grauschwarz und Rotbraun, und wer Glück hat, entdeckt vielleicht noch irgendwo gebrauchte Originalkantensteine. In heutigen Bauerngärten sieht man häufig Bodenfliesen aus Ton, die schräg in die Erde gesetzt wurden, damit eine gezackte Kante entsteht. Eine Renaissance erleben auch sauber gestutzte niedrige Hecken aus Lavendel *(Lavandula)* oder Zwergbuchs (*Buxus sempervirens* ›Suffruticosa‹) – Stilelemente, die alten Blumenbeetgestaltungen entliehen sind.

Hier umgibt eine gestutzte Buchsbaumhecke einen »Garten im Garten«. Darin wächst ein Meer aus hohem Muskatellersalbei *(Salvia sclarea* var. *turkestanica),* Blauraute *(Perovskia)* und Bartfaden *(Penstemon)* in zarten rosavioletten und silbrigen Tönen, die im Spätsommer einen schönen Kontrast zu *Sedum spectabile,* Garbe *(Achillea)* und weiterem Bartfaden in der angrenzenden Rabatte bilden, die kräftiger gefärbt und kompakter sind.

Dekorative Gartenelemente

Der Charakter ländlicher Gärten wird nicht allein von den Pflanzen und Gehölzen geprägt, auch architektonische Elemente und anderer Gartenschmuck spielen dabei eine maßgebliche Rolle. Bögen und Lauben, Bänke, Wege (siehe S. 49) oder schmückende Elemente wie eine Vogeltränke oder auch eine Skulptur verleihen einem Garten einen unverwechselbaren Charakter. Klug plaziert, schaffen sie Blickfänge und strukturelle Kontraste. Auf diese Weise kann man den Garten auch in optische Bereiche unterteilen, die das Auge mit einem Blick erfassen kann. In einem ländlichen Garten sollten die schmückenden Elemente jedoch nie dominieren, und Sie sollten eher verwitterte Materialien und ländliche Formen wählen. Klassischer Gartenschmuck kann in einem bäuerlichen Garten befremdend wirken – Understatement ist hier der Schlüssel zum Erfolg. Architektonische und schmückende Elemente sollten naturwüchsig aussehen und nicht den Eindruck erwecken, man habe sie sorgfältig ausgewählt und plaziert.

Bögen

Bögen sind eine wunderbare Möglichkeit, verschiedene Gartenbereiche zu verbinden, da sie jedem, der durch den Garten schlendert, einen kleinen Szenenwechsel ankündigen. Darüber hinaus sorgen sie für Höhe und bieten Kletterpflanzen, die sonst vielleicht keinen Platz gefunden hätten, eine optisch reizvolle Stütze. Im Handel bekommt man Bögen aus Holz oder Metall, weitaus passender wirken im ländlichen Garten jedoch selbstgebaute Bögen aus groben Pfosten und Ästen, die an den Seiten über Kreuz befestigt werden.

Kletterpflanzen An einem Bogen können natürlich alle Arten von Kletterpflanzen erzogen werden, doch eine Mischung aus Rosen, *Clematis* und Geißblatt *(Lonicera)* paßt besonders gut in einen ländlichen Garten und sieht hübsch aus. Mit einjährigen Kletterpflanzen wie Wicken *(Lathyrus odoratus)* oder Prunkwinden *(Pharbitis purpurea*; syn. *Ipomoea purpurea)* kann man bei hohen Kletterpflanzen mit verholzten Stämmen (wie etwa Rosen) die Basis kaschieren oder sie einfach durch weitere Blüten ergänzen. Dies ist insbesondere bei einem neu bepflanzten Bogen empfehlenswert. Auch kletternde Obstarten wie Brombeeren können hier einen geeigneten Platz finden und die ländliche Wirkung der Anlage ergänzen.

Neue Kletterpflanzen werden in 30 bis 45 cm Entfernung zur Stütze in den Boden gesetzt; dieser Abstand empfiehlt sich, da Stützen den Regen ableiten und zu ihren Füßen einen trockeneren Bereich entstehen lassen. In die Erde arbeitet man reichlich organisches Material ein; nach dem Einsetzen lenkt man die Pflanze dann zu ihrer Stütze, indem man in Wurzelnähe vorsichtig einen Bambusstab schräg in den Boden schiebt und sein oberes Ende gut an der Stütze befestigt. Auch bei selbstklimmenden Pflanzen bindet man die jungen Triebe zunächst auf, bis sie selbst Halt gefunden haben.

Sitzgelegenheiten

Dekorative Bänke, die am Ende eines Weges oder in der Nische einer Hecke plaziert sind, bilden Blickfänge und können aus einer Pflanzengruppe einen der schönsten Flecken im Garten machen. Da sie ein wichtiges optisches Element des Gesamtbildes sind, müssen sie aus einem Material sein, das absolut witterungsbeständig ist und ganzjährig im Freien bleiben kann. Am besten eignen sich Hartholz oder Aluguß, und großartig ist natürlich auch eine alte gußeiserne Bank. Eine weitere Alternative sind Hartholzbänke, die um einen Baum herum errichtet werden. Besonders hübsch sieht eine solche Bank mit einem knorri-

Dieser rosenumrankte Bogen verschönert die Sicht auf großartige Weise. Die rosafarbene Schlingrose ›Albertine‹ wird durch *Geranium endressii* ›Wargrave Pink‹ sowie *G.* ›Johnson's Blue‹, Kreuzkraut *(Senecio bicolor), Cineraria* ›White Diamond‹ und Strauchmargeriten *(Chrysanthemum frutescens)* ergänzt.

KLETTERPFLANZEN

Ausdauernde Arten
Clematis
(Arten und Hybriden)
Geißblatt
(Lonicera)
Gemeiner Hopfen
(Humulus lupulus)
Jasmin
(Jasminum officinale)
Kletterrosen
Staudenwicke
(Lathyrus latifolius)
Weinrebe
(Vitis vinifera)
Winterjasmin
(Jasminum nudiflorum)

Einjährige Kletterpflanzen
Kapuzinerkresse
(Tropaeolum majus und
T. peregrinum)
Maurandie
(Asarina barclaiana; syn.
Maurandya barclaiana)
Prachtglocke
(Cobaea scandens)
Prunkwinde
(Ipomoea purpurea)
Rhodochiton atrosanguineus; syn. *R. volubilis*
Wohlriechende Wicke
(Lathyrus odoratus)

gen alten Apfelbaum aus, der in keinem Bauerngarten fehlen sollte. Stühle aus Drahtgeflecht bieten sich nicht nur als dekorative Sitzgelegenheiten an – man kann sie noch viel besser zur Geltung bringen, wenn man Kletterpflanzen über sie ranken läßt und Kübelpflanzen um sie herum gruppiert.

Kletterrosen, insbesondere duftende Arten, sind ideale Pflanzen für Lauben. Bei einer Laube dieser Größe sorgen drei Rosen für einen undurchdringlichen Schutz. Am großartigsten wirken drei Exemplare der gleichen Sorte – hier wurde die Sorte ›Leverkusen‹ verwendet.

Lauben

Man nehme einen Bogen und eine Bank, und schon hat man eine Laube. Es ist keine Hexerei, eine Laube selbst zu bauen: Man konstruiert einfach einen Holzrahmen und befestigt oben und an den Seiten Spaliere. Noch passender wirkt eine Laube aus groben Pfosten und gekreuzten Ästen. Man kann auch an drei Seiten einer Bank hohe, immergrüne Hecken pflanzen, um eine Laube zu bilden. Hier wird das Dach durch Pergolastangen gebildet, an denen Kletterpflanzen wachsen können. Von jeher werden an Lauben duftende Kletterpflanzen wie Rosen und Geißblatt *(Lonicera)* erzogen, doch man kann ebensogut Kräuter und Duftpelargonien um sie herum setzen. Wer gern seine Abende im Garten verbringt, sollte Blumen pflanzen, die nach Einbruch der Dunkelheit am stärksten duften, wie etwa Levkojen *(Matthiola bicornis)* und Nachtviolen *(Hesperis matronalis)*.

Bänke sind nicht nur Sitzgelegenheiten, sondern ein wichtiges Gestaltungselement im ländlichen Garten. Am praktischsten sind Bänke aus Hartholz oder Metall, die das ganze Jahr draußen bleiben können. In einem naturnahen Bereich des Gartens kann eine rustikale Bank inmitten üppig gedeihender Pflanzen stehen. Hier wachsen Akelei *(Aquilegia)*, Scheinmohn *(Meconopsis cambrica)* und Fingerhut *(Digitalis)* in einem zwanglosen Durcheinander. Vor der Hecke steht auch Wiesenkerbel *(Anthriscus sylvestris)*.

Gestaltungsformen

In diesem Vorgarten konnten sich die Pflanzen beliebig ausbreiten. Damit ein solches Arrangement gelungen wirkt, bedarf es jedoch einer Vielzahl kontrastierender Pflanzenformen. Hier wachsen Königskerzen *(Verbascum)*, Goldrute *(Solidago)*, Riesenlauch *(Allium giganteum)*, Gartenringelblumen *(Calendula officinalis)* und Schinkenkraut *(Oenothera biennis)*, die von Dahlien, Phlox und Sonnenblumen *(Helianthus)* eingerahmt werden.

Typisch für bäuerliche Gärten ist ihr urwüchsiges Erscheinungsbild, das den Eindruck entstehen läßt, sie seien nie wirklich geplant und bepflanzt worden, sondern auf ganz natürliche Weise entstanden. Und bei den allerersten Bauerngärten war dies auch meist tatsächlich der Fall.

Urwüchsige Beete

Einst zogen die Dorfbewohner in ihren Beeten (insbesondere im Vorgarten) Mischungen aus Pflanzen, die sich großzügig ausbreiteten oder aussamten und ohne Eingriffe von außen sich selbst ihren Platz suchten. Auf diese Weise wurden äußerst pflegeleichte Gärten geschaffen. Die vorhandene Gartenfläche war vom Frühjahr bis zum Herbst vollständig mit einem dichten Pflanzenteppich bedeckt, und Unkraut hatte keine Chance gegen die anschwellende Blätterflut.

Gärten dieses Typs gibt es auch heute noch (siehe Pflanzplan S. 42–43). Diese Art der Bepflanzung ist sehr nützlich für Rabatten, die rasch eine gewisse Reife bekommen sollen, und sie eignet sich gut für Gartenbesitzer, die wenig Zeit haben, da man solche Gärten weitgehend sich selbst überlassen kann. Neben dem Mulchen im Frühjahr und dem Aufräumen des Gartens im Herbst müssen hier lediglich Pflanzen entfernt werden, die an unerwünschten Stellen erscheinen. Solche Rabatten sind aber nur dann pflegeleicht, wenn sie von Anfang an vollkommen frei von ausdauerndem Unkraut sind (siehe S. 40). Nach drei bis fünf Jahren stehen die Pflanzen in einer solchen Rabatte dann vermutlich dichtgedrängt und müssen im Herbst oder zu Frühjahrsbeginn herausgenommen und geteilt werden (siehe S. 97). Bevor man wieder junge, gesunde Teilstücke pflanzt, gräbt man den Boden um und arbeitet reichlich gut verrottetes organisches Material unter (siehe S. 36).

Sich rasch ausbreitende Pflanzen

Anemone (*Anemone-Japonica*-Hybriden)
Beinwell *(Symphytum grandiflorum)*
Bertramsgarbe (*Achillea ptarmica* ›The Pearl‹)
Brennende Liebe *(Lychnis chalcedonica)*
Glockenblume *(Campanula glomerata* und *C. portenschlagiana)*
Goldrute (*Solidago*-Hybriden)
Günsel (*Ajuga reptans*)
Habichtskraut *(Hieracium aurantiacum)*
Hasenglöckchen *(Hyacinthoides non-scripta*; syn. *Scilla non-scripta)*
Hornkraut *(Cerastium tomentosum)*
Minze *(Mentha)*
Rainfarn *(Chrysanthemum vulgare;* syn. *Tanacetum vulgare)*
Storchschnabel *(Geranium procurrens)*

Waldstorchschnabel (*Geranium sylvaticum* ›Album‹) und *Chrysanthemum parthenium* ›Aureum‹ lassen im Halbschatten eine kühle, durch ihre Einfachheit bezaubernde Komposition aus bodendeckenden Pflanzen entstehen.

Sich selbst aussamende Pflanzen

Akelei
(Aquilegia vulgaris)
Borretsch
(Borago officinalis)
Bronzeblättriger Fenchel
(*Foeniculum vulgare* ›Purpureum‹)
Gartenringelbume
(Calendula officinalis)
Goldkamille
(*Chrysanthemum parthenium* ›Aureum‹)
Goldmohn
(Eschscholzia caespitosa)
Judassilberling
(Lunaria annua)
Kapuzinerkresse
(Tropaeolum majus)
Klarkie
(Clarkia pulchella)
Leinkraut
(Linaria purpurea)
Lerchensporn
(Corydalis lutea)
Rote Gartenmelde
(*Atriplex hortensis* ›Rubra‹)
Roter Fingerhut
(Digitalis purpurea)
Schinkenkraut
(Oenothera biennis)
Schwertlilie
(Iris foetidissima)
Steinkraut
(Alyssum saxatile)
Sterndolde
(Astrantia major)
Stockrose *(Alcea rosea)*
Veilchen
(*Viola*-Hybriden)
Vergißmeinnicht
(Myosotis alpestris)
Vexiernelke
(Lychnis coronaria)
Zitronenmelisse
(Melissa officinalis)

Begehbare Rabatten

Es ist möglich, eine begehbare Pflanzung anzulegen, mit Büschen aus hohen Pflanzen wie Wolfsmilch *(Euphorbia characias* ssp. *wulfenii)* und Schinkenkraut *(Oenothera biennis),* die sich über ein Meer aus Bodendeckern wie Frauenmantel *(Alchemilla mollis)* und Günsel *(Ajuga)* erheben. Dazwischen könnten gewundene Kieswege oder einzelne Trittsteine den Schritt durch das Pflanzenmeer lenken. Noch schöner wird eine solche begehbare Rabatte, wenn man im Frühjahr da und dort sich selbst aussamende winterharte Einjahresblumen setzt, wie etwa Klatschmohn *(Papaver rhoeas)* und Kapuzinerkresse *(Tropaeolum majus),* die im Sommer reizvolle Farbtupfer entstehen lassen. Nach der ersten Saison sollten sie sich selbst aussamen, so daß man im zweiten Jahr nur noch jene Exemplare entfernen muß, die zu eng stehen und an unerwünschten Stellen wachsen. Ich meine, daß in solchen Rabatten einige Büschel aus Einjahresblumen besser aussehen als ein kompletter Blumenteppich.

Liebhaberpflanzen

Auch wenn die urwüchsigen Beete pflegeleicht und nützlich sind, werden doch die wenigsten Gartenbesitzer auf diese Weise ihren ganzen Garten gestalten wollen. Heutige Hobbygärtner sind oft Pflanzenliebhaber, die in ihrem Garten verschiedenste Pflanzen ziehen wollen, die besondere Aufmerksamkeit erfordern. Gewiß werden sie eine große Zahl kostbarer Kleinode kultivieren wie Aurikeln *(Primula auricula),* Primeln *(Primula-Elatior-*Hybriden*)* mit goldener und silberner Zeichnung, alte Kissenprimel-Sorten *(Primula vulgaris),* altmodische Nelken oder Veilchen (siehe S. 92). Wichtig ist jedoch, diese Kostbarkeiten in eigene Beete zu setzen, damit sie für wuchsfreudigere Pflanzen nicht erreichbar sind und genau die Wachstumsbedingungen erhalten können, die sie brauchen. Hier kann man sie dann mit Pflanzen kombinieren, die ähnliche Bedingungen benötigen und keine Gefahr für sie darstellen, sondern sie vielmehr in ihrer Wirkung ergänzen.

Harmonische Pflanzungen

Die meisten Pflanzen, die heute in ländlichen Gärten gezogen werden, sind kaum extrem klein- oder großwüchsig und können daher ohne weiteres zusammengepflanzt werden. Man muß nur die Eigenschaften und Bedürfnisse der verschiedenen Pflanzen gut kennen. So können Arten, die in dem einen Garten wie geplant gedeihen, auf einem anderen Boden wild zu wuchern beginnen, wie etwa Frauenmantel. Aber die individuellen Eigenheiten jeder Pflanze herauszufinden gehört zu den Freuden der Gartenarbeit.

Traditionelle Bauerngartenpflanzen

Altmodisch wirkende Rosen (*Rosa rugosa* ›Fru Dagmar Hastrup‹, *R. glauca*; syn. *R. rubrifolia,* und *R. gallica* ›Versicolor‹), Waldgeißblatt *(Lonicera periclymenum),* Felberich *(Lysimachia punctata),* Katzenminze *(Nepeta racemosa),* Storchschnabel (*Geranium endressii* ›Wargrave Pink‹), Kreuzkraut *(Senecio* ›Sunshine‹) und Strauchveronika *(Hebe)* wurden hier, wie es von jeher üblich ist, in einer willkürlichen Kombination aus Farben und Formen zusammengepflanzt.

Bestimmte Pflanzen ordnet man von jeher ländlichen Gärten zu, insbesondere Wildblumen, Kräuter, altmodische Blumen und die ausgefalleneren Sammlerpflanzen. Aber Sie können natürlich in Ihrem Garten einige modernere Sorten ziehen oder eine ganze Reihe anderer Pflanzen, die in der Vergangenheit nie in Bauerngärten kultiviert worden wären, und Sie werden trotzdem mit einer schönen Auswahl typischer Blumen und anderer Pflanzen schließlich einen Garten erhalten, bei dem der ländliche Stil unverkennbar ist.

Altmodische Blumen

Welche Blumen sind altmodisch? Auch wenn es hier keine festgelegten Definitionen gibt, verbinden die meisten Menschen mit diesem Begriff eine große Vielfalt von Pflanzen, zu denen beispielsweise Heilkräuter (siehe S. 98), aus Wildblumen hervorgegangene Züchtungen, die kleinen und großen Bauerngartenblumen (siehe unten rechts) und natürlich die alten Rosen gehören.

Unter den altmodischen Pflanzen befinden sich auch viele, die besonders im viktorianischen England in Mode waren und von denen manche fast verschwanden, als gegen Ende der Regierungszeit von Königin Victoria die Gartengestaltung eine neue Richtung nahm. Selbst Pflanzen, die in den Anfängen dieses Jahrhunderts gezüchtet wurden, gelten heute unter Liebhabern oft als altmodische Pflanzen. Zu ihnen gehören Russell-Lupinen (*Lupinus-Polyphyllus*-Hybriden) und zahlreiche Veilchen und Stiefmütterchen wie etwa *Viola* ›Jackanapes‹ oder ›Bowles Black‹. Die meisten altmodischen Blumen verschwanden in den sechziger und siebziger Jahren dieses Jahrhunderts fast vollkommen, als pflegeleichte Gärten mit Sträuchern und Bodendeckern propagiert wurden und der Gartenhandel verschiedene ältere Züchtungen von Blütenpflanzen zugunsten »besserer« neuer Sorten aus dem Sortiment nahm. Heute aber haben altmodische Blumen und andere Pflanzen, die immer noch die Basis eines ländlichen Gartens bilden, wieder Freunde gefunden und sind in spezialisierten Gärtnereien leicht zu finden.

Traditionelle Bauerngartenblumen

Bartnelke *(Dianthus barbatus)*
Gänseblümchen *(Bellis perennis)*
Kaiserkrone *(Fritillaria imperalis)*
Kissenprimel *(Primula vulgaris)*
Madonnenlilie *(Lilium candidum)*
Nelke *(Dianthus)*
Porzellanblümchen *(Saxifraga umbrosa)*
Rose *(Rosa)*
Sonnenblume *(Helianthus)*
Stockrose *(Alcea rosea)*
Veilchen *(Viola)*

Rosen

Liebhaber schätzen an altmodischen Rosen am meisten den Duft, mit dem oft die großartigsten Edelrosen nicht mithalten können. Nicht weniger bezaubernd sind ihre Formen, die man ebenfalls bei modernen Rosen nur selten findet. Einige haben »geviertelte« flache Blüten, die aussehen, als seien sie mit einem Messer in vier Stücke geschnitten worden. Bei anderen, wie etwa *Rosa* ›Fantin-Latour‹ erinnern die Blüten an die Knöpfe viktorianischer Sofas, während sie bei Sorten wie *R.* ›Cristata‹ (syn. *R.* ›Chapeau de Napoléon‹) die Form eines Dreispitzes haben. Bei Provence-Rosen wie *R.* × *centifolia* ›Muscosa‹ (syn. *R.* ›Old Pink Moss‹) sind die Kelchblätter mit haarähnlichen Drüsen überzogen, und die Strauchrose ›English Miss‹ hat duftende, kamelienförmige, dichtgefüllte blaßrosa Blüten, die den Rosen auf Gemälden niederländischer Meister ähneln.

Selbst in der Farbpalette unterscheiden sich die alten Rosen von neueren Züchtungen. So gibt es nur wenig leuchtendes Orange oder Rot, hingegen aber sehr viele zarte, rauchige Purpurtöne wie etwa bei *R.* ›Cardinal de Richelieu‹. Besonders reizvoll sind Blüten, die im Lauf der Zeit ihre Farbe verändern – zu meinen Lieblingssorten gehört hier *R.* ›William Lobb‹ (syn. *R.* ›Duchesse d'Istrie‹) –, und auch Formen mit gestreiften Blütenblättern wie *R.* ›Camaieux‹. (Siehe auch S. 93 und Pflanzplan S. 94–95.)

Sammlerpflanzen

Die Arbeit in einem Bauerngarten bereitet nicht zuletzt deshalb Vergnügen, weil man ständig Gelegenheit hat, in spezialisierten Gärtnereien nach seltenen alten Pflanzen zu suchen. Häufig entwickelt sich daraus eine wahre Sammelleidenschaft, und viele Hobbygärtner beginnen sich der Kultur bestimmter Pflanzen zu widmen, die ihnen besonders gefallen. Da die Wirkung eines Bauerngartens auf einer Vielfalt von Details basiert, stellt er wahrscheinlich die einzige Form der Gartengestaltung dar, bei der solche besondere Interessen einfließen können, ohne daß der Garten wie eine botanische Sammlung aussieht.

Liebhaberpflanzen

Zu den Pflanzen, denen in früheren Zeiten das besondere Interesse der englischen Pflanzenliebhaber (siehe S. 9) galt, gehören Aurikeln, Gartennelken (*Dianthus*-Hybriden), Tulpen, Anemonen und Hahnenfuß *(Ranunculus)*. Etwas später wurden dieser Liste Hyazinthen *(Hyacinthus orientalis)*, *Primulus-Eliator*-Hybriden und weitere Nelken hinzugefügt. In der Glanzzeit der *florist societies* gab es von jeder dieser Pflanzen Hunderte verschiedener Sorten, doch oft waren die Unterschiede zwischen den Sorten nur sehr gering, da ein Züchter Tausende von Sämlingen ziehen und ihnen beliebige Namen geben konnte, während ein anderer Züchter ganz ähnliche Sorten unter anderen Namen hervorbrachte. Heute bilden die relativ wenigen alten Sorten, die es noch gibt, zusammen mit neuen Züchtungen eine wachsende Gruppe von Sammlerpflanzen, die bei den Besitzern von ländlichen Gärten sehr begehrt sind.

Neben den etwa zehn ältesten und bekanntesten Liebhaberpflanzen züchteten die Pflanzenliebhaber von einst in kleinerem Maßstab auch andere, unkompliziertere Blumen. Zu ihnen gehörten Stiefmütterchen *(Viola tricolor)* und andere Veilchen, Kissenprimeln *(Primula vulgaris)*, Leberblümchen *(Hepatica)*, Goldlack *(Cheiranthus)*, Pelargonien, Bartfaden *(Penstemon)*, Stockmalven *(Alcea rosea)*, Nachtviolen *(Hesperis matronalis)*, Bartnelken *(Dianthus barbatus)*, Rosen, Fuchsien, *Chrysanthemum zawadskii* und Dahlien.

Ein »Aurikel-Theater« im Garten eines Pflanzenliebhabers präsentiert eine Sammlung von Show-Aurikeln, die in Tontöpfen wachsen. Damit die Primeln kühl und schattig stehen, hat die Konstruktion eine Nordlage erhalten. Das Dach verhindert, daß der zarte Belag auf Blättern und Blüten fleckig wird.

Show-Aurikeln

Da Aurikeln klein sind und leicht in Töpfen gezogen werden können, zählten sie auch früher schon zu den Liebhaberpflanzen. Der mehlige Überzug ihrer Blätter und das weiße Auge auf den Blüten (»Paste« genannt) machten es jedoch erforderlich, die Pflanzen unter Glas zu ziehen, damit sie bei Regen keinen Schaden nahmen. Zunächst verwendete man dazu einfaches Industrieglas, später dann spezielle Glasglocken. In England wurden die Pflanzen manchmal in großartigen »Aurikel-Theatern« mit Borden und Samtvorhängen zur Schau gestellt. Auch heute sollte man Show-Aurikeln als Einzelpflanzen in Töpfen unter Glas ziehen oder auf Borde an einen geeigneten Platz im Garten stellen, um sie vor Regen zu schützen und schön zur Geltung zu bringen.

Die Aurikelnaussteller von einst hatten ihre besonderen Rezepte für die Kultivierung preisgekrönter Exemplare. Für die Entwicklung großer Blüten galten reichliche Mistgaben und jährliches Umtopfen als förderlich. Ein Experte verabreichte seinen Pflanzen eine Kopfdüngung, die aus Schafsblut, Geflügelmist und Blumenerde bestand. Wieder ein anderer schwor auf eine Substratmischung, die unter anderem Rinderblut und Abortdünger enthielt. Noch heute präsentieren Liebhaber Aurikeln, die in gut gelüfteten, schattierten Kalten Kästen in einer handelsüblichen Lehmerde wachsen, der vielleicht etwas grober Sand und Lauberde hinzugefügt wurde. Im Sommer sollten solche Kästen geöffnet werden, damit die Pflanzen viel frische Luft bekommen. Unglücklicherweise leiden Gartenaurikeln leicht unter Bodenschädlingen, insbesondere Wurzelläusen und Dickmaulrüßlern (siehe S. 40).

Wildblumen

Wenn Sie ein Wildblumenbuch betrachten, werden Sie vielleicht erstaunt sein, wie viele Wildblumen – auch solche, die man in freier Natur nur noch selten findet – traditionelle Bauerngartenblumen sind. Habichtskraut *(Hieracium aurantiacum),* Kissenprimeln *(Primula vulgaris),* Schlüsselblumen *(Primula veris)* und Storchschnabel *(Geranium phaeum)* sind nur einige von ihnen.

In alten Zeiten gruben Gartenbesitzer die bunteren Wildblumen in Wald und Flur einfach aus (was heute aus Naturschutzgründen nicht mehr ohne weiteres erlaubt ist) und pflanzten sie in ihren Garten. Besonders begehrt waren abweichende Formen, deren Blüten vielleicht außergewöhnlich gefärbt, überdurchschnittlich groß oder sogar gefüllt waren. In freier Natur hätten solche Mutationen möglicherweise nicht lange überlebt, da sie gewöhnlich nicht die gleiche Widerstandskraft besitzen wie die normale Form und gefüllte Blüten meist keine Samen ausbilden. In einem Bauerngarten hatten diese aus der heimischen Flora stammenden Raritäten, einmal angewachsen, jedoch bessere Überlebenschancen, und vielleicht wurden sie irgendwann über den Gartenzaun Nachbarn gereicht, denen sie gefielen. Auf diese Weise verbreiteten sich bestimmte Sorten regional und wurden so allmählich zu Gartenblumen.

Fremdbestäubung

In den alten Gärten muß in gewissem Maß Fremdbestäubung stattgefunden haben, und wenn sich die Pflanzen aussamten, entstanden innerhalb der Gär-

Butterblume (*Ranunculus acris* und *R. acris* ›Flore Pleno‹)

Scharbockskraut (*Ranunculus ficaria* und *R. ficaria* ›Brazen Hussy‹)

Judassilberling *(Lunaria annua* und *L. annua ›Variegata‹)*

Wildblumen sollten im Garten einen eigenen Bereich erhalten, da sich manche Arten üppig aussamen und dann rasch kostbarere Pflanzen ersticken können. Hier wachsen Stiefmütterchen *(Viola tricolor)*, Kamille *(Chamomilla recutita)*, weißes Leimkraut *(Silene pratensis;* syn. *S. alba)*, Judassilberling *(Lunaria annua)* und Königskerzen *(Verbascum)*. Ein Schmetterlingsstrauch *(Buddleja)* lockt Schmetterlinge an.

LINKS Hier sind Wildblumen und ihre jeweiligen Kulturformen gezeigt, die auch heute noch beliebte Pflanzen für den ländlichen Garten sind.

ten auch neue Sorten. Besonders hübsche Formen pflegte man liebevoll und reichte sie irgendwann weiter. Im Lauf der Zeit wurden manche Sorten dann regelrecht gezüchtet, und dazu verwendete man als Elternpflanzen Wildblumen oder ihre unmittelbaren Nachkommen.

Heute gibt es eine enorme Zahl von Blumen, die Vettern zweiten Grades von Wildblumen sind. Einige bekannte Sorten können auf Mutationen zurückverfolgt werden, die in freier Natur vorkommen, wie etwa die Butterblume (*Ranunculus acris* ›Flore Pleno‹). Und immer wieder werden der Namensliste neue Entdeckungen hinzugefügt – eine der neuesten ist eine reizvolle, bronzeblättrige Form des Scharbockskrautes, die von Christopher Lloyd, dem bekannten englischen Gartenbuchautor unserer Tage, in den Wäldern seiner Heimat entdeckt wurde und nun den botanischen Namen *Ranunculus ficaria* ›Brazen Hussy‹ trägt.

Wildblumen ziehen

Blumen, die von Wildpflanzen abstammen, sind im allgemeinen weniger robust oder wuchsfreudig als ihre Eltern, und sie sollten daher nicht völlig sich selbst überlassen werden. Dies gilt vor allem für besondere Exemplare. So gehen beispielsweise alte Sorten der Kissenprimel *(Primula vulgaris)* leicht ein und entwickeln sich nur selten gut, wenn sie nicht sorgfältig gepflegt werden. Sie müssen bei Trockenheit reichlich gewässert werden. Aber für enthusiastische Gärtner gehört diese Herausforderung gerade zu den Freuden bei der Kultivierung von Pflanzen.

Wildblumen und mit ihnen eng verwandte Kulturpflanzen gedeihen am besten auf Böden, denen kein chemischer Dünger zugefügt wurde. Statt dessen gräbt man bei der Vorbereitung des Bodens reichlich organisches Material unter und wählt für diese Pflanzen Plätze aus, die den Wachstumsbedingungen an Standorten in freier Natur möglichst nahe kommen. So mögen beispielsweise Blutweiderich *(Lythrum salicaria)*, Scharbockskraut *(Ranunculus ficaria)* und Frauenmantel *(Alchemilla mollis)* nassen, schweren Boden, Kissenprimeln *(Primula vulgaris)*, Buschwindröschen *(Anemone nemorosa)* und Veilchen *(Viola)* wachsen dagegen am liebsten im feuchten Schatten von Bäumen in einem Boden, der reichliche Mengen Lauberde enthält. Schlüsselblumen *(Primula veris)* gedeihen besser auf offenen, sonnigen Grasflächen, während die meisten Storchschnabelarten *(Geranium)* und Malven *(Malva)* einen vorwiegend sonnigen Standort bevorzugen, an dem Rosen oder andere Sträucher für einen Teil des Tages leichten Schatten spenden.

Kräuter

Neben Gemüsen und Futterpflanzen für das Vieh waren Kräuter sicherlich die ersten Pflanzen, die in Bauerngärten wuchsen. Als die Bauern in alten Zeiten begonnen hatten, eine Art Garten um ihre Hütten herum anzulegen, kultivierten sie darin auch Kräuter, die aber nicht nur kulinarischen Zwecken dienten. Man stellte aus ihnen viele nützliche Dinge her, die in einem mittelalterlichen Haushalt gebraucht wurden, wie Arzneien, Toilettenartikel, Insektenabwehrmittel, Duftkissen, Luftreiniger, Färbemittel oder auch Aromazutaten für Speisen und Getränke wie Bier und Wein (siehe Pflanzenliste S. 98–99). Und selbst heute noch passen alle Kräuter gut in den ländlichen Garten, auch wenn man sie möglicherweise nicht mehr für ihren ursprünglichen Zweck verwenden möchte. Besonders nützlich sind natürlich die Küchenkräuter, von denen sich viele auf dem Bepflanzungsplan für einen formalen Kräutergarten (S. 72–73) finden.

Kräuter und Blumen kombinieren

In einer Rabatte können Kräuter gut mit Blumen kombiniert werden. Viele Kräuter haben reizvoll gefärbtes Laub, das einen wirkungsvollen Kontrast zu blühenden Nachbarpflanzen bildet. Kräuter mit aromatisch duftenden Blättern können an einen Wegrand gepflanzt werden, wo sie ihren Wohlgeruch verströmen, wenn man sie beim Vorübergehen streift. Niedrige Kräuter wie kriechender Thymian *(Thymus)* wachsen auch in Pflasterspalten und verbreiten ihren Duft, sobald man darauftritt.

Kräutergärten

Seit Kräuter wieder in Mode gekommen sind, legen viele Gartenbesitzer separate Kräutergärten an, die gar nicht groß sein müssen – ein 2 × 2 m großes Beet reicht völlig aus. Kräutergärten haben von jeher einen formalen Grundriß (siehe Pflanzplan S. 72–73), in dem Kies- oder Ziegelwege die Beete trennen. In der Mitte befindet sich oft ein Schmuckelement wie etwa ein Vogelbad, eine Sonnenuhr oder eine Solitärpflanze in einem Terrakottagefäß. Diese dekorativen Elemente bilden einen schönen Kontrast zu den Kräutern, denn ohne sie bestünde die Gefahr, daß der Kräutergarten zu einer eintönig grünen Fläche wird.

Der Garten kann mit gestutzten Hecken aus Zwergbuchsbaum oder Lavendel eingefaßt werden, was ihm einen formalen Charakter verleiht, oder man umgibt ihn mit niedrigen Pflanzen, die sich über die Wegränder ergießen, wie etwa goldblättrigen Wilden Majoran (*Origanum vulgare* ›Aureum‹). Eine weitere Möglichkeit ist eine einfache Reihe aus Terrakottaziegeln. Diese eignen sich auch zum Einfassen von Beeten innerhalb des Gartens, allerdings wird eine kleine Fläche besser genutzt, wenn man als Einfassung Reihen aus Kräutern pflanzt, die man besonders häufig verwendet, wie Petersilie *(Petroselinum crispum)* oder Schnittlauch *(Allium schoenoprasum)*.

Für die erfolgreiche Kultur von Kräutern braucht man einen warmen, sonnigen Platz mit durchlässiger Erde, der einigermaßen windgeschützt liegt. Sollte sich kein solcher Platz finden, kann man die Beete etwas erhöht anlegen und mit einer niedrigeren Mauer aus alten Ziegeln, Steinen oder Holz umgeben. In die Erde sollte etwas grober Sand eingearbeitet werden, um die Drainage zu verbessern. Nahe gelegene Mauern und befestigte Wege sind hilfreich, da sie Wärme reflektieren und eine Umgebung entstehen lassen, in der Kräuter gut gedeihen.

Da nur verhältnismäßig wenige Kräuter bunt gefärbt sind, lohnt es sich, einige Arten wegen ihrer attraktiven Blüten zu pflanzen, wie Brunnenkresse *(Nasturtium officinale)* oder Borretsch *(Borago officinalis)*, oder den Schnittlauch zur Blüte kommen zu lassen, statt ihn zurückzuschneiden. Auch Kräuter mit farbigen Blättern, wie etwa Salbei (*Salvia officinalis* ›Purpurascens‹ und *S. officinalis* ›Tricolor‹) oder rotblättriges Basilikum *(Ocimum basilicum* ›Dark Opal‹), kann man in das Beet einbeziehen.

Traditionelle Kräutergärten sind häufig streng formal und geometrisch angelegt, in einem Bauerngarten kann eine zwanglosere Gestaltung jedoch passender wirken. Hier teilen Trittsteine einen Teppich aus kriechendem Thymian, und die Küchenkräuter werden durch eine große Zahl traditioneller Kräuter ergänzt, die man in früheren Zeiten im Haushalt verwendete.

In alten Bauerngärten hätte man keinen Kamillenrasen gefunden. Er ist ein typisches Beispiel dafür, wie sich ländliche Gärten im Lauf der Jahrhunderte allmählich veränderten. Einen solchen Rasen zu kultivieren ist nicht ganz einfach, doch auf gut durchlässigem Boden gedeiht er prächtig. Hier wurde die blütenlose Römische Kamille *(Chamaemelum nobile* ›Treneague‹; syn. *Anthemis nobilis* ›Treneague‹) in Kies gepflanzt, der die Drainage erheblich verbessert.

Rosmarinus officinalis
(Rosmarin)
Rosmarin ist ein wichtiges Element vieler traditioneller Bräuche. Bräute trugen einst Rosmarinkränze, bei Festen und anderen besonderen Gelegenheiten wurden Kirchen und Säle mit Rosmarin geschmückt, und bei Beerdigungen gaben ihn die Trauernden dem Verstorbenen mit ins Grab. Auch im Haushalt und in der Heilkunde fand Rosmarin vielfältige Anwendung. Man verwendete ihn zur Anregung des Haarwuchses oder gab frische Zweige in die heißen Kohlen für Wärmpfannen, um der Bettwäsche Wohlgeruch zu verleihen, und von den Stengeln hieß es, daß sie die Zähne reinigen und weiß machen würden. Da man glaubte, daß der Duft keimtötend wirkt, wurde Rosmarin oft auch in Krankenzimmern verbrannt.

Kräuterrasen

In den Bauerngärten vergangener Zeiten waren vermutlich keine Kräuterrasen angelegt, aber in moderne Gärten fügen sie sich gut ein. Ein Kräuterrasen braucht durchlässige Erde und volle Sonne. Um den Boden zu verbessern, arbeitet man groben Sand und organisches Material ein. Dann verteilt man auf der Oberfläche eine 5 cm dicke Schicht Kies, in die man die Kräuter einsetzt. Bei Böden, die nicht durchlässig genug sind, arbeitet man zur Verbesserung der Drainage so viel groben Sand ein, daß die Rasenfläche einige Zentimeter erhöht wird, und errichtet rundherum eine niedrige Stützmauer.

Gewöhnlich verwendet man für Kräuterrasen eine blütenlose Form der Römischen Kamille (*Chamaemelum nobile* ›Treneague‹), von der man bei Kräuterspezialisten Jungpflanzen bekommt. Die blühende Form wird »hochbeinig«, sobald sich Blüten entwickeln; sie eignet sich nur, wenn man sie häufiger schneidet. Eine weitere Alternative ist kriechender Thymian. Kräuterrasen sollte nicht zu stark begangen werden. Man schneidet ihn mit einer Heckenschere, Unkräuter entfernt man von Hand.

Kräuter in Töpfen

Kräuter eignen sich auch sehr gut für Pflanzgefäße (siehe S. 64), und am schönsten sehen sie in Terrakottagefäßen aus. Man kann eine Auswahl in der Nähe der Hintertür oder auf einer Treppe plazieren, doch sollte man Pflanzen mit verschiedenen Höhen, Formen, Strukturen und Düften auswählen und sie in Töpfen unterschiedlicher Größe ziehen. Am besten bezieht man auch einige Töpfe mit reliefartigem Dekor oder ausgefallenen Formen ein, um die Sammlung noch interessanter zu machen. Bei vielen ausdauernden Kräutern sterben im Winter nur die oberirdischen Teile ab, und die unterirdischen Pflanzenteile überdauern. Stellt man sie im Winter ins Haus, treiben sie im kommenden Frühjahr von neuem. Verholzende Halbsträucher werfen im Winter nur ihre Blätter ab. Man kann zum Beispiel Rosmarin *(Rosmarinus officinalis),* buntblättrigen Salbei (*Salvia officinalis* ›Tricolor‹), Schopflavendel *(Lavandula stoechas),* Thymian *(Thymus vulgaris)* und Dost *(Origanum)* zusammensetzen; dies ist eine hübsche Gruppe aus Kräutern, die nicht nur in der Küche nützlich sind, sondern auch herrlich duften. Basilikum *(Ocimum basilicum)* bildet einen üppigen runden Busch und kann einzeln in einem großen Tontopf bei der Hintertür gezogen werden, wo es angeblich auch Fliegen vom Haus fernhält. Besonders wuchsfreudige Kräuter wie etwa Beinwell *(Symphytum officinale),* Russischer Estragon *(Artemisia dracunculus),* Minze *(Mentha)* und Rainfarn *(Chrysanthemum vulgare)* werden ohnehin am besten in Blumentöpfe gesetzt, damit sich ihre Wurzeln nicht zu stark ausbreiten können. Die Töpfe kann man bis zum Rand in einem Beet oder einer Rabatte versenken.

Selbstversorgung und Recycling

Früher lagen die Gemeinden auf dem Land in der Regel abgeschieden, und ihre Bewohner waren arm. In jenen Tagen, als es noch keine Supermärkte, Radios, Fernseher und auch keine modernen Verkehrsmittel gab, waren die Dorfbewohner eine engverflochtene Gemeinschaft, in der man sich selbst versorgte, und der eigene Garten spielte für die tägliche Ernährung eine wichtige Rolle.

Selbstversorgung

In früheren Zeiten tauschten die Dorfbewohner untereinander Pflanzen aus, sammelten Saatgut, lagerten für den Winter Obst und Wurzelgemüse ein, trockneten Kräuter und konservierten Lebensmittel in Einmachgläsern; auch Wein stellten sie selbst her. Darüber hinaus hielten sie Bienen, die ihnen Honig lieferten, und zur Verbesserung des Bodens benutzten sie alles, was in der Natur und bei der Viehhaltung anfiel (siehe S. 10). Aus abgebrochenen Zweigen bauten sie Bögen und Lauben, und Schieferplatten und Steine von alten, verfallenen Hütten fanden im Garten ebenfalls Verwendung. Auch Körbe, Tore, Zäune und Möbel stellten die Dorfbewohner selbst her. Noch heute kaufen viele Hobbygärtner etwas, das sie selbst anbauen oder herstellen können, selten im Geschäft. Sie vermehren ihre Pflanzen selbst und tauschen Samen mit Freunden oder erlernen alte Handwerkstechniken, die heute eine Renaissance erleben und in einem ländlichen Garten gut eingesetzt werden können.

Pflanzenliebhaber-Gesellschaften

Für jeden, der Interesse an bestimmten Pflanzen hat, ist der Beitritt zu einer Pflanzenliebhaber-Gesellschaft empfehlenswert. Diese Vereinigungen haben es sich zum Programm gemacht, ihre Mitglieder über die unterschiedlichsten Aspekte der jeweiligen Liebhaberpflanzen zu informieren. Dabei werden vielfältige Aktivitäten durchgeführt, wie etwa Vorträge über neue Pflanzensorten oder zu den Themen

In traditionellen Bauerngärten wuchsen vor dem Haus Blumen und auf der Rückseite Gemüse. Dieser Garten hinter den ländlichen Reihenhäusern mit feinen Gemüsebeeten, in denen Kohl und Stangenbohnen gedeihen, scheint sich wenig von jenen Cottage-Gärten zu unterscheiden, die vor einem Jahrhundert von viktorianischen Künstlern gemalt wurden.

Pflanzenschutz und Düngemittel, aber auch fachkundliche Führungen in botanischen Gärten. Auf den internationalen Gartenbauausstellungen bilden die Mitglieder der Liebhabergesellschaften etwa die Hälfte der Aussteller. Manche Gesellschaften geben Adressen von Liebhabergärten bekannt, die – nach vorheriger Anmeldung – besucht werden können, und dabei ergibt sich oft die Gelegenheit, Stecklinge oder Samen von seltenen Pflanzen auszutauschen. Mitglieder in den Vereinigungen sind nicht nur engagierte Hobbygärtner, sondern auch auf die jeweilige Pflanzengruppe spezialisierte Gärtnereien, und manchmal bieten sie ihren Vereinskollegen einen Preisnachlaß (Adressen von Pflanzenliebhaber-Gesellschaften siehe S. 128).

Wiederverwertung alter Materialien

Früher wurde auf dem Land nie etwas weggeworfen. Man lagerte alle Arten von Gerümpel sorgfältig hinter dem Schuppen, wo es auf jenen Tag wartete, an dem es vielleicht erneut von Nutzen sein konnte. Heute findet man viele Zier- und Gebrauchsgegenstände, die früher auf dem Müll landeten, als Schmuck in ländlichen Gärten wieder. Tontöpfe, die einst zum Treiben von Rhabarber und Meerkohl dienten, verleihen einem heutigen Ziergemüsebeet einen besonderen Charme. Alte Blumentöpfe aus Ton gehören derzeit bei Hobbygärtnern zu begehrten Sammlerstücken. Auch gebrauchte Wassereimer, gußeiserne Walzen, altmodisches Ackergerät und altes Gartenmobiliar verleihen einem ländlichen Garten Charakter. Unter den praktischen Dingen sind es besonders alte Tafelmesser von Flohmärkten, die sich perfekt zum Unkrautjäten in Pflasterspalten eignen. Gesprungene Blumentöpfe kann man mit einem dicken Draht, der auf halber Höhe zusammengedreht wird, reparieren und große zerbrochene Töpfe hinlegen und mit Hauswurz oder Fetthenne bepflanzen. In einem alten steinernen Wasserbecken, das mit Erde gefüllt ist, können in einer sonnigen Ecke beim Haus Steingartenpflanzen wachsen, und alte Emailkrüge eignen sich anstelle einer nüchternen Kunststoff-Gießkanne ausgezeichnet zum Wässern. Nahezu alle Arten von alten Behältern aus Küche und Haushalt lassen sich in Pflanzgefäße verwandeln, wenn man Abzugslöcher in den Boden bohrt.

OBEN RECHTS Rustikale Flechthürden dienten ursprünglich einmal den Schäfern während der Ablammzeiten als provisorische Pferche, heute sind sie ideal als Zäune für ländliche Gärten geeignet. Besonders reizvoll sehen sie mit verholzten Kletterpflanzen bewachsen aus (hier Geißblatt; *Lonicera japonica* ›Halliana‹).

RECHTS Eine Walze, die nicht mehr zur Rasenpflege taugt, läßt sich hervorragend als ungewöhnlicher Gartenschmuck zweckentfremden. Hier wachsen Hasenglöckchen *(Hyazinthoides non-scripta)* um sie herum.

Gestaltung und Bepflanzung

Ein Bauerngarten mag noch so natürlich wirken – man muß ihn dennoch zunächst einmal planen und anlegen. Ein malerisches Beet, in dem Gemüse und Blumen wachsen, rosenumrankte Bögen, ein buntes Meer aus Stauden und Kräutern, Früchte, die gefällig an alten Obstbäumen hängen – all diese Formen, Farben und Strukturen entstehen nicht zufällig. Die Anlage eines solchen geordneten Durcheinanders erfordert mehr Planung und Vorbereitung, als ein schöner Bauerngarten vielleicht auf den ersten Blick vermuten läßt.

In diesem Cottage-Garten verbirgt sich hinter Blumenrabatten, in denen Leinkraut *(Linaria purpurea)*, Hundskamille (*Anthemis* ›Grallagh Gold‹), weiße Margeriten *(Chrysanthemum × superbum)* und Taglilien *(Hemerocallis)* wachsen, das Gemüsebeet. Der lange, gerade Grasweg führt zu einem Apfelbaum.

Bodenbeschaffenheit und Dünger

Ein bäuerlicher Garten darf nicht zu streng gestaltet werden, denn seine Anlage sollte im Lauf der Jahre, in denen der Garten wächst und gedeiht, eine allmähliche Veränderung erlauben. Die Arbeit im Bauerngarten unterscheidet sich kaum von der Arbeit in herkömmlichen Gärten. Bei der Neuanlage eines Bauerngartens muß der Boden zunächst tief und grobschollig umgegraben werden (am besten im Herbst). Dabei sollte man Stallmist oder Kompost sowie organischen Dünger mit untergraben.

Bodentypen

Eine Analyse des Gartenbodens ist nicht nur hilfreich für die richtige Bodenpflege, sondern verrät auch, welche Pflanzen im Garten vermutlich am besten gedeihen werden. Trocknet ein Boden nach Regenfällen rasch aus, und fühlt er sich rauh an, wenn man ihn zwischen den Händen reibt, handelt es sich um leichten, sandigen Boden. Schwere Tonböden fühlen sich in nassem Zustand klebrig an, und häufig bilden sich Pfützen, die nur langsam versickern. Die beste Erde ist ein Sand-Ton-Gemisch.

Wichtig ist auch der pH-Wert, der angibt, wie sauer oder alkalisch der Boden ist. Die meisten Pflanzen wachsen in neutralem beziehungsweise leicht saurem oder alkalischem Boden recht gut. Im Fachhandel sind Bodentester erhältlich, die aber nur dann genaue Werte ergeben, wenn die Bodenprobe richtig durchgeführt wird. Dazu entnimmt man am besten in verschiedenen Gartenbereichen in etwa 15 cm Tiefe Einzelproben und mischt sie. Die entstandene Durchschnittsprobe wird dann analysiert. Brauchbare Hinweise geben auch Pflanzen, die in der Nachbarschaft wachsen. Wo Rhododendren und Kamelien gut gedeihen, ist der Boden fast immer sauer, während sich auf alkalischem Boden Schleierkraut, Nelken und Skabiosen besonders gut entwickeln.

Sandige Böden

Leichter, sandiger Boden läßt das Wasser gut abfließen. Er trocknet sehr schnell aus, ist luftdurchlässig und locker. Es muß reichlich organisches Material wie Mist oder Kompost zugeführt werden, damit er die Feuchtigkeit besser halten kann (siehe unten). Das organische Material wird gewöhnlich im Herbst untergegraben. Zu diesem Zeitpunkt sollte man jedoch noch nicht düngen, denn der Dünger wäre bis zum Frühjahr wieder vollkommen ausgewaschen.

Leichte, sandige Böden sind für ihren »Hunger« bekannt. Nährstoffe werden bei häufigen schweren Regenfällen schnell ausgewaschen; sie müssen daher regelmäßig ausgebracht werden. Am besten verteilt man jedes Frühjahr (und möglichst auch jeden Herbst) eine 5 cm dicke Mulchschicht aus organischem Material auf dem Boden (siehe auch S. 38). Da ein sandiger Boden selbst dann noch relativ rasch austrocknet, empfiehlt sich hier besonders die

Bodenbearbeitung

Bei Sandboden hebt man einen Graben in Spatentiefe aus und arbeitet mit der Gabel – ebenfalls spatentief – eine mindestens 5 cm dicke Schicht organisches Material in die Grabsohle ein (siehe Abb. 1, rechts). Einen Teil der ausgehobenen Erde vermischt man mit weiterem organischem Material und verteilt die Mischung anschließend in dem Graben. Bei Tonböden verteilt man eine 5–8 cm dicke Schicht groben Sand auf der Erde und arbeitet ihn spatentief ein (siehe Abb. 2, rechts).

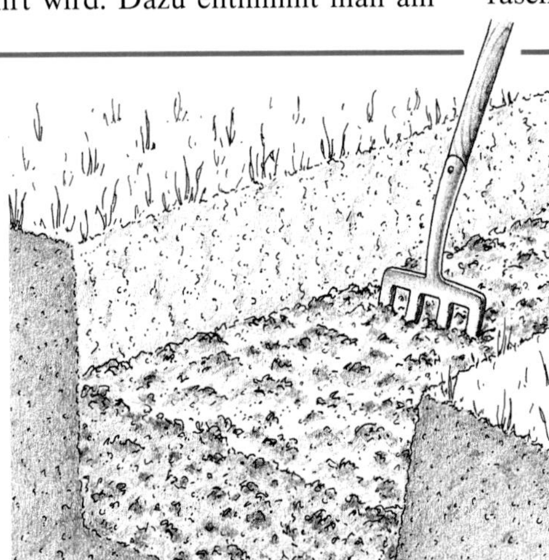

1 *Sandboden bearbeiten*

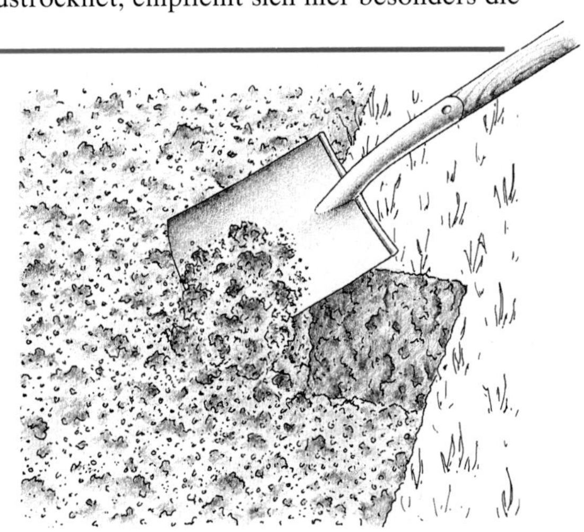

2 *Tonboden bearbeiten*

Beim Pflanzen von Gemüse legt man am besten Latten auf den Boden, da er leicht verdichtet wird, wenn man direkt darauftritt. Ein kurzes Brett ist nützlich, um gerade Pflanzreihen anlegen zu können, außerdem kann man darauf mit wasserfestem Stift alle verwendeten Pflanzabstände markieren.

Kultur von mediterranen Pflanzen, beispielsweise Beifuß *(Artemisia),* Fetthenne *(Sedum),* strauchigen Salbeiarten, Kräutern oder anderen Gewächsen, die Trockenheit vertragen.

Tonböden

Auch schwere Tonböden können erheblich verbessert werden, wenn man organisches Material einarbeitet. Dadurch werden die klebrigen Bodenpartikel getrennt, und die Bodenstruktur wird so verbessert, daß überschüssiges Wasser versickern kann. Am schnellsten kann man eine dauerhafte Verbesserung des Bodens erreichen, indem man vor dem Pflanzen groben Sand untergräbt (siehe Abbildung links). Es darf jedoch kein Bausand verwendet werden, der große Mengen Kalk enthält und den Boden zu alkalisch machen kann. Statt dessen nimmt man mittelkörnigen Flußsand.

Unter der Krume (Oberboden) befindet sich eine humusfreie Schicht. Dieser Unterboden sollte beim Umgraben nicht mit der Krume vermischt werden. Er ist leicht an seiner dichten Struktur erkennbar und gewöhnlich nur von dickeren Wurzeln sowie von den Gängen der Regenwürmer durchzogen. Eine blaugraue oder grünlichgraue Färbung ist ein Hinweis auf Sauerstoffmangel. Wo die Krume sehr dünn ist, muß der Unterboden vor dem Pflanzen von Bäumen und Sträuchern gelockert werden, um den Wurzelraum zu vergrößern. Dazu gräbt man den Boden tiefgründig um und achtet darauf, daß Ober- und Unterboden nicht vermischt werden. Eine andere Möglichkeit ist das Aufbringen einer Schicht humosen Mutterbodens.

Die Verwendung von Dünger

In den alten Bauerngärten kamen keine mineralischen Dünger zum Einsatz, da reichlich organisches Düngematerial vorhanden war (siehe S. 10). Heutigen Gärtnern steht vermutlich jedoch nicht genügend organischer Dünger zur Verfügung, weshalb sie auf mineralische Dünger nicht verzichten können. Die geeigneten Arten für den Bauerngarten und ihre Anwendung sind unten beschrieben.

Düngerarten

Die drei wichtigsten Pflanzennährstoffe sind Stickstoff (N), Phosphor (P) und Kalium (K). Stickstoff regt das Wachstum der Pflanzen an, Phosphor ist wichtig für die Bildung von Blüten, Früchten und Samen. Kalium wird in größeren Mengen benötigt. Dieses Element festigt das Gewebe der Pflanzen; vor allem Obst und Gemüse sind auf eine ausreichende Kaliumversorgung angewiesen. Man kann entweder Festdünger verwenden, der seine Nährstoffe verhältnismäßig langsam abgibt und daher langfristig wirkt, oder Flüssigdünger, dessen Nährstoffe rasch verfügbar sind. Feste Mehrnährstoffdünger (Volldünger) enthalten neben den genannten Kernnährstoffen eine Mischung verschiedener Mineralien und Spurenelemente und sind daher ideal geeignet für Routinedüngungen während der Wachstumsperiode oder zum Vorbereiten des Bodens kurz vor dem Pflanzen im Frühjahr oder Sommer. Biologisch orientierte Gärtner verwenden bevorzugt Dünger aus Blut-, Fisch- und Knochenmehl. Knochenmehl ist ein guter Phosphorlieferant und unterstützt neugepflanzte Bäume und Sträucher beim Anwachsen. Da es sehr langsam wirkt, kann es auch im Herbst ausgebracht werden.

Dichte Pflanzungen machen das Jäten schwierig. Daher mulcht man sie am besten zu Frühjahrsbeginn gründlich, um einjähriges Unkraut zu unterdrücken. Vom Frühsommer an hat Unkraut dann meist keine Chance mehr, sich zu verbreiten, weil der Boden vom Laub bedeckt wird oder die Pflanzen eng genug zusammenstehen.

Für Pflanzen, die in Töpfen wachsen, sollten stets flüssige oder lösliche Dünger verwendet werden, da feste Dünger Schäden an den Wurzeln verursachen können. Eine Handvoll Blutmehl, in 10 l Wasser verrührt, ist ein guter stickstoffreicher Dünger, mit dem man im Frühjahr und Frühsommer Kohlpflanzen düngen kann. Für Tomaten nimmt man am besten kaliumreichen Flüssigdünger oder löslichen Tomatendünger, der sich (mit der doppelten Menge Wasser verdünnt) auch gut für fruchttragende oder blühende Pflanzen in Töpfen eignet, beispielsweise Fuchsien und alle Starkzehrer wie *Clematis,* Dahlien und *Chrysanthemum rubellum.*

Rosenliebhaber benutzen oft Spezialdünger für Rosen, der Magnesium sowie andere Spurenelemente enthält und auch für andere Pflanzen geeignet ist. In einem gut versorgten Garten erhalten Pflanzen die notwendigen Spurenelemente jedoch durch großzügiges Ausbringen organischen Materials.

Mulchen

Wenn ein Garten einmal bepflanzt ist, gibt es nur noch eine Möglichkeit, ihm weiteres organisches Material zuzuführen: Man verteilt das Material auf dem Boden und überläßt es den Würmern, die es im Lauf der Zeit in die Erde ziehen. Dieses als Mulchen bezeichnete Verfahren erfreut sich heute bei immer mehr Gärtnern großer Beliebtheit. Mulch ist in vielerlei Hinsicht nützlich, denn er erhöht nicht nur den Anteil an organischem Material im Boden, sondern bewahrt auch die Bodenfeuchtigkeit, was vor allem in trockenen Sommern oder Ferienzeiten, wenn nicht regelmäßig gewässert werden kann, von großem Vorteil ist. Darüber hinaus schützt eine Mulchdecke die Wurzeln vor Hitze- und Kälteextremen und unterdrückt einjähriges Unkraut, so daß seltener gejätet werden muß. Die Mulchdecke schützt zugleich vor einer Schädigung der Bodenstruktur durch zu starke Niederschläge und intensive Sonnenbestrahlung. Darüber hinaus fördert sie die Entwicklung kräftiger Wurzeln.

Zum Mulchen eignen sich verschiedenste Materialien wie etwa Rindenschnitzel, Strohhäcksel, Torf oder halb verrotteter Kompost. Lauberde ist zum Mulchen zu kostbar und sollte aufgehoben werden, um damit die Erde für besondere Pflanzen zu verbessern. Man kann sogar schwarze Kunststoffolie verwenden (mit Schlitzen, damit die Luft zirkulieren kann), aber sie sollte am besten Gemüsebeeten vorbehalten bleiben, wo sie nicht störend wirkt. In anderen Gartenbereichen sollte sie, falls verwendet, mit einer Schicht Kies oder Rindenschnitzel bedeckt werden. Seit einiger Zeit wird im Fachhandel auch Mulchpapier angeboten. Das beste Mulchmaterial ist jedoch Gartenkompost, denn er kostet nichts, sieht natürlich aus und verbessert den Boden.

Gemulcht wird am besten im Frühjahr, wenn die Stauden auszutreiben beginnen, die Erde aber noch nicht bedecken (siehe Abbildung rechts). Der Boden muß feucht und frei von großem oder mehrjährigem Unkraut sein, Sämlinge einjähriger Wildkräuter werden aber von der Mulchdecke erstickt. Damit Pflanzenetiketten nicht verschwinden, sollten sie möglichst lang sein.

Wenn Sie während der Wachstumsperiode neue Pflanzen einsetzen, sollten Sie nach dem Wässern um sie herum ebenfalls Mulch verteilen. »Hungrige« leichte Sandböden werden im Herbst am besten noch einmal gemulcht. Dies gilt auch für alle größeren Bodenflächen, die im Winter freiliegen und durch starke Niederschläge in ihrer Struktur geschädigt werden können.

Kompostherstellung

Da heutigen Gärtnern das organische Material, das man früher benutzte, meist nicht mehr zur Verfügung steht, müssen sie zur Bodenverbesserung aus unverholzten Gartenabfällen (Unkraut, Grasschnitt usw.) und Küchenabfall Kompost herstellen. Nicht verwenden sollte man hartnäckiges, ausdauerndes Unkraut, einjähriges Unkraut, das Samen ausgebildet hat, sowie erkrankte Pflanzen. Holziges Material, das sehr viel langsamer verrottet als weiche Pflanzenteile, ist wichtig, damit der Kompost ausreichend Luft bekommt. Am besten stellt man kontinuierlich Kompost her, um ihn ständig zur Verfügung zu haben, etwa wenn man eine neue Pflanze setzt, den Boden für ein neues Beet vorbereitet, das Gemüsebeet im Winter umgräbt oder im Frühjahr mulcht. Um eine fortwährende Versorgung zu gewährleisten, sind mindestens zwei Komposthaufen erforderlich: Während in einem das Material verrottet, wird der andere angelegt. Ein dritter Haufen, der nur fertigen Kompost enthält, ist praktisch, aber nicht unbedingt notwendig.

Bei der traditionellen Methode der Kompostherstellung wird das Material befeuchtet und in etwa 30–40 cm dicken Schichten aufgesetzt. Zwischen die Schichten gibt man einige Schaufeln Erde, Rindenhumus oder Mist, die die notwendigen Bakterien enthalten. Damit sich der Komposthaufen richtig erwärmen kann, muß er eine Höhe, Breite und Tiefe von minestens 1 m haben. Darüber hinaus muß er ein- bis zweimal im Jahr umgesetzt werden, damit das Material durchlüftet und gemischt wird. Rasenschnitt sollte in etwa 15 cm Dicke zwischen Schichten aus anderem Material verteilt werden. Wenn unverhältnismäßig große Mengen Rasenschnitt anfallen, lagert man ihn zunächst getrennt und fügt ihn nach und nach zusammen mit anderem anfallendem Material dem Komposthaufen hinzu. Die ersten drei oder vier Grasschnitte von Rasenflächen, die mit Unkrautvernichter behandelt wurden, sollten vor der Verwendung mindestens sechs Monate getrennt kompostiert werden.

Der Kompost ist gebrauchsfertig, sobald er gründlich verrottet ist und seine Bestandteile nicht mehr erkennbar sind. Er sieht dann jedoch nicht immer wie Erde aus. Wurde grobes Material benutzt, kann er recht faserig sein, und bei der Verwendung großer Mengen weichen Materials, wie etwa Rasenschnitt, hat er eine leicht schmierige Beschaffenheit. All dies spielt aber keine Rolle mehr, wenn er im Garten ausgebracht worden ist. Nachdem man ihn untergegraben oder auf dem Boden verteilt hat, überläßt man den Rest einfach der Natur.

Am schnellsten und leichtesten lassen sich Gartenabfälle in modernen Kompostbehältern kompostieren. Dies hat den Vorteil, daß der Kompostplatz nie unordentlich aussieht. Im Fachhandel werden verschiedene Silos angeboten, darunter auch eines mit isolierten Wänden und einem Deckel. Hierin erwärmt sich der Kompost so gut, daß er im Sommer innerhalb von nur drei Monaten gebrauchsfertig ist und selbst Unkrautsamen zerstört werden. Eine gute Alternative ist eine alte Mülltonne aus Metall oder Kunststoff, bei der man den Boden herausschneidet und einige Löcher in die Seiten schlägt, so daß Luft hineingelangen kann. Aber auch aus Holzlatten hat man schnell ein Kompostsilo gebaut.

Stauden mulchen

Auf der freiliegenden Bodenfläche Kompost verteilen. Um Pflanzen herum vorsichtig arbeiten, damit junge Triebe nicht erstickt werden (siehe Abb. 1, rechts). Bei Pflanzen mit dicken Stengeln, wie einigen winterharten Storchschnabelarten *(Geranium)* und Porzellanblümchen *(Saxifraga umbrosa),* verteilt man eine Handvoll Kompost zwischen den Trieben, damit sie besseren Halt bekommen. Dadurch wird auch verhindert, daß die Pflanzen unordentlich werden oder bei Frost und Trockenheit Schaden erleiden (siehe Abb. 2, rechts).

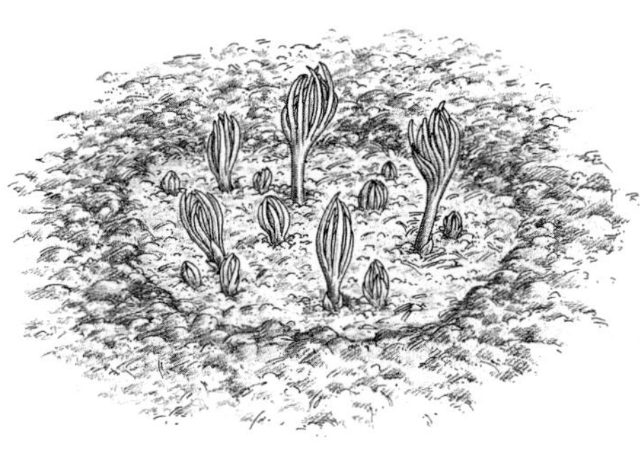

1 *Eine 3–5 cm dicke Schicht Kompost sorgfältig auf der Erde verteilen.*

2 *Bei Pflanzen mit kräftigen Stengeln etwas Kompost in die Mitte streuen.*

Die Pflege des Bauerngartens

Natürlich sind auch nach dem Pflanzen gewisse Routinearbeiten notwendig. Selbst wenn Jäten und Schädlingsbekämpfung im Bauerngarten weit weniger Arbeit machen als in einem herkömmlichen Garten, muß man doch immer wieder etwas Zeit aufbringen und wuchernde Pflanzen ausdünnen oder entfernen, und die anspruchsvolleren Arten benötigen besondere Aufmerksamkeit.

Unkrautbekämpfung

Es gehört zu den großen Pluspunkten eines Bauerngartens, daß man nur selten Unkraut jäten muß. Da in den Beeten dicht an dicht Stauden wachsen, erstickt die anschwellende Flut aus Laub das meiste einjährige Unkraut rasch. Nur zweimal im Jahr muß ernsthaft gejätet werden: im Frühjahr, bevor die Stauden den Boden bedecken, und im Herbst, nachdem die Beete abgeräumt wurden.

Ein größeres Problem stellt ausdauerndes Unkraut dar. Während aber Nesseln und Disteln ausgegraben werden können, sind Schachtelhalm, Quecke und Giersch eine echte Plage, da sie sich durch unterirdische Rhizome ausbreiten. Versucht man diese Rhizome auszugraben, erreicht man damit praktisch nur, daß sich die Pflanzen durch im Boden verbleibende Wurzelstücke erst recht vermehren. Und will man die verschlungenen Triebe der Winde entfernen, zieht man dabei immer auch erhaltenswerte Pflanzen mit heraus. Solches Unkraut läßt sich bekämpfen, indem man ein bienenungefährliches Kontaktherbizid auf die Blätter aufbringt. Es darf jedoch nicht auf Nachbarpflanzen gelangen.

Wo ausdauerndes Unkraut ein echtes Problem ist, muß der Boden vor dem Pflanzen ein Jahr brachliegen, damit man es durch regelmäßiges Hacken vollkommen entfernen kann. Wenn man auf einer Fläche, die stark von aufrecht wachsendem ausdauerndem Unkraut befallen ist, Gras einsät und dann regelmäßig mäht, vernichtet man die Blätter des Unkrauts, die mittels der Photosynthese Nahrung für die Pflanzen herstellen, und hungert die Wurzeln auf diese Weise regelrecht aus. Die meisten Gärtner sind jedoch ungeduldig und wollen ihren Garten nicht erst im nächsten Jahr bepflanzen. Sie müssen regelmäßig alle Stellen, an denen Unkraut wächst, inspizieren und erbarmungslos alle jungen Triebe sofort nach dem Erscheinen zerstören.

***Equisetum arvense* (Ackerschachtelhalm)**
Wie viele andere Wildkräuter, die in alten Bauerngärten wuchsen, wurde auch der Schachtelhalm gut genutzt. Da seine Stengel große Mengen Kieselsäure enthalten, haben sie schmirgelnde Wirkung, und Ende des 16. Jahrhunderts beschrieb der englische Pflanzenkundler John Gerard, wie man mit zusammengedrückten Stengeln Milchkannen und hölzerne Küchengeräte reinigt. Da man auch Zinn auf diese Weise säuberte, heißt die Pflanze auch Zinn- oder Scheuerkraut.

Schädlinge und Krankheiten

Schädlinge und Krankheiten sind in Bauerngärten gewöhnlich kein allzu großes Problem, da die traditionellen Blumen von Natur aus robuster sind als viele der modernen Züchtungen. Wenn man eine große Vielfalt von Pflanzen zieht, einschließlich Wildblumen, und keine Chemikalien anwendet, werden sich im Garten von selbst Nützlinge einstellen. Und bevölkern erst einmal Marienkäfer, Florfliegen und Schwebfliegen den Garten, haben Blattläuse keine echte Chance mehr. Auch Laufkäfer und Tausendfüßler vertilgen manche Schädlinge und sollten daher niemals zertreten werden.

Chemische Mittel sollten, sofern man sie überhaupt verwendet, ausschließlich schwer ausrottbarem ausdauerndem Unkraut und Schädlingen vorbehalten bleiben, denen man auf andere Weise nicht beikommen kann, wie etwa Dickmaulrüßlern und Wurzelläusen. Diese Insekten befallen insbesondere Schlüsselblumen, Kissenprimeln und Aurikeln (sowohl im Freiland als auch in Töpfen), an deren Wurzeln sie ihre Eier ablegen. Ihre Larven fressen später die Wurzeln auf. Man wird erst auf ihre Anwesenheit aufmerksam, wenn die Blätter der Pflanzen herabhängen und vergilben, aber dann ist es leider schon zu spät. Die Schädlinge können nur vorbeugend bekämpft werden, indem man grundsätzlich vor dem Pflanzen ein geeignetes Insektizid unter die Erde mischt.

Einpflanzen und Umpflanzen

Die beste Zeit zum Umsetzen von Pflanzen sind Herbst und Frühling, aber es gibt einige Ausnahmen. Bartiris werden beispielsweise am besten im Sommer etwa sechs Wochen nach dem Abblühen umgepflanzt. Damit das Umpflanzen erfolgreich ist, muß der Boden sorgfältig vorbereitet und reichlich gut verrottetes organisches Material eingearbeitet werden. Falls außerhalb der Saison umgepflanzt wird, muß man die Pflanzen in der Phase des Anwachsens regelmäßig gießen und sie vorübergehend vor Wind und Sonne schützen, bis die Wurzeln wieder Halt gefunden haben.

Als Kübelpflanzen gezogene Bäume, Sträucher und Obstgehölze können notfalls zu jeder Jahreszeit gepflanzt werden, sofern der Boden nicht gefroren oder aufgeweicht ist. Erfolgt die Pflanzung im Sommer, müssen sie regelmäßig gewässert werden, bis sie wieder angewachsen sind. Pflanzen, deren Wurzelballen in Sackleinen eingeschlagen sind, kann man nur während der Ruheperiode zwischen Laubfall und erneutem Austreiben pflanzen.

Stauden wurden früher im Herbst oder Frühjahr gepflanzt, damit sie sich vor der nächsten Blühperiode etablieren konnten, heute ist es jedoch durchaus üblich, sie in Töpfen zu kaufen und sogar bereits blühend während des Sommers zu pflanzen. Einjährige Blumen werden im Frühjahr gepflanzt, wenn sie schon Knospen oder Blüten tragen. Bedingt winterharte Sommerblumen darf man aber erst auspflanzen, wenn keine Frostgefahr mehr besteht. Wenn am Ende der Wachstumsperiode die letzten Blüten verwelkt sind, zieht man einjährige Blumen wieder heraus. Zweijährige Pflanzen wie Goldlack *(Cheiranthus),* Bartnelke *(Dianthus barbatus)* und Marienglockenblume *(Campanula medium)* werden im Spätsommer gepflanzt und blühen dann im folgenden Jahr.

Dieser alte Apfelbaum trägt zwar nur noch wenig Früchte, aber er verbirgt den Gartenschuppen und verleiht dem Garten Charakter. An ihm klettert eine *Clematis montana* var. *rubens* empor, die die Blüteperiode verlängert. Diese *Clematis* eignet sich dafür besonders gut, da sie verhältnismäßig groß wird und nicht geschnitten werden muß.

Das Einpflanzen

Als Faustregel gilt beim Pflanzen, daß das Loch mindestens doppelt so groß wie der Wurzelballen sein und reichlich organisches Material sowie etwas Dünger (im Herbst Knochenmehl, im Frühjahr und Sommer Fisch- oder Blutmehl beziehungsweise ein Volldünger) in die Sohle eingeharkt werden muß. Dann entfernt man den Topf und zieht behutsam die größten Wurzeln aus dem Ballen, damit sie sich nach dem Pflanzen leichter ausbreiten können. Man setzt die Pflanze an ihren Platz (bei einem Baum schlägt man jetzt einen Stützstab in den Boden) und füllt um die Wurzeln eine Mischung aus Gartenerde und organischem Material in das Loch. Anschließend tritt man die Erde fest, wässert gut und verteilt um die neue Pflanze herum eine 3–5 cm dicke Schicht Mulchmaterial (siehe S. 39). Wenn man im Sommer pflanzt, prüft man die Erde während der nächsten Monate regelmäßig und hält sie stets feucht.

Blumenzwiebeln pflanzen

Bevor man Blumenzwiebeln pflanzt, sollte zunächst die lose Haut vollständig entfernt werden. Um Zwiebeln, die im Herbst gepflanzt werden, verteilt man Knochenmehl oder einen handelsüblichen Zwiebelblumendünger und harkt ihn in die gut vorbereitete Erde ein (siehe S. 36). Für im Frühjahr und Sommer gepflanzte Blumenzwiebeln verwendet man einen Volldünger. Wo Bodenschädlinge ein Problem sind, mischt man ein geeignetes Mittel unter die Erde, das die Umwelt nicht belastet.

Um eine natürliche Wirkung zu erzielen, streut man Blumenzwiebeln zum Pflanzen auf den Boden und steckt sie dort in die Erde, wo sie zufällig hinfallen. Für eine formale Einfassung werden Blumenzwiebeln in Reihen möglichst dicht zusammen gesetzt, sie sollen sich jedoch nicht berühren. Mit einem Handspaten werden Blumenzwiebeln mit den Spitzen nach oben in der doppelten Tiefe ihrer Länge gepflanzt und in die Erde »hineingeschraubt«, damit der Zwiebelboden wirklich guten Kontakt bekommt (andernfalls kann es bei der Bewurzelung Probleme geben). Anschließend füllt man das Pflanzloch mit Gartenerde auf – bei schwerem Boden mischt man etwas Flußsand unter. Um in sehr schweren Tonböden zu verhindern, daß sich bei fäuleanfälligen Blumenzwiebeln, wie etwa Tulpenzwiebeln, Wasser an der Basis sammelt, setzt man sie auf eine 5 cm dicke Schicht Flußsand.

Eine pflegeleichte Rabatte

Diese pflegeleichte Rabatte besteht aus Pflanzen, die sich selbst aussamen oder rasch ausbreiten. Sie ist ideal geeignet für Gartenbereiche, in denen rasch eine üppige Wirkung erzielt werden soll. Es wurde eine Mischung aus Frühjahrs- und Sommerblumen verwendet, und wenn die Frühlingsblumen abgeblüht sind, bilden ihre Blätter einen schönen Hintergrund für die Sommerblumen. Hier ist die Rabatte im Hochsommer gezeigt.

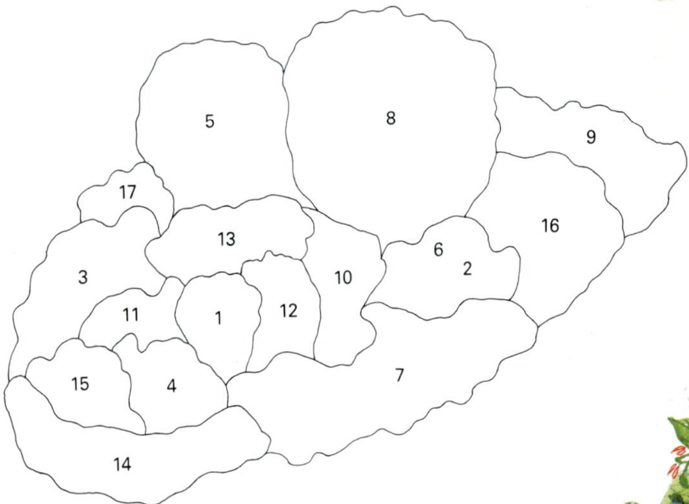

1 Margerite *(Chrysanthemum frutescens;* syn. *Argyranthemum frutescens*): Nicht winterharte Staude mit filigranem Laub und zahllosen hübschen Korbblüten, die sich den ganzen Sommer hindurch öffnen. Höhe bis 1 m.

2 Butterblume (*Ranunculus acris* ›Flore Pleno‹): Winterharte Staude mit gefüllten gelben Blüten, die im Frühsommer erscheinen. Höhe 45–60 cm.

3 Borretsch *(Borago officinalis):* Winterhartes einjähriges Würzkraut mit sternförmigen blauen Blüten, das sich selbst aussamt. Höhe 60–90 cm.

4 *Echinacea purpurea:* Entwickelt im Sommer an bis zu 1,20 m hohen Stengeln anmutige tiefkarmesinrote Blüten mit konischer brauner Mitte. Langsam wachsende Staude, die alkalischen Boden liebt.

5 Korkenzieherhasel *(Corylus avellana* ›Contorta‹): Buschiger Strauch mit spiralig gedrehten Zweigen, die am besten im Winter zur Gel-

tung kommen. Seine Größe kann durch Schnitt gesteuert werden. Im Spätwinter bis Vorfrühling erscheinen gelbe Kätzchen.

6 Klatschmohn *(Papaver rhoeas):* Winterharte Einjahresblume mit zarten roten Sommerblüten, die an 60 cm langen Stengeln stehen. Kleine Mengen Samen zwischen andere Blumen in die Rabatte säen. Danach samt sich der Mohn selbst aus.

7 *Geranium procurrens:* Kriechender Storchschnabel, der zwischen anderen Pflanzen hindurchwächst. Er sollte sich unter Holunder- und Haselstrauch schmiegen können. Vorn schließt er die Rabatte ab und läßt sie weich und natürlich wirken. Vom Hochsommer bis in den Herbst öffnet diese Staude ihre hübschen, ungefüllten, rosavioletten Blüten.

8 Traubenholunder *(Sambucus racemosa* ›Plumosa Aurea‹): Runder Strauch mit filigranem, zuerst bronzefarbenem und später goldgelbem Laub. Seine Größe läßt sich leicht durch Schnitt regulieren.

9 Waldziest *(Stachys sylvatica):* Wildblume mit 30–100 cm Höhe, die in Laub- und Auenwäldern heimisch ist. Im Hoch- und Spätsommer öffnet sie ihre in Scheinquirlen stehenden braunvioletten Blüten, ihre Blätter sind behaart. Schöne Staude für den Schatten.

10 *Iris spuria:* Schwertlilie mit aufrechten, 50–100 cm langen Blättern und schmalen, cremefarbenen Blüten, die zu Hochsommerbeginn erscheinen. In einem Beet haben die Blätter dieser Staude eine großartige architektonische Wirkung.

11 *Iris versicolor:* 60 cm hohe Staude, die im Spätfrühjahr blaßblaue und violette Blüten mit gelber Zeichnung trägt.

12 Männertreu (*Lobelia* ›Queen Victoria‹): Staude mit dunkelroten, aufrecht wachsenden, bis zu 1 m hohen verzweigten Stengeln, an denen von Spätsommer bis Herbst auffallend rote Blüten erscheinen.

13 Brennende Liebe *(Lychnis chalcedonica):* An den aufrechten, etwa 1–1,20 m hohen Stengeln dieser Staude erscheinen im Früh- und Hochsommer flache orangerote Blütenköpfe.

14 Poleiminze *(Mentha pulegium):* Sich stark ausbreitende Staude mit kleinen, graugrünen Blättern und 20–80 cm hohen Stengeln, an denen sich im Früh- und Hochsommer rote oder lila Blüten öffnen.

15 Rapunzel *(Campanula rapunculus):* Altes Wurzelgemüse, aber auch eine sehr hübsche Gartenstaude. Im Hochsommer trägt sie an ihren 75 cm hohen Stengeln blaue Glockenblüten.

16 Salomonssiegel *(Polygonatum multiflorum):* Staude mit 1 m langen, gebogenen Stengeln, an denen im Frühsommer zahlreiche weiße Blüten hängen. Nach der Blüte entwickelt sie schönes Laub.

17 Rainfarn (*Chrysanthemum vulgare* ›Crispum‹): An den 90 cm hohen Stengeln dieser Staude sitzen steife, fiederteilige Blätter, über denen im Hoch- und Spätsommer gelbe Blütenköpfchen stehen.

Hintergrundgestaltung

Der erste Schritt bei der Gestaltung eines Bauerngartens sind Planung und Anlage einer dauerhaften Hintergrundpflanzung. Bei jedem anderen Gestaltungsstil würde man hierfür immergrüne Bäume und Sträucher verwenden, da aber immergrüne Arten in einem echten Bauerngarten nur eine untergeordnete Rolle spielen, benutzt man hier für dieses Grundgerüst meist Hecken, sommergrüne Bäume und Obstgehölze. Heute sieht man in ländlichen Gärten häufig auch in Form geschnittene Eiben oder Eibenhecken, obwohl die Koniferen-Gattungen im allgemeinen eher unpassend wirken.

Begrenzungshecken

Eine authentische Gartengrenze schafft die richtige Kulisse für einen ländlichen Garten, und die meisten traditionellen Landhäuser wurden früher von Hecken umgeben. In England ließ man häufig da und dort einen Baum aus der Hecke wachsen, um reizvollere Konturen zu schaffen. Oft waren dies Haferpflaumen *(Prunus domestica* ssp. *insititia),* Nußbäume, wie etwa Hasel *(Corylus avellana),* und Schwarzer Holunder *(Sambucus nigra),* die die Hecke darüber hinaus zu einem produktiven Element im Garten machten.

Auch heute noch sieht eine Hecke aus kleinen Bäumen, die einen ländlichen Garten umgibt, sehr hübsch aus. An exponierten Plätzen hat sie als Schutzpflanzung unschätzbaren Wert, und für Rabatten bildet sie einen wirkungsvollen grünen Hintergrund. Darüber hinaus lockt sie Vögel an, die darin Nahrung und Unterschlupf finden. Der zusätzliche Vorteil einer dichten Hecke ist eine gewisse Sicherheit gegen Eindringlinge, vor allem wenn dornige Arten einbezogen werden. Vor einer solchen Hecke können auch Gruppen aus Ziergehölzen wachsen, die den Wind zusätzlich abschwächen und auf diese Weise empfindlichen Pflanzen Schutz bieten.

Hecken pflanzen und pflegen

Während man für mehr oder weniger formale Hecken nur eine Gehölzart verwendet, besteht eine traditionelle ländliche Hecke aus verschiedenen Arten. Die Pflanzung erfolgt am besten im Spätherbst oder zu Frühjahrsbeginn, wenn die jungen Bäume ruhen und unbelaubt sind. Man sollte Exemplare mit weniger als 30 cm Höhe wählen, da sie nicht nur leichter anwachsen, sondern auch preiswerter sind. Zunächst wird der Boden gründlich vorbereitet, indem man einen Graben aushebt, der ein bis zwei Spatenstiche tief ist, und in die Sohle reichlich gut verrottetes organisches Material einharkt. Dann mischt man auch unter die ausgehobene Erde organisches Material sowie einen geeigneten Dünger und bringt sie wieder an ihren Platz. Anschließend pflanzt man die Heckensträucher in einer versetzten Doppelreihe (siehe unten); auf diese Weise entsteht eine kräftige, dichte Hecke.

Eine traditionelle Hecke

Junge Pflanzen am besten im Abstand von etwa 30 cm pflanzen und anschließend stark zurückschneiden, damit die Hecke auch an der Basis dicht wird. Wenn der Platz ausreicht, pflanzt man eine Doppelreihe mit einem Zwischenraum von 30–45 cm. Die Pflanzen sollten versetzt angeordnet werden, damit eine undurchdringliche Laubmauer entsteht (siehe Abb. 1). In gemischten rustikalen Hecken läßt man den einen oder anderen Baum – etwa Stechpalme, Holunder oder Weißdorn – ungeschnitten, so daß er als Hochstamm aus der Hecke herauswächst (siehe Abb. 2).

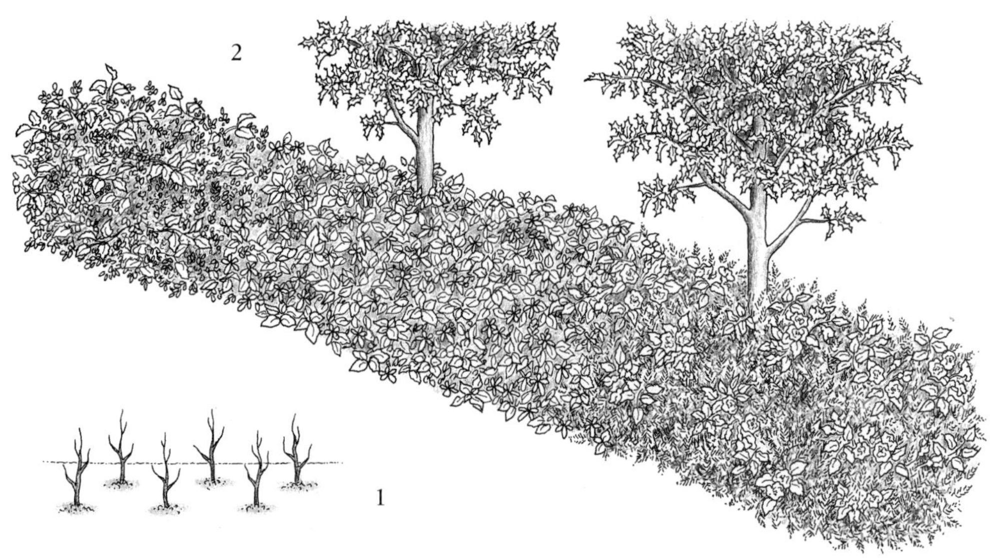

PFLANZEN FÜR EINE LÄNDLICHE HECKE

Brombeere *(Rubus fruticosus)*
Gemeiner Schneeball *(Viburnum opulus)*
Haferpflaume *(Prunus domestica* ssp. *insititia)*
Haselnuß *(Corylus avellana)*
Hundsrose *(Rosa canina)*
Schlehdorn *(Prunus spinosa)*
Schwarzer Holunder *(Sambucus nigra)*
Traubenkirsche *(Prunus padus)*
Weinrose *(Rosa rubiginosa)*
Weißdorn *(Crataegus monogyna)*

Diese Hecke aus Geißblatt *(Lonicera nitida)* wurde in Bogenform über dem Tor erzogen und bildet eine natürliche Grenze im Garten. Im Vordergrund wächst an einer Stütze aus drei rustikalen Pfählen eine Weinrose *(Rosa rubiginosa);* sie war in bäuerlichen Gärten schon immer ein vertrauter Anblick.

Die meisten Pflanzen sollten nach dem Einsetzen auf etwa 15 cm Höhe zurückgeschnitten werden. Damit die Hecke von Anfang an schön und dicht wird, nimmt man während der Wachstumsperiode in regelmäßigen Abständen alle neuen Triebe auf 5–10 cm zurück. Bei diesem Verfahren entwickelt sich die Hecke zwar nur langsam, bekommt aber eine kräftige, dichte Basis wie auch einen einheitlich dichten Wuchs nach oben, und es entstehen keine häßlichen Lücken. Wer hingegen eine Schutzpflanzung anlegen möchte, läßt die Leittriebe unversehrt, so daß anstelle einer undurchdringlichen Hecke eine Reihe kleiner Bäume heranwächst.

Formale Hecken, wie etwa Eibenhecken, sollten so oft wie notwendig mit der Heckenschere geschnitten werden, damit sie in Form bleiben. Der letzte Schnitt wird am besten nach Ende der Wachstumsperiode durchgeführt, so daß die Hecke auch im Winter tadellos aussieht. Um einen möglichst optimalen Windschutz zu erreichen, schneidet man eine solche Hecke in einem ganz leichten Winkel, so daß sie an der Basis etwas breiter ist als oben. Eine halbformale Hecke, etwa aus Weißdorn, muß meist häufiger geschnitten werden als die relativ schwachwüchsigen Eibenhecken. Wenn man sie oben rundet und nicht vollkommen gerade, sondern wellenförmig schneidet, erhält die Hecke ein rustikaleres Aussehen.

Schutzpflanzungen und frei wachsende Blütenhecken, etwa aus Rosen, müssen zwar gelegentlich ausgeschnitten werden, benötigen sonst aber nur minimale Pflege. Die Schnittzeiten sind von Strauch zu Strauch verschieden, aber im allgemeinen sollen Formhecken im Frühjahr und im Sommer und alle anderen Hecken jeweils nach der Blüte geschnitten werden. Kleinblättrige Heckensträucher schneidet man mit der Heckenschere, großblättrige Arten mit der Baumschere.

Ein Hintergrund für große Rabatten

Obwohl in bäuerlichen Gärten von jeher vor allem kleinere Pflanzen wachsen, brauchen die großen Rabatten, die heute in viele Gärten einbezogen werden, oft einen schönen Hintergrund, um gut zur Geltung zu kommen. Verwendet man für diesen Hintergrund eine sorgfältig getroffene Auswahl an kleinen Bäumen und Ziersträuchern, kann man darüber hinaus den Zeitraum, in dem die Rabatte reizvoll aussieht, verlängern. Besonders wirkungsvoll sind hier Arten, die blühen oder dekoratives Laub tragen, wenn die Hauptsaison der Blumen im Frühjahr und Hochsommer vorbei ist. Viele Gärtner pflanzen heute auch Bäume und Sträucher, die für den traditionellen ländlichen Garten untypisch sind, und sie erzielen trotzdem eine stimmige Wirkung. Um jedoch einen gewissen Grad an Authentizität zu gewährleisten, sollte man nahe Verwandte heimischer Arten, Obstgehölze, strauchig wachsende Kräuter oder andere Pflanzen verwenden, die traditionell dem bäuerlichen Garten zugeordnet werden (siehe unten).

Eine in zarten Farben gehaltene Rabatte, in der Ziertabak *(Nicotiana langsdorfii),* Binsenlilie (*Sisyrinchium striatum),* Schafgarbe (*Achillea* ›Moonshine‹) und Fackellilie (*Kniphofia* ›Candlelight‹) wachsen. Ihre reizvolle Wirkung wird durch einen Hintergrund aus Rosen und Geißblatt noch betont.

Hintergrundsträucher

Bluthasel (*Corylus maxima* ›Purpurea‹): Mittelgroßer, sommergrüner Strauch mit großen blutroten Blättern. Seine Nüsse reifen im Herbst.

Blutjohannisbeere *(Ribes sanguineum):* Kleiner, sommergrüner, duftender Strauch, an dessen Zweigen im Frühjahr hellrote Blüten sitzen. Trägt keine Früchte.

Brandkraut *(Phlomis fruticosa):* Kleiner, immergrüner Strauch mit wolligen, graugrünen Blättern und goldgelben Sommerblüten.

Brautmyrte *(Myrtus communis):* Kleiner, immergrüner Strauch mit glänzendem, dunkelgrünem Laub. Seine duftenden weißen Blüten erscheinen von Frühling bis Frühsommer.

Brautspiere *(Spiraea × arguta):* Mittelgroßer bis großer, sommergrüner Strauch, der im Frühjahr zahllose weiße Blütchen trägt.

Eberesche (*Sorbus-aucuparia*-Sorten): Mittelgroßer bis großer, sommergrüner Baum, der im Frühjahr weiße Blüten und im Herbst rote Früchte (Vogelbeeren) entwickelt.

Flieder (*Syringa-vulgaris*-Hybriden): Großer Strauch oder mittelgroßer Baum mit intensiv duftenden, konischen Blütenständen, die im Frühjahr erscheinen, aber nicht sehr wetterfest sind.

Korkenzieherhasel (*Corylus avellana* ›Contorta‹): Schwachwüchsiger, sommergrüner Strauch mit spiralförmig gedrehten Ästen, die im Winter nach dem Laubfall am wirkungsvollsten sind. Wird mit der Zeit sehr groß.

Lorbeer *(Laurus nobilis):* Schwachwüchsige Pflanze, die aber im Laufe der Zeit zu einem großen Strauch oder kleinen Baum heranwächst. Ihre Blätter werden in der Küche verwendet.

Pfeifenstrauch *(Philadelphus):* Großer, sommergrüner Strauch, der im Spätfrühjahr stark duftende Blüten trägt. Pfeifenstrauch, auch Falscher Jasmin genannt, gibt es in vielen weißblühenden Arten.

Schmetterlingsstrauch *(Buddleja):* Großer, raschwüchsiger Strauch mit schlanken Blütenständen, die bläulich-violett, purpurn oder weiß sind. Sie erscheinen im Sommer und locken Schmetterlinge an. Der Strauch muß nach der Blüte hart zurückgeschnitten werden, damit er ordentlich bleibt.

Rosa glauca (syn. *R. rubrifolia*): Rose mit ungefüllten rosa Blüten mit heller Mitte und kleinen Hagebutten im Herbst, die aber hauptsächlich wegen ihrer purpurgrauen Blätter gezogen wird.

Rosa moyesii ›Geranium‹: Dunkelscharlachrote Blüten mit gelben Staubfäden. Entwickelt im Herbst großartige, korallenrote Hagebutten.

Schneeball *(Viburnum):* Gattung mittelgroßer bis großer Sträucher, unter denen sich sowohl immergrüne als auch sommergrüne Arten befinden. Viele sommergrüne Arten tragen zu Frühjahrsbeginn wunderbar duftende rosa Blüten und haben sehr reizvolles Herbstlaub.

Schneebeere *(Symphoricarpos):* Mittelgroßer, sommergrüner Strauch. Im Spätsommer und Herbst entwickelt er zahlreiche weiße oder rosa Beeren, die sich oft bis in den Frühwinter halten.

Schwarzer Holunder (*Sambucus nigra* ›Purpurea‹): Großer, sommergrüner Strauch mit schwarzvioletten Blättern. Schöner Hintergrund für leuchtend gefärbte Blüten und Blätter.

Seidelbast *(Daphne mezereum):* Kleiner, sommergrüner Strauch mit stark duftenden Blüten, die sich zu Frühjahrsbeginn öffnen.

Stechpalme *(Ilex aquifolium):* Schwachwüchsiger, immergrüner Strauch oder Baum, der mit der Zeit recht groß wird. Viele Arten haben Stacheln.

Traubenholunder (*Sambucus racemosa* ›Plumosa Aurea‹): Großer, spektakulärer, sommergrüner Strauch mit bronzefarbenen Blättern. Im Sommer entwickelt er kugelförmige rote Früchte.

Weinrose *(Rosa-rubiginosa-*Sorten; syn. *R. eglanteria):* Windfeste Rose mit rosafarbenen oder weißen Blüten und roten Hagebutten.

Winterharte Fuchsie (*Fuchsia* ›Riccartonii‹): Kleiner, aufrecht wachsender Strauch, während des Sommers und bis in den Herbst trägt er hängende rote und purpurne Blüten.

Zierapfel (*Malus*-Sorten wie etwa *M.* ›John Downie‹): Kleiner bis mittelgroßer, sommergrüner Baum. Trägt im Spätfrühjahr weiße Blüten und im Spätsommer und Herbst orangefarbene Früchte, die eßbar sind.

Zierquitte *(Choenomeles;* syn. *Chaenomeles):* Mittelgroßer, sommergrüner Strauch mit grünen oder goldgelben Früchten, die sich im Sommer und Herbst entwickeln.

Hier klettert ein gelbblättriger Hopfen (*Humulus lupulus* ›Aureus‹) an einer Stütze aus rustikalen Stangen und läßt im Hintergrund der Rabatte ein hohes Element entstehen.

Kletterpflanzen an rustikalen Stützen erziehen

Ein schöner Abschluß für die hintere Seite einer großen Rabatte ist ein hohes Klettergerüst aus rustikalen Stangen, an dem Schling- oder Kletterrosen, *Clematis* oder Geißblatt wachsen – klassische Pflanzen des bäuerlichen Gartens. Bei Kletterhilfen, die im Hintergrund der Rabatte stehen, muß auf beiden Seiten ein Weg bleiben, weil sonst Schneiden, Jäten und Instandsetzungsarbeiten leicht zu einem Alptraum werden können. Vor Rosen und Obstgehölzen sollten keine hohen Pflanzen wachsen, da zu viel Schatten ihre Entwicklung beeinträchtigt.

Die Aufteilung des Gartens

Unterteilende Elemente im Garten müssen nicht besonders massiv sein, sondern lediglich den anschließenden Gartenbereich mehr oder weniger abgrenzen. Dafür ist auch eine Reihe aus Apfelbäumen, die als Halbstämme erzogen wurden, ausreichend.

Wenn man vor einem großen leeren Grundstück steht, kann die Aufgabe, es in jene Abfolge kleinerer Bereiche zu unterteilen, aus denen die meisten bäuerlichen Gärten letztlich bestehen zunächst unlösbar erscheinen. Aber lassen Sie sich nicht entmutigen; nachdem die ersten Unterteilungen vorgenommen wurden, geht die Arbeit schon viel leichter. Die meisten Bauerngärten entstehen nicht nach einem strengen Plan, sondern entwickeln sich allmählich, während sie immer wieder verändert und ergänzt werden, so daß es Jahre dauern kann, bis sie schließlich ihre endgültige Form erreicht haben. Um die ersten Anregungen zu erhalten, sollte man möglichst viele Bauerngärten besichtigen und ihre Anlage studieren. Dann macht man eine grobe Skizze des eigenen Gartens und probiert verschiedene Möglichkeiten der Aufteilung aus.

Gestaltungselemente

Die natürlichen Eigenheiten eines Gartens sind eine gute Ausgangsbasis für seine Gestaltung, und oft lassen sich Gärten mit unregelmäßigen Grenzen einfacher gestalten als rechteckige Grundstücke. Denken Sie zunächst darüber nach, welche Elemente von Anfang an in den Garten einbezogen werden sollen. Wo Obst und Gemüse wachsen sollen, wird gewöhnlich ein Bereich am Ende des Gartens abgetrennt. Für einen Sitzbereich ist hingegen eine sonnige Stelle beim Haus am geeignetsten. Oder möchten Sie vielleicht einen Kräutergarten, eine lange Rabatte oder einen rosengesäumten Weg anlegen? Zu diesem Zeitpunkt ist es am besten, eine Anlage mit unterschiedlichen Bereichen zu planen, die durch Wege miteinander verbunden sind, und dann strukturierende Pflanzen zu plazieren, die die Formen der Beete unterstreichen. Die Ausgestaltung der verschiedenen Bereiche erfolgt jedoch erst später.

Für eine Unterteilung des Gartens sind verschiedenste Pflanzen und andere Gartenelemente geeignet. Eine naheliegende Wahl sind Hecken, die von formalen Schnitthecken aus Buchsbaum oder Eibe über freiwachsende Blütenhecken aus Rosen oder Zierjohannisbeeren bis hin zu Miniaturhecken aus Lavendel und Rosmarin reichen. Auch ein einzelner Baum oder Strauch mit dichtem Wuchs oder eine geschlossene Pflanzengruppe können Gartenbereiche trennen. Zu den verschiedenen Möglichkeiten gehören beispielsweise ein in Form geschnittener Baum, eine Gruppe aus gestutztem Buchsbaum *(Buxus sempervirens),* ein dichtes Büschel Wolfsmilch *(Euphorbia characias* ssp. *wulfenii)* oder ein auffälliger Solitärbaum, wie eine Maulbeere *(Morus),* Quitte *(Cydonia oblonga)* oder Mispel *(Mespilus).* Architektonische Elemente, wie ein mit Kletterpflanzen bewachsener Bogen oder eine Reihe rustikaler Flechthürden, eignen sich ebenfalls zum Trennen der verschiedenen Gartenbereiche.

Trennelemente müssen nicht notwendigerweise hoch sein. Ein Wechsel des Bodenbelags verändert den Charakter ebenso wie ein vertikales Element. Auf jeden Fall empfiehlt es sich aber, Trennelemente unterschiedlicher Höhe zu verwenden – zu viele hohe Elemente lassen einen Garten klein und dunkel erscheinen. Um hohe Trennelemente, insbesondere in kleinen Gärten, leichter wirken zu lassen, schneidet man in Hecken Gucklöcher, pflanzt Bäume mit lichten Kronen wie beispielsweise Birken *(Betula)* oder errichtet durchbrochene Zäune.

Traditionelle Wege

In der Vergangenheit legten Besitzer von Bauerngärten provisorische Wege an, wo immer sie Wege benötigten, und kippten einfach überall dort, wo sie regelmäßig entlanggingen, Schlacke und Asche aus ihren Öfen auf schlammige Stellen, bis auf diese Weise Wege entstanden waren. Die meisten Wege befanden sich auf der Rückseite des Hauses und führten zu Holzschuppen, Gemüsegarten, Waschhaus oder Klohäuschen und Wäscheleine. Und da ständig neue Asche anfiel – das Feuer wurde zur Heißwasserbereitung und zum Kochen das ganze Jahr in Gang gehalten –, war immer genügend Material für Wege vorhanden.

Auf die gleiche Weise gehen viele heutige Gartenbesitzer vor, doch verwenden sie anstelle von Asche Kies, Steine, Pflasterplatten oder alte Ziegel. Kies kann man, wo immer man einen Weg anlegen will, auf der Erde verteilen und mit einer Kante aus Ziegeln oder Brettern befestigen. Beständiger sind allerdings Kieswege mit einem Unterbau aus Schotter. Bäuerliche Gärten haben oft zunächst Graswege, die im Lauf der Zeit jedoch durch häufiges Begehen schlammig werden, und dann schüttet man sie mit Kies auf. Ziegelwege sind etwas arbeitsaufwendiger, da die Ziegel fast ganz im Boden sitzen müssen, um Stabilität zu erhalten. Ziegel, die locker werden, entfernt man zunächst und stampft Kies oder kleine Steine in den Boden. Dann setzt man die Ziegel wieder an ihren Platz und klopft die Erde um sie herum mit einem Vorschlaghammer gründlich fest. Pflasterplatten lassen sich dagegen einfach auf den Boden setzen, da ihnen ihre Größe und ihr Gewicht genügend Stabilität verleihen. Auf diese Weise angelegte provisorische Wege sind selbst für Schubkarren tauglich und lassen sich darüber hinaus leicht wieder entfernen. Wege dürfen in einem bäuerlichen Garten nie den Eindruck erwecken, als seien sie mit einer Maschine angelegt worden, und sie sollten stets nach Augenmaß geebnet werden, weil sie sonst künstlich wirken.

Befestigte Wege

Obwohl Wege in Bauerngärten in der Regel nicht dauerhaft angelegt werden – zumindest ist dies traditionell unüblich, und spätere Veränderungen im Garten werden durch befestigte Wege erschwert –, ist bei Sitzbereichen und häufig benutzten Wegen ein solider Unterbau sinnvoll.

Dieser einfache Weg aus Trittsteinen, die im Boden eingelassen wurden, wird von Zwergbuchsbaum (*Buxus sempervirens* ›Suffruticosa‹), rotem Mohn *(Papaver)* und Mauerpfeffer *(Sedum acre)* gesäumt. Wenn man die Gartenanlage verändern möchte, kann man die Steine ohne großen Aufwand wieder herausheben.

Dazu hebt man zunächst die Erde in der erforderlichen Tiefe (Belagstärke plus 2,5 cm Sand plus eine mindestens 5 cm dicke Lage gröberes Material wie Kies oder Splitt) aus, ebnet den Boden und verdichtet ihn gut. Dann verteilt man auf der Fläche eine Schicht grobes Material, das festgestampft wird, und bedeckt es mit einer Schicht Bausand. Wichtig ist, daß alle Schichten gut geglättet sind. Ziegel oder Pflasterplatten können direkt auf dem Sand verlegt oder auf drei (bei Ziegeln) beziehungsweise fünf (bei Pflasterplatten) Mörtelklekse gesetzt werden. Wie beim Fliesen einer Wand werden zwischen die Platten Abstandhalter gesteckt, damit gleichmäßige Fugen entstehen. Die Fugen werden anschließend mit Mörtel gefüllt. Man sollte darauf achten, daß jeder befestigte Weg ein Oberflächengefälle benötigt, damit Regenwasser ablaufen kann.

Grundstücksformen

Eine Abfolge kleiner Gärten, von denen jeder ein bestimmtes Thema hat, kann ein Grundstück mit geraden Grenzen sehr reizvoll erscheinen lassen. Der von Buchsbaum gesäumte Kamillenrasen vorn im Bild führt zu einem Kräutergarten.

In einem gut gestalteten Bauerngarten sollte man neugierig auf alles nicht Sichtbare werden und gleichzeitig das genießen, was man sieht. Der Garten muß so geplant werden, daß vom Haus aus nur ein Teil im Blickfeld liegt, und bei einem Spaziergang durch den Garten sollten sich Überraschungen hinter Wegbiegungen offenbaren. Auch in einem Garten, den man gut kennt, sollte man noch neue Entdeckungen machen können inmitten eines niemals endenden Schauspiels von Blüten, die sich nacheinander öffnen.

Alte Bauernhäuser haben meist unregelmäßig geschnittene Grundstücke, da die Besitzer im Verlauf von Jahrhunderten Land zu- und verkauften, Anbauten machten oder weil Straßenführungen verändert wurden. Die Form solcher Grundstücke legt es häufig nahe, den Garten in eine Reihe einzelner Bereiche zu unterteilen. Wege, die an Rabatten und Beeten entlangführen, verbinden diese Bereiche und lassen einen verwinkelten Garten entstehen.

Neuere Häuser stehen dagegen oft auf langweiligen, rechteckigen Grundstücken, die eine echte Herausforderung für die Phantasie darstellen. Doch wo natürliche Besonderheiten fehlen, müssen sie eben geschaffen werden. Hier bieten sich mehrere Möglichkeiten an, wie etwa den Garten mit Trennelementen in kleinere Bereiche zu unterteilen (siehe S. 20). Durch ein Aufbrechen des geometrischen Grundrisses entsteht unwillkürlich der Eindruck jener Ungleichförmigkeit, der für alte Bauerngärten so typisch ist.

Wenn man ein unstrukturiertes, rechteckiges Grundstück vor sich hat, liegt das Hauptproblem darin, einen Anfang zu finden. Eine Möglichkeit wäre, aus den verschiedenen Fenstern des Hauses zu schauen und sich im Geist eine Aussicht vorzustellen. Auch wenn es in der Praxis nicht möglich ist, aus jedem Fenster eine vollkommen andere Aussicht zu schaffen, sollte man diesen Idealzustand zumindest anstreben. Eine beliebte Lösung ist ein offener Bereich unmittelbar hinter dem Haus, der meist grasbewachsen und von Rabatten umgeben ist. Vielleicht bildet dort ein einzelner Baum einen Mittelpunkt, unter dem sich ein Sitzbereich befindet, der teilweise von Rabatten gesäumt werden kann. Von hier aus führen Wege in verschiedene Gartenbereiche, und am Ende des einen oder anderen kann sich eine Bank mit einer schönen Aussicht oder ein thematischer Bereich (siehe S. 60) befinden. Einige Wege führen vielleicht durch eine offene Fläche – etwa einen kleinen Obstgarten, in dem auch Zwiebelblumen wachsen – oder zum Gemüsebeet. Sie können auch eine Kehrtwendung machen und sich auf Trittsteinen durch einen Teppich aus niedrigen Bodendeckern, in dem da und dort höhere Pflanzen wachsen, zu einem verborgenen Garten führen lassen, der von Hecken umgeben ist. Ein Element, das die meisten gelungenen Gärten gemein haben, ist ein Wechsel von offenen und umschlossenen Flächen, durch den sich bei einem Spaziergang durch den Garten ständig neue Aussichten eröffnen.

Wie ein reizvoller Garten entsteht

Dieser Plan zeigt, wie ein neu angelegter ländlicher Garten aussehen könnte. Dieser Garten braucht wenig Pflege, und er ist auch für Familien geeignet, denn hier wurden eine große Rasenfläche und auch einige naturnahe Bereiche eingefügt, die interessante Spielplätze für Kinder sind. Darüber hinaus ist auch eine ruhige Ecke mit Kräutern und Duftpflanzen vorhanden, in der die Erwachsenen entspannen können. Wenn die Familie größer wird, kann der Garten den sich ändernden Bedürfnissen seiner Besitzer angepaßt werden – aber dies sollte in jedem ländlichen Garten möglich sein. (Wie dieser Garten nach einigen Jahren aussehen könnte, ist auf S. 81 gezeigt.)

1 *Obsthecke*
2 *Kräuterrasen*
3 *Kräuterbeet*
4 *Eibenhecke*
5 *Holunder*
6 *Gemüsegarten*
7 *Apfelbäume*
8 *Teppich aus Pflanzen, die sich ausbreiten und sich selbst aussamen*
9 *Wiese mit Frühlingszwiebelblumen*
10 *Quitte*
11 *Buchshecke*
12 *Mispel*
13 *Rosenbogen*
14 *Zierkirsche*
15 *Rabatte*
16 *Kiesweg*
17 *Maulbeere*

Pflanzen als Gestaltungselemente

Unerwartete Elemente wie dieser in Form gestutzte Strauch, der inmitten einer natürlichen Pflanzung unter einem alten Obstbaum steht, sorgen für Überraschungen im ländlichen Garten. Für einen schattigen Platz wie diesen eignet sich Buchsbaum am besten.

Neben architektonischen Gestaltungselementen (siehe S. 22) kann ein Bauerngarten mehrere charakteristische pflanzliche Elemente enthalten, wie beispielsweise Bäume und Sträucher, die in besonderen Formen erzogen wurden, um in einem bestimmten Bereich einen Blickfang entstehen zu lassen. Solche Pflanzen prägen in starkem Maß den Charakter des Gartens, und ihre Erziehung bereitet viel Freude.

Bäume als Blickfang

Ein Baum mit einer interessanten Wuchsform kann ein schöner Mittelpunkt für eine Rasenfläche sein. Knorrige alte Apfelbäume oder Obstbäume mit schiefen Stämmen oder Ästen, die von Holzpfosten gestützt werden müssen, sind in besonderer Weise für einen Bauerngarten geeignet. An solchen Bäumen kann man auch eine Schaukel oder Hängematte befestigen oder um sie herum eine Bank bauen. Als Ersatz für fehlende Sommerblüten und Früchte können Sie am Fuß des Stammes eine *Clematis* pflanzen, die Sie durch die Krone des Baumes klettern lassen. Weitere Obstbäume mit interessanten Silhouetten sind Maulbeerbäume, die eine rauhe Rinde und eine schöne ausladende Form haben, eßbare Quittensorten wie *Cydonia* ›Vranja‹, deren Wuchs interessanter als der der erheblich kleineren und buschigeren Zierquitte ist, oder Mispeln *(Mespilus)* – hübsche Bäume mit schön gefärbtem Herbstlaub. Selbst ein Holunder *(Sambucus)* mit einer ausladenden Form wirkt passend.

Formschnitt

Formal geschnittene Bäume wie etwa Stechpalmen *(Ilex)* wuchsen in traditionellen englischen Cottage-Gärten in einer Vielzahl von Formen in Hecken. Der eigentliche Formschnitt entstammt jedoch einer romantischen Richtung der Gartengestaltung jüngeren Datums, die Anleihen bei den großartigen formalen Gärten der Vergangenheit genommen hat. Aber es lohnt sich, ihn auch in Bauerngärten als Stilelement einzubeziehen. Ein in Form geschnittener Baum ist ein eindrucksvoller Mittelpunkt für einen kleinen gekiesten oder grasbewachsenen Vorgarten, doch seine Größe muß in einem harmonischen, richtigen Verhältnis zu der des Hauses stehen. In einem verborgenen Garten hinter dem Haus ist es eine Überraschung, wenn man auf dem Rasen ein amüsantes Element vorfindet, beispielsweise Buchsbaum in der Form pickender Pfauen. Weniger kunstvoll formierte Gehölze, wie etwa eine Reihe sorgfältig in Form gestutzter Bäume, sind eine schöne Möglichkeit, auf einem Weg den Blick zu begrenzen, so daß man bis ans Ende gehen muß, um freie Sicht zu haben (siehe auch Formschnitt S. 82–83).

Kletterpflanzen für Mauern

Von jeher beliebte Kletterpflanzen sind Glyzinen, Kletterrosen und großblumige Waldreben wie *Clematis* × *jackmanii,* obwohl es vielleicht schade ist, wenn man den Schutz, den eine Mauer bietet, nicht für exquisitere oder etwas frostempfindliche Sträucher nutzt, die anderswo eingehen würden. Sofern man hier zugunsten von altmodischen Blumen auf

EIN ÜBERDACHTER HAUSEINGANG MIT JASMIN

An der Vorderseite des Eingangsbereiches befestigt man ein Spalier oder ein stabiles Drahtgeflecht. Falls der Jasmin sehr lang und dünn ist, schneidet man ihn nach dem Pflanzen zurück, damit er sich stärker verzweigt. Dann bindet man die kräftigen Triebe auf, wobei man sie gleichmäßig verteilt. Neue Triebe, die von der Wand wegwachsen, nimmt man auf 5–8 cm zurück. Mit dem Heranwachsen der Pflanzen wird der Hauseingang vorn nach und nach vollständig begrünt. Nach der Blüte im Frühjahr stutzt man den Jasmin zurecht, damit er ordentlich bleibt. Jasmin, der erst im Spätsommer geschnitten wird, blüht im folgenden Frühjahr möglicherweise nicht.

Pflanzen mit aufdringlichen Farben oder neumodischer Wirkung verzichtet, kann man dennoch eine dem bäuerlichen Garten angemessene Atmosphäre entstehen lassen. Vor intakte Mauern sollte man selbstklimmende Pflanzen wie die Kletterhortensie (*Hydrangea anomala* ssp. *petiolaris;* syn. *H. petiolaris)* oder die seltene *Schizophragma hydrangeoides* setzen. Säckelblume *(Ceanothus)* und Feuerdorn *(Pyracantha)* müssen erzogen werden, damit sie vor einer Mauer einen flachen Busch bilden. Ein Geißklee *(Cytisus battandieri)* ist die optimale Wahl für einen besonders schönen, sonnigen Platz.

Grüne Hauseingänge

Eine uralte Sitte aus Zeiten, in denen englische Cottages noch keine gemauerten überdachten Eingänge besaßen und die Eingangstür unmittelbar in das Wohnzimmer führte, ist das Anlegen eines aus Sträuchern gewachsenen Eingangs. Früher verwendete man dafür häufig Winterjasmin *(Jasminum nudiflorum),* der zu beiden Seiten der Tür in Säulenform erzogen wurde und sich über der Tür traf. Da es damals noch keine Spaliere im heutigen Sinne gab, band man vermutlich die Haupttriebe des Winterjasmins an Nägeln fest, die in die Hauswand eingeschlagen waren. Ich kenne ein altes Cottage, dessen Eingang noch heute von Winterjasmin eingerahmt wird, der stets makellos geschnitten ist. Eine ähnliche Atmosphäre kann aber auch geschaffen werden, indem man rechts und links vor einem überdachten Eingangsbereich aus Ziegeln oder Stein Winterjasmin pflanzt und ihn auf beiden Seiten des Vordaches so erzieht, daß er oben den Rand des Vordaches schmückt. Auf diese Weise bleibt an den Seiten des Eingangs Platz für Kletterrosen.

Ein Durchgang rahmt eine dahinterliegende Aussicht auf vollkommene Weise ein. Die schönste Ergänzung ist eine Kletterpflanze wie *Rosa* ›Albertine‹. Der Ausblick hat durch ein geschickt plaziertes Pflanzgefäß einen Mittelpunkt erhalten. Dahinter steht ein altes Bleibecken, in dem Silberwinden *(Convolvulus cneorum)* wachsen. Bei dem rosa blühenden Mauerstrauch handelt es sich um *Abelia* × *grandiflora.*

Traditionelle Pflanzenkompositionen

Hier wurde die pinkfarbene Schlingrose ›Dorothy Perkins‹ zusammen mit *Clematis* ›Lasurstern‹ an Drähten erzogen. Zu ihren Füßen lassen in einer Reihe gepflanzte Exemplare der kleinen Strauchrose *Rosa* ›The Fairy‹ eine kontrastierende Kante entstehen. Diese Gruppe bildet die Grenze eines Vorgartens, doch sie wäre auch ein schöner Hintergrund für eine niedrige Rabatte.

Von jeher werden bestimmte Pflanzen dem ländlichen Garten zugeordnet, doch bis zu einem gewissen Grad entsteht die für ihn typische Atmosphäre auch durch die Art und Weise, wie Pflanzen zusammengestellt werden. Auf den folgenden Seiten werden einige Kombinationen für verschiedene Situationen vorgestellt, die sich sowohl in meinem eigenen Garten wie auch in anderen Gärten, die ich kenne, über die Jahre gut bewährt haben.

Mauerpflanzen

Sich selbst aussamender Goldlack *(Cheiranthus)*, Löwenmäulchen *(Antirrhinum)*, Mauerpfeffer *(Sedum acre)*, Venusnabel *(Umbilicus rupestris)*, gelber Lerchensporn *(Corydalis)* und Zimbelkraut *(Cymbalaria muralis)* wirken sehr natürlich, wenn sie an einem sonnigen Platz aus einer alten Gartenmauer herauswachsen. Um sie anzusiedeln, streut man an Stellen, wo sich zwischen den bröckelnden alten Ziegeln oder Steinen Erdpartikel angesammelt haben, einfach Samen von in der Nähe wachsenden Pflanzen. Sollten sich in der Nachbarschaft keine geeigneten Pflanzen finden, kann man die Samen auch kaufen, doch sollte man hier keine Züchtungen, sondern Wildblumen wählen. Im Gegensatz zu Samen von Nachbarpflanzen, die sich schon an die Verhältnisse vor Ort gewöhnt haben, brauchen gekaufte Samen jedoch optimale Wachstumsbedingungen.

In modernen Mauern mit Zementfugen gibt es keine Spalten und Ritzen, die bepflanzt werden können, dagegen kann man beim Errichten von Mauern bereits Pflanzen einsetzen. Die Pflanzenwurzeln müssen in Erde gehüllt und in der Mauer plaziert werden, wenn Sie die Steine aufschichten. Spätere Versuche, Pflanzen in Ritzen zu drücken, schlagen gewöhnlich fehl, weil die Wurzeln dann auf der anderen Seite in einem Luftloch hängen. Man kann auch zwei Ziegelmauern nebeneinander errichten und den Zwischenraum mit Erde füllen, in die Pflanzen gesetzt werden.

Pflanzen für den Schatten

Da die meisten traditionellen Pflanzen Sonnenanbeter sind, stellt sich die Frage, was in schattigen und halbschattigen Ecken wachsen kann. Eine hübsche Kombination sind beispielsweise Frauenmantel *(Alchemilla mollis)*, Schwertlilie *(Iris foetidissima)* und Mandelwolfsmilch *(Euphorbia amygdaloides* ssp. *robbiae)*. Bei größeren Pflanzungen kann man sie durch Nieswurz *(Helleborus)*, buntlaubigen Judassilberling (*Lunaria annua* ›Variegata‹), Storchschnabel *(Geranium phaeum)* und einen Teppich aus Veilchen *(Viola labradorica)* ergänzen. Eine Auswahl winterharter Farne mit unterschiedlichen Blattformen sieht an einem schattigen Platz sehr hübsch aus, und ein Teppich aus Bubiköpfchen *(Soleirolia soleirolii)* – Vorsicht, diese Pflanzen wuchern leicht – und Waldmeister *(Galium odoratum;* syn. *Asperula odorata)* kommt unter einer Hortensie gut zur Wirkung.

Es gibt nicht viele Rosen, die an sonnenlosen Wänden oder schattigen Bögen wachsen, und daher sind die wenigen, die hier gedeihen, doppelt wertvoll. Zu ihnen gehören die Sorten *Rosa* ›Souvenir du Docteur Jamain‹ (weinrot), *R.* ›Bleu Magenta‹ (bläulich-violett) und *R.* ›Russell's Cottage Rambler‹ (rötlich-violett). Unter den *Clematis* gibt es eine ganze Reihe, die einigen Schatten vertragen, auch wenn sie dort vielleicht nicht so üppig blühen wie an

LINKS Frühlingsblumen sehen in Gruppen gepflanzt wirkungsvoller aus als einzeln über den Garten verteilt. Hundszahn *(Erythronium dens-canis),* Scharbockskraut *(Ranunculus ficaria)* und *Narcissus asturiensis* (syn. *N. minimus*), die kleinste und früheste Osterglocke, lassen hier in feuchtem Boden und leichtem Schatten eine anmutige Pflanzengruppe entstehen.

helleren Standorten. In meinem eigenen Garten wachsen an einer Nordwand *C.* ›Nelly Moser‹ (rosahellviolett), *C.* ›Barbara Jackman‹ (blaue Blüten mit roten Streifen), *C.* ›Comtesse de Bouchaud‹ (hellviolettrosa) und *C.* ›Hagley Hybrid‹ (rosahellila).

Kletterpflanzen

Die schönsten Kombinationen von Kletterpflanzen beruhen auf einer altmodischen Farbkombination: klassisches Rosa und Bläulichviolett. Wer verschiedene *Clematis* an einen Platz pflanzt, sollte Typen wählen, die nicht geschnitten werden müssen, wie großblumige Hybriden mit zwei Blüten im Jahr, beispielsweise *C.* ›Nelly Moser‹ und die Mehrzahl der *Clematis*-Arten, oder er entscheidet sich für Sorten, die zu Frühlingsbeginn fast bis auf Bodenhöhe zurückgenommen werden, wie etwa *C.* × *jackmanii.* Eine Kombination beider Formen ist nicht möglich, da sich ihre Triebe beim Schnitt nicht trennen lassen. Man kann aber auch Wicken *(Lathyrus odoratus)* und *Clematis* oder eine Mischung aus einjährigen Kletterpflanzen wie Wicken (*Rhodochiton atrosanguineus;* syn. *R. volubile)* und Prunkwinde *(Ipomoea purpurea;* syn. *Pharbitis purpurea)* zusammenpflanzen. Maurandie *(Asarina barclaiana;* syn. *Maurandya barclaiana)* und Kapuzinerkresse *(Tropaeolum peregrinum)* bedecken Mauern ebenfalls rasch.

Frühjahrsfreuden

Mit Narzissen unterpflanzte Zierkirschen oder Haselnußbäume, unter denen in einem kurzen Grasteppich außerdem Hundszahn *(Erythronium dens-canis),* Schachbrettblumen *(Fritillaria meleagris)* und Buschwindröschen *(Anemone nemorosa)* wachsen, bieten im Frühjahr einen herrlichen Anblick. Große Bäume können mit Kränzen aus Glockenhyazinthen *(Hyacinthoides hispanica;* syn. *Scilla hispanica)* umgeben werden, in Blumenrabatten sehen nun Goldlack *(Cheiranthus)* und Papagei-Tulpen oder Wolfsmilch (*Euphorbia characias* ssp. *wulfenii)* und großblumige Osterglocken *(Narcissus)* zusammen besonders schön aus. An leicht schattigen Plätzen können Kaukasusvergißmeinnicht *(Brunnera macrophylla)* und Hasenglöckchen *(Hyacinthoides non-scripta;* syn. *Scilla non-scripta)* einen Teppich entstehen lassen, der nicht nur herrlich anzuschauen ist, sondern auch das Unkraut unterdrückt.

Sonnige, trockene Böschungen

In vielen Gärten gibt es Problemzonen, und besonders schwierig sind oft sonnige, trockene Böschungen. Dort trocknet die Erde auch nach Regenfällen aus, und es herrscht den ganzen Sommer Trockenheit, so daß die Pflanzen in der heißen Sonne leicht verdorren. Man kann jedoch durch regelmäßiges Wässern Abhilfe schaffen. Im Frühjahr kann man auf einer solchen Böschung einen Teppich aus dichten Büscheln verschiedener Narzissen ziehen, und später können Borretsch *(Borago officinalis),* kletternde Kapuzinerkresse *(Tropaeolum)* und Klatschmohn *(Papaver rhoeas),* die sich selbst ausgesamt haben, zusammen mit Brennender Liebe *(Lychnis chalcedonica),* Rainfarn *(Chrysanthemum vulgare)* und Hundskamille *(Anthemis)* wachsen. Für das Anlegen einer solchen Böschung am Ende des Gartens kann man übrigens im Herbst verholzte Gartenabfälle und andere Pflanzenreste verwenden, die man im nächsten Frühjahr mit Erde bedeckt.

***Symphytum officinale* (Beinwell)**
Heute wird der Beinwell in Bauerngärten weniger als Heilpflanze gezogen, sondern vielmehr wegen seiner hübschen violetten Glockenblüten. In der Naturheilkunde verwendet man ihn zur Behandlung von Knochenerkrankungen, Quetschungen, Blutergüssen und Venenentzündungen. Sein naher Verwandter *Symphytum grandiflorum* ist ebenfalls eine alte Bauerngartenpflanze, die zu Frühjahrsbeginn cremefarbene Blüten mit orangefarbenen Spitzen trägt.

Eine Rabatte anlegen

Obwohl die meisten Leute wissen, wie eine bäuerliche Rabatte aussieht, kann es bei einer Neuanlage äußerst schwierig sein, einen Anfang zu finden. Natürlich kann man gelungene Rabatten, die man woanders gesehen hat, kopieren – am besten aber sucht man nach einem guten Grundkonzept und verändert dieses dann nach seinem eigenen Geschmack, indem man einige Pflanzen der eigenen Wahl einbezieht. Doch wer etwas Erfahrung im Zusammenstellen von Pflanzen gesammelt hat, wird genügend Selbstvertrauen besitzen und eigene Pflanzenarrangements entwerfen.

Pflanzen gruppieren

Bei der Anlage einer neuen Rabatte ist folgende Vorgehensweise hilfreich: Man stellt zunächst eine kleine Gruppe von Pflanzen zusammen, die gut harmonieren, und bildet dann weitere Gruppen. Schließlich sucht man nach einem Weg, sie zu verbinden. Eine einfache, aber wirkungsvolle Methode ist hier die wiederholte Verwendung einer bestimmten Pflanze in der gesamten Rabatte. Diese »Verbindungspflanze« muß relativ dezent sein, damit sie auch in größerer Zahl nicht stört, und während der Wachstumsperiode möglichst lange reizvoll aussehen. Diese Bedingungen erfüllen beispielsweise Sterndolde *(Astrantia major),* Frauenmantel *(Alchemilla mollis)* oder traditionelle Einjahresblumen, die man in einer oder mehreren Farben verwenden kann. In einer hohen, sehr natürlichen Rabatte habe ich beispielsweise einmal als Verbindungselement Borretsch genommen, in formaleren Pflanzungen würden jedoch Schleifenblumen *(Iberis amara),* Atlasblumen *(Godetia)* oder Klarkien *(Clarkia)* dezenter wirken. Eine weitere Möglichkeit ist die Verwendung einer Gruppe von Pflanzen wie Storchschnabel *(Geranium)* oder einer bestimmten Farbe, etwa einem zarten Gelb oder Mauve. Weiß wirkt jedoch zu hart, und auch Rot, Orange oder kräftiges Gelb, die geradezu nach Aufmerksamkeit schreien, sollten als Verbindungspflanzen gemieden werden.

Will man eine neue Pflanze in eine bereits existierende Rabatte einbeziehen, stellt man sie, noch im Topf, zunächst für vielleicht jeweils einen Tag an verschiedene Plätze, um herauszufinden, wie sie zusammen mit den vorhandenen Pflanzen wirkt und wo sie am schönsten aussieht. Man kann auch einige Blüten der betreffenden Pflanze in Wassergläsern an die in Frage kommenden Standorte stellen.

Schnittlauch *(Allium schoenoprasum)* und Dost (*Origanum vulgare* ›Aureum‹) bilden in dieser Rabatte aus Rosen, Lilien, Glockenblumen *(Campanula)* und Katzenminze *(Nepeta)* einen schönen Abschluß.

Dekoratives Laub

In vielen Gärten entsteht die natürlichste Verbindung durch das Laub von Pflanzen, die noch nicht blühen oder bereits verblüht sind. Wenn in einer Rabatte eine große Anzahl von Pflanzen wächst, deren Blühperiode sich über einen langen Zeitraum erstreckt, dann werden zwangsläufig manche zu Zeiten blühen, in denen andere keine Blüten tragen, und bei einer sorgfältigen Zusammenstellung von Frühjahrs-, Hochsommer- und Spätsommerblüten kann das Laub jener Pflanzen, die gerade keine Blüten haben, die blühenden verbinden. Aber man sollte daraus kein Dogma machen, damit die Rabatte natürlich bleibt und es auch noch zu einem späteren Zeitpunkt möglich ist, da und dort eine neue Pflanze unterzubringen, ohne den Gesamteindruck zu ruinieren.

Bewährte Pflanzen für den bäuerlichen Garten

Ob eine Rabatte harmonisch wird, hängt von der richtigen Mischung aus Wuchsformen, Laubstrukturen und Blütenfarben ab. Bei einer Sommerrabatte kann man beispielsweise folgendermaßen vorgehen: Man nimmt zuerst Blumen mit langen aufrechten Blütenständen wie Rittersporn *(Delphinium)*, Lupinen, Glockenblumen *(Campanula pyramidalis)* und Königskerzen *(Verbascum)*, die einen schönen Kontrast zu den runderen Formen von Türkischem Mohn *(Papaver orientale)* und Pfingstrosen *(Paeonia)* bilden. Dann fügt man, etwa mit Bartiris und Taglilien *(Hemerocallis)*, lineare Formen hinzu, ebenso Arten mit flachen Blütenköpfen wie Schafgarbe (*Achillea filipendulina* ›Gold Plate‹) und luftig-leichte Füllelemente wie *Verbena bonariensis*, Salbei *(Salvia microphylla;* syn. *S. grahamii)*, Schleierkraut *(Gypsophila)* und Wiesenraute (*Thalictrum delavayi* ›Hewitt's Double‹). Anschließend verteilt man einige große Trichterblüten wie Lilien, zahlreiche kurze Blütenstände, etwa Salbei *(Salvia × superba)* oder Knöterich *(Polygonum affine)*, und Korbblütler wie Dahlien oder Margeriten.

An den vorderen Rand der Rabatte setzt man niedrige, teppichbildende Pflanzen wie winterharten Storchschnabel *(Geranium)*, Lavendel und Heiligenkraut *(Santolina rosmarinifolia;* syn. *S. virens)*. Hier ist es keineswegs wichtig, nach der alten Regel zu verfahren, »das Größte nach hinten und das Kleinste nach vorn«. Diese Regel könnte bewirken, daß die Rabatte künstlich und vorn sehr flach aussieht. Weitaus interessanter sieht es aus, wenn aus einem Meer kleinerer Pflanzen einige höhere Pflanzen herausragen. Auf diese Weise gestaltete Rabatten wirken ungezwungener und sind daher gerade für einen bäuerlichen Garten besser geeignet. Auch müssen die Rabatten, um authentisch zu wirken, stets üppig bepflanzt sein, und im Hochsommer sollte man zwischen den Pflanzen keinen kahlen Boden sehen (dadurch wird übrigens auch dem Unkraut kaum eine Chance gelassen). Vergessen Sie möglichst, was Sie in Büchern über Pflanzabstände gelesen haben, und setzen Sie die Pflanzen wirklich dicht, damit die für den Bauerngarten typische Üppigkeit entsteht.

Rosen

Ohne Rosen wäre ein Bauerngarten nicht komplett. In manchen Gärten wachsen heute auch moderne Züchtungen wie Teehybriden und Floribunda-Rosen, die vom Frühsommer bis in den Herbst ununterbrochen blühen, doch bevorzugen Enthusiasten gewöhnlich alte Gartenrosen, die dem Charakter eines Bauerngartens eher entsprechen (siehe auch S. 27 und 93 sowie Bepflanzungsplan für einen altmodischen Rosengarten S. 94–95).

Altmodische Rosen werden anders gepflanzt als Teehybriden. Da sie bereits im Sommer und nur etwa vier bis sechs Wochen blühen, empfiehlt es sich, sie mit einer Auswahl anderer Blumen zusammenzusetzen, die dann während der Zeit dekorativ aussehen, in der die Rosen keine Blüten tragen. Es gibt verschiedene Möglichkeiten, Rosen in Beete einzubeziehen – ich setze sie gern in einen kniehohen Teppich aus blühenden Gewächsen wie winterharten Storchschnabel *(Geranium)*, strauchigen Salbei *(Salvia)* oder zwischen niedrige Glockenblumen *(Campanula)* mit einigen höheren Stauden wie Malven auf der Rückseite der Rabatte und verstreuten Büscheln aus hohen Pflanzen, etwa Lilien, gelbblühende Königskerze *(Verbascum bombyciferum)*, violettblaublühende Verbene *(Verbena bonariensis)* und Wiesenraute *(Thalictrum)*.

Vor allem in heißen Sommern sind viele Blumen leider rasch verblüht und hinterlassen schon mitten in der Saison trostlose Lücken im Farbarrangement. Doch durch die Verwendung vieler spätblühender Arten bleibt die Rabatte auch noch farbenfroh, nachdem die Rosen verblüht sind (siehe Pflanzplan S. 94–95).

Blumenwiesen nachempfundene Pflanzungen passen am besten in naturnahe Bereiche des Gartens. Pflanzentypen, Formen und Farben müssen jedoch begrenzt werden und sich auf der gewählten Fläche wiederholen, um wirklich schön auszusehen. Zu den hier verwendeten Pflanzen gehören Eisenhut *(Aconitum)*, Lupinen, Rosen und Nachtviolen *(Hesperis matronalis)*.

Eine ländliche Rabatte

Diese Farbkomposition in Rosa, Mauve und Purpur ist im Cottage-Garten von jeher beliebt – vom Hochsommer bis zum Frühherbst ist sie besonders schön. Eine solche Rabatte würde gut in einen kleinen Garten mit einer Kollektion altmodischer Rosen passen, da sie für farblichen Reiz sorgt, wenn die Rosen verblühen. Sie kann aber auch Ausgangsbasis für eine größere Rabatte mit längerer Blühperiode sein, wenn man die hier gezeigten Pflanzen mit Blumen kombiniert, die im Frühsommer blühen, wie etwa Leimkraut (*Silene dioica* ›Rubra Plena‹; syn. *Lychnis dioica)* und Purpurglöckchen *(Heuchera sanguinea),* und deren Laub als Hintergrund für die späteren Blumen dienen könnte. Hier ist die Rabatte im Spätsommer gezeigt.

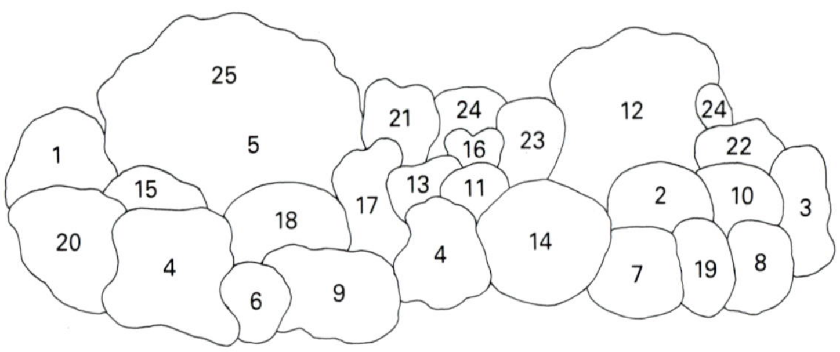

1 *Anemone-Japonica*-Hybride ›Hadspen Abundance‹: 60–90 cm hohe Staude mit ungefüllten rosa Blüten, die sich im Spätsommer und Frühherbst öffnen.
2 Wermut (*Artemisia* ›Powis Castle‹): 60 cm hohe, blütenlose Staude mit silbrigem, filigranem Laub.
3 Sterndolde (*Astrantia major* ›Margery Fish‹): Staude mit grünen und weißen Blüten, die im Sommer und Herbst erscheinen. Höhe 90 cm.
4 *Astrantia major* var. *rubra:* 45 cm hohe Staude, die im Sommer und Herbst tiefrosa Blüten trägt.
5 *Clematis viticella* ›Purpurea Plena Elegans‹: Alte *Clematis*-Sorte. Im Spätsommer öffnen sich ihre dichtgefüllten violetten Blüten, die an kleine Rosetten erinnern.
6 *Diascia* ›Ruby Field‹: 30 cm hohe, teppichbildende Staude, die den ganzen Sommer lachsrosa Blütenstände trägt.
7 Storchschnabel (*Geranium* ›Ann Folkard‹): Vor dem gelbgrünen Laub dieser 30 cm hohen Staude erscheinen im Hochsommer und Herbst ungefüllte, magentarote Blüten.
8 Storchschnabel (*Geranium endressii* ›Wargrave Pink‹): Bodendeckende Staude mit 45 cm Höhe, die im Hoch- und Spätsommer leuchtendrosa Blüten entwickelt.
9 Storchschnabel (*Geranium himalayense* ›Plenum‹): Diese 30 cm hohe Staude ist vom Früh- bis zum Spätsommer mit einem Meer gefüllter violettroter Blüten bedeckt.
10 Schleierkraut (*Gypsophila pacifica):* Staude mit blaugrünen, kantigen Stengeln von bis zu 1,2 m Höhe und schmalen Blättern. Den ganzen Sommer hindurch entwickelt sie eine endlose Zahl halbgefüllter rosa- oder malvenfarbener Blüten.
11 Grünkohl ›Russian Red‹: Einjährige Pflanze mit großartigen violettrosa Stengeln und krausen Blättern. Zu Frühjahrsbeginn können die Triebe gegessen werden; Höhe 90–120 cm.
12 *Lavatera* ›Barnsley‹: Sommergrüner Strauch von 1,5–2,5 m Höhe, der vom Hochsommer bis zum Herbst blaßrosa Blüten trägt.
13 Weiderich (*Lythrum virgatum* ›The Rocket‹): 1 m hohe Staude mit malvenfarbenen und tiefrosa Blüten, die im Hoch- und Spätsommer erscheinen.
14 Katzenminze (*Nepeta* ›Six Hills Giant‹):

60 cm hohe, sich ausbreitende Katzenminze mit lavendelblauen Blüten, die sich im Hoch- und Spätsommer öffnen; Staude.
15 Bartfaden (*Penstemon* ›Sour Grapes‹): Staude mit 75 cm Höhe; ihre violetten Trichterblüten erscheinen im Hochsommer und Herbst.
16 *Phlox paniculata* ›Amethyst‹: Bis 100 cm hohe Staude; im Hoch- und Spätsommer entwickelt sie amethystfarbene Blüten.
17 *Phlox paniculata* ›Sandringham‹: Staude, die im Hoch- und Spätsommer rosafarbene Blüten mit dunkleren Mitten trägt; Höhe 100 cm.
18 Salbei (*Salvia* × *superba* ›East Friesland‹): Staude mit 75 cm hohen purpurvioletten Blütenständen, die sich im Hoch- und Spätsommer öffnen.
19 Salbei (*Salvia* × *superba* ›Lubecca‹): Zwergform der oben genannten Kreuzung; Höhe 45 cm.
20 Fetthenne (*Sedum spectabile* ›Herbstfreude‹): 60 cm hohe Staude, die über mehrere Monate dicke, sukkulente, blaugrüne Blätter und flache grüne Knospen trägt, bevor sich im Spätsommer und Herbst die leuchtendrosa Blüten öffnen.
21 Präriemalve (*Sidalcea* ›William Smith‹): 1,2–1,5 m hohe Staude mit malvenähnlichen Blüten, die in einem reizvollen ungewöhnlichen Dunkelrosa gefärbt sind und im Hochsommer erscheinen.
22 *Strobilanthes atropurpureus:* Außergewöhnliche Staude mit vielen kleinen violettblauen bis purpurfarbenen Trichterblüten, die sich im Hoch- und Spätsommer öffnen. Höhe 100–120 cm.
23 Wiesenraute (*Thalictrum delavayi;* syn. *T. dipterocarpum* ›Hewitt's Double‹): Staude mit 100 cm hohen, drahtigen Stengeln und zahllosen winzigen, gefüllten, lilablauen Blüten, die sich im Hoch- und Spätsommer entwickeln.
24 *Verbena bonariensis:* Diese Pflanze wächst in meinem Garten zweijährig und samt sich in geringem Umfang aus. Ihre 150 cm hohen, aufrechten Stengel sind im Sommer und Herbst mit kleinen purpurnen Blüten getupft.
25 Schneeball (*Viburnum* × *rhytidophyllum):* Runder, immergrüner Strauch mit schmalen, tiefgrünen Blättern; bringt im Frühsommer cremeweiße Blüten und später rote Früchte, die zur Reifezeit schwarz werden, hervor.

Themenbereiche

Bei anderen Gartenstilen dienen große Rasenflächen als Gegengewichte zu Blumenbeeten. In bäuerlichen Gärten ist ein Rasen kein traditionelles Stilelement, daher müssen hier Wege, Bögen und Sitzplätze für Kontraste sorgen. Ein typisches Element bei der Bepflanzung heutiger Bauerngärten ist die Anlage von Themenbereichen oder kleinen Gruppen aus Pflanzen mit einer bestimmten Eigenschaft (etwa raumbildendem Charakter), die Blickfänge entstehen lassen. Diese können sich entweder natürlich in den Hauptgarten einfügen oder etwas abseits liegen und von Hecken oder Sträuchern umgeben sein, so daß verborgene Gärten entstehen.

Der Themenwahl sind keine Grenzen gesetzt. Zu den vielen Möglichkeiten gehören beispielsweise Wassergärten, gepflasterte Flächen mit Kübelpflanzen, ein Gartenbereich, der in einer einzigen Farbe gehalten ist, oder ein Gartenbereich mit einem bestimmten Pflanzentyp, wie etwa Rosen. Mit ihnen läßt sich jeder Garten – so klein er auch sein mag – noch interessanter gestalten.

Wasser als Thema

Da in bäuerliche Gärten nur ein naturnaher Teich paßt, wählt man als Hintergrund am besten ein hohes Dickicht aus Wildblumen oder natürlich wirkenden Pflanzen. An meinem Teich wachsen in einer Rabatte Wasserdost *(Eupatorium cannabinum),* Wasser-Braunwurz *(Scrophularia auriculata;* syn. *S. aquatica),* Karde *(Dipsacus sylvestris),* Rutenweiderich (*Lythrum virgatum* ›The Rocket‹) und Alant *(Inula magnifica),* der so dicht beim Wasser steht, daß seine riesigen Blätter es berühren. Diese Pflanzen werden am besten in Böden gepflanzt, in die zuvor organisches Material eingearbeitet wurde. Aber man sollte keinen Dünger verwenden, da dieser das Wasser grün werden läßt. Am Rand des Teiches wachsen im flachen Wasser in speziellen Wasserpflanzenkörben Binsenrohrkolben *(Typha minima),* Japanische Iris (*Iris-laevigata*-Sorten) und Blumenbinsen *(Butomus umbellatus).* Solche Körbe sollten mit Gartenerde gefüllt sein, die keinerlei Dünger

In bäuerlichen Gärten wirken nur naturnahe Teiche harmonisch. Bei diesem kleinen Teich reicht der Rasen vorn direkt bis ans Wasser, während im Hintergrund Wasserpflanzen wie Sumpfdotterblume *(Caltha palustris),* Weiderich *(Lythrum)* und Wasserdost *(Eupatorium cannabinum)* Höhe geben. Im Teich wachsen Seerosen *(Nymphaea)* und Heimische Seekanne *(Nymphoides peltata),* die kleine Blätter und gelbe Sommerblüten hat. Am Rand steht Hahnenfuß *(Ranunculus lingua),* der im Spätfrühjahr gelbe Blüten trägt.

enthält. In der Mitte des Teiches befinden sich einige kleine Seerosen-Hybriden (wilde Seerosen werden zu groß), die tieferes Wasser benötigen, und zwischen Wasserpest *(Elodea canadensis;* syn. *Anacharis canadensis)* mischt sich an der Oberfläche der schwimmende Wasserfarn *(Azolla).* Die genannte Pflanzenauswahl kann in weniger als einem Jahr einen neuen Teich in ein vollkommen natürlich wirkendes Element verwandeln.

Wer einen naturnahen Teich anlegen möchte, kann dazu entweder ein starres Kunststoffbecken oder Teichfolie verwenden. Bei Kunststoffbecken sollte man nach Ausheben des Loches zuerst eine Sandschicht verteilen, damit das Becken nicht durch spitze Steine beschädigt werden kann. Nachdem das Becken eingelassen wurde, füllt man rundum die Erde wieder auf und stampft sie sorgfältig fest. Wenn man Teichfolie verwendet, experimentiert man am besten erst einmal, indem man mit einem Schlauch unterschiedliche Umrißformen auslegt. Beim Zurechtschneiden der Folie kann der Schlauch auch als Führungshilfe dienen. Bevor die Folie an ihren Platz gebracht wird, legt man das Loch mit einer dicken Schutzschicht aus alten Teppichen oder Zeitungen aus. Beide Arten, einen Teich anzulegen, sehen hübscher aus, wenn man die Ränder versteckt. Hierzu eignen sich große Kieselsteine und sich ausbreitende niedrige Pflanzen wie Sumpfvergißmeinnicht *(Myosotis palustris;* syn. *M. scorpioides)* und Gauklerblumen *(Mimulus)* gut.

Farbthemen

Der weiße Garten von Sissinghurst Castle in Kent ist besonders gut geeignet, um Ideen für begrenzte Farbkombinationen zu sammeln. Wenn man den Garten genau betrachtet, wird man entdecken, daß hier Weiß mit silbrigem, grauem und grünem Laub, panaschierten Blättern und Blüten in Cremefarben, Grün und zartestem Flieder kombiniert wurde, um dem Bild Tiefe zu verleihen. Das eigentliche Erfolgsgeheimnis solcher Kompositionen sind jedoch die vielen verschiedenen Formen, Größen und Strukturen sowohl bei Blättern als auch Blüten, die als Kontraste eingesetzt werden.

Wenn man in kleinen Gärten Farbthemen gestalten will, beschränkt man begrenzte Farbkombinationen am besten auf kleine Bereiche oder bezieht sie in eine größere Rabatte ein. Gertrude Jekyll, die berühmte englische Gartengestalterin, plante einmal eine Rabatte, die durch eine Aufeinanderfolge verschiedenfarbiger Pflanzengruppen farblich abgestuft war. Dabei befanden sich die dunkelsten Farben an den Enden, und die kräftigsten, roten, orangen und gelben Töne in der Mitte.

Experimente mit verschiedenen Farbkombinationen können sehr viel Spaß machen, weil dabei der eigenen Kreativität keine Grenzen gesetzt sind; man muß dabei aber auch Fehler einkalkulieren und Pflanzen so lange umsetzen, bis man schließlich die optimale Lösung gefunden hat. Am besten beginnt man zunächst mit nur wenigen seiner Lieblingspflanzen oder mit einigen Arten, die man gern ziehen möchte, und sucht dann geeignete Partner für sie. Hat man einmal einen Anfang gefunden, kann man immer neue Pflanzen ergänzen und so eine ganze Rabatte entstehen lassen. Man kann auch verschiedene farbige Kompositionen innerhalb eines bunten Beetes miteinander verbinden. Einige meiner Lieblingskombinationen sind:

Rot: Salbei *(Salvia fulgens* und *S. microphylla;* syn. *S. grahamii)* mit tiefroten Pompondahlien.

Gelb: Wolfsmilch *(Euphorbia characias* ssp. *wulfenii),* Pfingstrosen *(Paeonia mlokosewitschii)* und Osterglocken *(Narcissus).*

Grün: Ziertabak *(Nicotiana langsdorffii),* Sommerhyazinthe *(Galtonia viridiflora)* und Rohrglanzgras *(Phalaris arundinacea* var. *picta)* oder – für den Schatten – Hirschzungenfarn *(Phyllitis scolopendrium),* Salomonssiegel *(Polygonatum)* und Frauenmantel *(Alchemilla mollis).*

Eine Komposition aus Zartviolett und Rosa wirkt ausgesprochen ruhig. Hier ist eine solche Pflanzung aus Prachtscharte *(Liatris spicata),* Zierlauch *(Allium sphaerocephalon),* Alpendistel *(Eryngium tripartitum)* und Flammenblume *(Phlox paniculata)* entstanden. Der Schlafmohn *(Papaver somniferum)* hat sich selbst ausgesamt.

Gelb als Thema

Eine gelbe Rabatte hat eine beruhigende Wirkung, und die große Vielfalt an charakteristischen Formen macht bei den gelbblühenden Pflanzen zahlreiche phantasievolle Pflanzungen möglich, die nicht viel Platz benötigen. Die links abgebildete Pflanzung, die hier im Hochsommer gezeigt ist, kann als Thema innerhalb einer größeren Rabatte verwendet werden oder in einem eigenen kleinen Beet wachsen.

Von links nach rechts und von oben nach unten: Schinkenkraut *(Oenothera biennis),* Königskerze *(Verbascum bombyciferum),* Fackellilie (*Kniphofia* ›Ice Queen‹), Nachtkerze (*Oenothera biennis),* Taglilie (*Hemerocallis* ›Hyperion‹), Schafgarbe (*Achillea filipendulina* ›Gold Plate‹) und Rohrglanzgras *(Phalaris arundinacea* var. *picta).*

Achillea filipendulina ›Gold Plate‹: Staude mit 15 cm großen, flachen Blüten. Sie sind leuchtendgelb gefärbt und öffnen sich im Hoch- und Spätsommer an 1,2 m hohen Stengeln mit fiederteiligen Blättern.
Hemerocallis ›Hyperion‹: 1 m hohe Staude mit duftenden, weitgeöffneten, kanariengelben Hochsommerblüten, die über den riemenförmigen Blättern stehen.
Kniphofia ›Ice Queen‹: Halbimmergrüne Staude mit 1,5 m hohen Blütenständen in Grün und Cremefarben, die sich im Hoch- und Spätsommer öffnen.
Oenothera biennis: Bis zu 1,2 m hohe, zweijährige Pflanze, die sich selbst aussamt. Während des Hochsommers sitzen an den Stengelspitzen zahlreiche große, gelbe, ungefüllte Blüten.
Phalaris arundinacea var. *picta:* Limettengrün und cremefarben gestreiftes, immergrünes Gras, das in guter Erde 60–90 cm hoch werden kann.
Verbascum bombyciferum: Zweijährige Pflanze mit architektonischem Charakter, die am Boden eine Rosette aus riesigen, silbergrauen Blättern entwickelt. Im Hochsommer erscheinen an hohen Stengeln, die silbrig behaart sind, zahlreiche blaßgelbe Blüten, die sich nacheinander öffnen. Samt sich selbst aus. Höhe bis 1,8 m.

Eine orangefarbene Komposition

Schwarzer Holunder (*Sambucus nigra* ›Purpurea‹) wird hier von Gauklerblumen *(Mimulus cardinalis),* Tigerlilien *(Lilium lancifolium)* und Fenchel (*Foeniculum vulgare* ›Purpureum‹) umgeben. *Houttuynia cordata* ›Chameleon‹ rahmt den Grasweg ein, der zu dem brombeerbewachsenen Bogen führt.

Viele Gärtner halten die Verwendung von Orange, Rot und Gelb im Garten für schwierig, da sich diese Farben sehr stark von ihrem Hintergrund abheben. Wer jedoch gerade den experimentierfreudigen Charakter des bäuerlichen Gartens besonders liebt, kann mit diesen Farben spielen und eindrucksvolle Rabatten entstehen lassen. Diese orangefarbene Rabatte ist im Hoch- und Spätsommer besonders attraktiv, und sie ist ideal geeignet für Plätze, die auch im Sommer recht feucht sind. Sie paßt gut in eine Ecke des Gartens, in der etwas Höhe gebraucht wird.

Brombeeren, an einem Bogen erzogen: Gartenbrombeeren tragen größere und aromatischere Früchte als wilde Brombeeren. Für einen solchen Bogen ist *Rubus* ›Oregon Thornless‹ geeignet, obwohl sie kein ganz so gutes Aroma hat wie die dornige Sorte *R.* ›Fantasia‹.
Foeniculum vulgare ›Purpureum‹: 1,8 m hohe Staude mit filigranem, bronzefarbenem Laub, über dem im Sommer flache, gelbe Blütenstände stehen. Samt sich selbst aus. Die Samen werden von Vögeln gern gefressen.
Houttuynia cordata ›Chameleon‹: Spät austreibende Staude mit gelb, orange und rot panaschierten, ledrigen Blättern. Im Sommer trägt sie weiße Blütenähren. Auf feuchtem Boden kann sich die Pflanze im Laufe von einigen Jahren stark ausbreiten. Gut für Pflanzgefäße geeignet. Höhe 10 cm.
Lilium lancifolium: Großartige Lilie mit zart orangefarbenen, schwarzgefleckten Blüten, die sich am Ende des Hochsommers öffnen. Nach der Blüte läßt sie sich leicht durch am Stengel sitzende Brutzwiebeln vermehren. Höhe 90–120 cm.
Mimulus cardinalis: Winterharte Einjahresblume mit 60 cm Höhe und orangefarbenen Blüten, die im Hoch- und Spätsommer erscheinen. Samt sich selbst aus.
Sambucus nigra ›Purpurea‹: Buschiger, runder Strauch mit tiefpurpurfarbenen Blättern, deren Färbung in der Sonne am intensivsten wird. Im Frühsommer trägt er flache blaßrosa Blütenstände, die sich wunderbar vom Laub abheben.

Aus Gefäßen, die sich im Lauf der Zeit bei der Hintertür angesammelt haben, können schöne Töpfe für Pflanzen werden. Man kann sie mit Blumen bepflanzen, die sich selbst aussamen wie Veilchen *(Viola)* und Schlafmohn *(Papaver somniferum)*. Duftpelargonien, wie etwa die buntlaubige Sorte *Pelargonium* ›Lady Plymouth‹, eignen sich ebenfalls ideal für Pflanzgefäße. Wenn man sie in Töpfen neben einer Tür aufstellt, wo man sie beim Vorübergehen immer wieder streift, verströmen sie einen herrlichen Duft.

Pflanzen in Töpfen und Kübeln

In Töpfen und Kübeln gezogene Pflanzen sind ein wichtiger Bestandteil bäuerlicher Gärten. Früher standen Töpfe meist auf einer Fensterbank im Haus, heute findet man sie jedoch häufiger beim Vordereingang oder auch bei der Hintertür und manchmal auch direkt im Garten, wo sie in Gruppen zusammengestellt beispielsweise einer Bank Charakter und Farbe verleihen. Wenn man Töpfe unterschiedlicher Größe neben einer Tür gruppiert, sollten sie den Eindruck erwecken, als würden die Pflanzen demnächst in den Garten gesetzt. Topfpflanzen können beliebig herumgetragen und immer wieder an einen anderen Platz gestellt werden, wenn man eine neue Idee hat. Und durch die willkürliche Gruppierung von Pflanzen bei der Hintertür verfällt man möglicherweise auf einige Pflanzenkombinationen, die außergewöhnlich sind, aber dennoch sehr schön harmonieren.

Reizvolle Möglichkeiten eröffnet auch die Verwendung von Pflanzgefäßen als Blickfang in einem gepflasterten Bereich und besonders in abgeschlossenen Höfen. Dabei sollten unbedingt einige altmodische wohlriechende Blumen einbezogen werden, wie etwa Duftpelargonien, Ziertabak *(Nicotiana alata;* syn. *N. affinis)* und Salbei *(Salvia rutilans)* oder andere aromatische Kräuter; denn die Wärme und der Schutz eines abgeschlossenen Hofes schaffen ideale Bedingungen, um die Luft lange mit dem wundervollen Duft der Pflanzen zu erfüllen. Hauswurz *(Sempervivum)*, Steinbrech *(Saxifraga)*, Fetthenne *(Sedum)* und andere Steingartenpflanzen können in Steintröge gesetzt werden.

Für den bäuerlichen Garten besonders geeignet sind Tontöpfe, alte Steinbecken, Futtertröge oder andere interessante Gefäße, die einmal anderen Zwecken dienten. Bei Ampeln sollten Sie den traditionellen, mit Moos ausgekleideten Körben gegenüber moderneren Kunststoffampeln den Vorzug geben. Besonders reizvoll wirken in Töpfen wachsende Pflanzen, wenn man sie zu beiden Seiten einer Tür mit Ampeln in verschiedenen Höhen kombiniert. Sie sollten ruhig alle ausgefallenen hohen Gefäße verwenden, die Sie finden können.

Pflanzsubstrate und Dünger

Pflanzgefäße füllt man am besten mit Erde auf Lehmbasis, die eine optimale Struktur für eine kräftige Wurzelbildung haben und genügend Nährstoffe für die Pflanzen enthalten sollte. Man kann jedoch auch Torfsubstrate verwenden. Dabei sollte man bedenken, daß mit Torfsubstrat gefüllte Töpfe leichter sind und daher bei Wind rascher umfallen. Ungeeignet ist Gartenerde, da sie Schädlinge und Krankheitserreger beherbergen kann.

Bevor man ein Gefäß bepflanzt, stellt man zunächst die vorgesehenen Pflanzen in ihren Anzuchttöpfen auf die Erde und setzt sie nun immer wieder so oft um, bis ein schönes Arrangement entstanden ist. Dann nimmt man die Pflanzen aus ihren Töpfen und setzt die Wurzelballen in das mit Substrat gefüllte Gefäß. Nach dem Pflanzen wässert man gut. Damit die Pflanzen buschig werden und eine hübsche Form bekommen, knipst man mit Daumen und Zeigefinger die Triebspitzen aus. Ferner muß man regelmäßig welke Blüten entfernen und einen geeigneten Topfpflanzendünger ausbringen. Man kann auch einen flüssigen Tomatendünger in der halben angegebenen Konzentration anwenden, denn er enthält viel Kalium, das die Entwicklung des Pflanzengewebes unterstützt.

Bedingt winterharte Stauden nimmt man vor dem ersten Frost aus ihren Gefäßen im Freien und stellt sie zum Überwintern in einem Topf auf ein Fensterbrett im Haus, in ein frostfreies Gewächshaus oder in den Wintergarten, sofern man nicht bereits Stecklinge bewurzelt hat, die im nächsten Jahr die alten Pflanzen ersetzen sollen.

Bei Pflanzen, die in Töpfen und Kübeln wachsen, sollte man im Sommer täglich und im Winter einmal

TOPFPFLANZEN FÜR DEN BÄUERLICHEN GARTEN

Ackerwinde *(Convolvulus-tricolor*-Sorten)
Brachycome
Duftpelargonien
Efeupelargonien
Fuchsienbäumchen
Hainblume *(Nemophila)*
Hängefuchsien
Hängelobelien
Kapuzinerkresse *(Tropaeolum majus)*
Margeriten *(Chrysanthemum frutescens;* syn. *Argyranthemum frutescens)*
Osteospermum
Prunkwinde *(Ipomoea purpurea;* syn. *Convolvulus purpurea)*
Rhodochiton atrosanguineus (syn. *R. volubilis)*
Salvia coccinea
Salvia microphylla (syn. *S. grahamii*)
Stechapfel *(Datura innoxia;* syn. *D. meteloides)*
Sternbalsam *(Zaluzianskya capensis;* syn. *Nycterinia capensis)*
Ziertabak *(Nicotiana)*
Zitronenstrauch *(Aloysia triphylla;* syn. *Lippia citriodora)*

wöchentlich prüfen, ob sie Wasser brauchen, da das Substrat sehr rasch austrocknet. Torferden halten größere Mengen Wasser als andere Substrate, Tontöpfe trocknen rascher aus als Gefäße aus Kunststoff oder anderem undurchlässigem Material.

Pflanzen kombinieren

Wenn man Gefäße bepflanzt oder Topfpflanzen gruppiert, sind dabei die gleichen Regeln zu beachten wie beim Anlegen einer Rabatte (siehe S. 56). Man beginnt zunächst mit einigen Pflanzen, die gut zusammenpassen, und ergänzt sie dann durch weitere Pflanzen in verschiedenen Farben, deren Wuchsformen und Blattstrukturen der Atmosphäre des Bauerngartens entsprechen. Dabei variiert man den Rhythmus der Gruppe: Statt die Pflanzen einfach zusammenzusetzen, bildet man mehrere, klar definierte Einzelgruppen unterschiedlicher Höhe, von denen jede einen eigenen Charakter haben sollte. Kleinere blühfreudige Pflanzen wie etwa Karpatenglockenblumen (*Campanula-carpatica*-Sorten) und Hainblumen *(Nemophila maculata)* setzt man um den Rand einer Gruppe, so daß ein klarer Abschluß entsteht. Höhere Pflanzen sollten möglichst ohne Stützen wachsen und sich ästhetisch an andere Mitglieder der Gruppe anlehnen. Für Ehrenplätze wählt man einzelne außergewöhnliche Pflanzen wie etwa dekorative Salbeiarten *(Salvia elegans;* syn. *S. rutilans, S. coccinea* oder *S. microphylla)* und pflanzt sie in einen ausgefallenen Topf, damit sie die Aufmerksamkeit erhalten, die sie verdienen.

Um ein wirklich altmodisches Ambiente entstehen zu lassen, bepflanzt man Töpfe und Kübel mit traditionellen Blumen wie Verbenen, Zinnien, Pelargonien, Fuchsien und Kapuzinerkresse in unterschiedlichen zarten Tönen und verzichtet auf neue Züchtungen mit schrillen Farben. Verwenden Sie reichliche Mengen Korbblütler wie Kapastern *(Felicia amelloides;* syn. *Agathaea caelestis)* und Strauchmargeriten *(Chrysanthemum frutescens;* syn. *Argyranthemum frutescens),* panaschiertes Laub und sowohl hohe als auch niedrige Arten. Ganz besonders gut geeignet für Pflanzgefäße sind, wie ich finde, Margeriten, deren Blüten und Blätter mit nahezu jeder anderen Pflanze harmonieren. Ich ziehe sie zusammen mit Vexiernelken *(Lychnis coronaria)* und Nachtschatten *(Solanum laciniatum),* einem Halbstrauch mit blauen Blüten und leuchtendgrünen Früchten.

In der Schale links auf der Ziegelmauer wachsen Veilchen *(Viola)* und Goldlack *(Cheiranthus cheiri),* die sehr natürlich wirken. In der Mitte des Bildes sieht man einen rosablühenden Rhododendron. Hierbei handelt es sich um eine der *Rhododendron-Yakushimanum*-Hybriden, die sich für Pflanzgefäße besonders gut eignen. Der Topf rechts wurde mit Goldlack und lilienblütigen Tulpen bepflanzt.

Gemüse, Obst und Kräuter

In traditionellen Bauerngärten baute man immer auch Kräuter, Obst und Gemüse an, doch in jüngerer Vergangenheit wurden diese Pflanzen eher stiefmütterlich behandelt, weil man vermeiden wollte, daß der Garten hinter dem Haus wie ein Schrebergarten aussieht. Aber die wachsende Beliebtheit von farbenfrohen und ungewöhnlichen Gemüsen und modernen Züchtungen wie etwa Obstbäumen mit Zwergunterlagen, die auf kleinstem Raum oder sogar in Töpfen gedeihen (siehe S. 64), hat bei vielen Hobbygärtnern ein neues Interesse an der Kultur von Obst und Gemüse geweckt.

Der dekorative Küchengarten

Küchengärten liefern nicht nur Produkte für die Küche, sondern können auch sehr reizvoll aussehen. Sie bieten dem engagierten Hobbygärtner große Spielräume zum Experimentieren. Da die meisten Gemüse und viele Kräuter einjährige Pflanzen sind, kann man in einem verhältnismäßig kurzen Zeitraum eine breite Palette unterschiedlicher Pflanzen ausprobieren. Es ist sogar empfehlenswert, einjährige Kulturen jedes Jahr an eine andere Stelle zu setzen, denn ein Fruchtwechsel verhindert die Konzentration von Krankheitserregern im Boden. Nach der konventionellen Methode pflanzt man in ein Beet Wurzelgemüse einschließlich Kartoffeln, in ein zweites Kohl und Lauch, in ein drittes Erbsen und Bohnen und in ein viertes Salat zusammen mit Pflanzen wie Zucchini, Rhabarber und Mangold (siehe Pflanzplan S. 68–69). Im Gegensatz zu früher wird der heutige Küchengarten mit seinen dekorativen Sorten weniger zu dem Zweck angelegt, seinen Besitzer mit Grundnahrungsmitteln wie Kartoffeln und Zwiebeln zu versorgen. Statt dessen liefert er kleine Mengen vieler verschiedener Kulturen und insbesondere ausgefallenere oder interessante Sorten.

In einem gut aufgeteilten Gemüsegarten mit kurzen Reihen kann eine große Vielfalt unterschiedlicher Gemüse gezogen werden. Salat muß immer wieder in kleinen Mengen ausgesät werden, damit er fortlaufend geerntet werden kann – im Sommer am besten im Abstand von zwei bis drei Wochen.

Heute zieht man Gemüse häufig nicht mehr in Reihen, sondern in Blöcken mit kleineren Pflanzabständen, daher werden sie oft nicht so groß wie in traditionellen Beeten. Für ihre Verarbeitung in der Küche kann dies aber ein Vorteil sein – eine breite Palette ausgefallener Sorten ist für die Zubereitung vieler Speisen sinnvoller und auf dem Tisch reizvoller als die großen Mengen konventioneller Gemüse, die in einem traditionellen Bauerngarten gezogen wurden.

Im allgemeinen sind die reizvollsten Kulturen farbige Spielarten einiger bekannter Gemüse- und Salatpflanzen, die auf die gleiche Weise kultiviert werden wie die üblichen Sorten. Einige Möglichkeiten sind hier roter Pflücksalat (›Red Salad Bowl‹, ›Lollo Rosso‹), violette Bohnen (die rundhülsige, blauviolette ›Purple Tepee‹ oder die tiefviolette Stangenbohne ›Blauhilde‹), roter Rosenkohl (›Rubin‹) und gelbe Zucchini (›Gold Rush‹). Darüber hinaus gibt es einige ausgefallenere Gemüsearten, wie rotstieligen Mangold (›Vulkan‹) oder rote Gartenmelde, von denen man in der Küche immer nur kleinere Mengen verarbeitet.

Die Planung des Küchengartens

Wenn man von vielen verschiedenen Pflanzen jeweils nur kleine Mengen ziehen will, plant man den Küchengarten am besten so, daß die Reihen kürzer sind als in einem konventionellen Küchengarten, aber dafür zahlreicher (siehe Pflanzplan S. 68–69).

Sowohl aus praktischen wie auch aus optischen Gründen sollte ein dekorativer Küchengarten formal angelegt werden, mit klar abgetrennten Beeten, die von allen Seiten über Wege erreichbar sind. Wo Beete neu angelegt werden, empfiehlt es sich, den Boden gründlich von mehrjährigem Unkraut zu be-

freien. Das Beet sollte möglichst tiefgründig bearbeitet werden, um trotz der geringen Reihenabstände gute Erträge zu erzielen. Dazu gräbt man den Boden zwei Spatenstiche tief um und arbeitet reichliche Mengen gut verrottetes organisches Material ein (siehe S. 36). Man sollte die Beete bequem bearbeiten können, ohne darauftreten zu müssen – meines Erachtens sind 90 cm eine ideale Breite. Treten Sie beim Kultivieren oder Bepflanzen möglichst nicht auf die Beete, denn dadurch verdichtet sich die Erde, und die Pflanzen können sie schlechter durchwurzeln.

Als natürliche Begrenzung für einen Küchengarten eignen sich dauerhafte Pflanzungen, wie etwa Himbeeren, Brombeeren oder andere Beerenfrüchte. Um das Schneiden und Abernten der Sträucher zu erleichtern, sollte sich auf beiden Seiten ein Weg befinden. Auch mehrjährige Gemüsepflanzen lassen sich am besten von einem gut begehbaren Weg aus pflegen und sollten deshalb in ein Außenbeet gesetzt werden. Auf den Hauptbeeten kann man Fruchtwechsel betreiben. Auf diese Weise haben Schädlinge und Krankheiten geringere Chancen, Schaden anzurichten, und die Nährstoffe des Bodens werden besser genutzt. Alle Pflanzen, von denen man immer nur wenig erntet, wie etwa Kräuter, werden am besten als Einfassung gezogen.

Damit ein Küchengarten dekorativ bleibt, dürfen keine Lücken entstehen. Deshalb muß man die Kulturen, die man zieht, gut kennen und schon die nächsten Setzlinge zum Pflanzen parat haben, sobald eine Kultur abgeerntet ist und entfernt wird. Wenn beispielsweise im Sommer die Dicken Bohnen geerntet werden, sollte man bereits den Frühjahrskohl bereithalten, um ihn im Frühherbst zu pflanzen. Wintergemüse wie Porree und Rosenkohl werden im Frühjahr entfernt, und gleich nach der Vorbereitung des Bodens setzt man dann Dicke Bohnen und Salatpflanzen.

Am besten ist eine kontinuierliche Bepflanzung des dekorativen Küchengartens gewährleistet, wenn man Kulturen wie Kopfsalat, die umgepflanzt werden können, in Schalen sät und später die besten Sämlinge in 9 cm große Töpfe pikiert. Auf diese Weise kann man bereits relativ große Exemplare auspflanzen, die sofort dekorativ aussehen. Bei der Kultur von Bohnen kann man die Sämlinge in Schalen 8–10 cm groß werden lassen, bevor man sie Anfang April in das Beet pflanzt. Wurzelgemüse müssen natürlich an Ort und Stelle ausgesät werden.

Hier ist aus einem alten Außengebäude ein Geräteschuppen entstanden. Rote Rüben und Möhren wachsen in kurzen ordentlichen Reihen. Hinten verbergen Spornblumen *(Centranthus ruber)* teilweise mehrere Stapel alter Steine, die auf ihre Wiederverwendung im Garten warten.

Ein dekorativer Küchengarten

Bei der Planung eines Küchengartens muß man die dekorative Wirkung und den praktischen Nutzen in Einklang bringen. Sie sollten keine Pflanzen ziehen, die Ihnen nicht schmecken, so hübsch sie auch sein mögen. In dem hier gezeigten Garten sind bekannte Gemüse wie Kartoffeln und Möhren angebaut, um der formalen Anlage Fülle zu geben, während im mittleren Beet dekorativere Kulturen wachsen. In den vier Beeten mit den konventionellen Gemüsen sollte Fruchtwechsel betrieben werden. Auf der Abbildung ist der Garten am Ende des Hochsommers zu sehen.

IM FRUCHTWECHSEL ANGEBAUTE GEMÜSE

A Wurzelgemüse:
Rote Beten
Möhren
Pastinak
Kartoffeln

B Kohl und Porree:
Rosenkohl
Rot- und Weißkohl
Blumenkohl
Porree
Grünkohl

C Erbsen und Bohnen:
Dicke Bohnen (Zwergform)
Grüne Bohnen (Zwergform)
Erbsen (Zwergform)

D Salat und andere Kulturen:
Endivien
Knoblauch
Gelbe Zucchini
Kopfsalat
Mangold

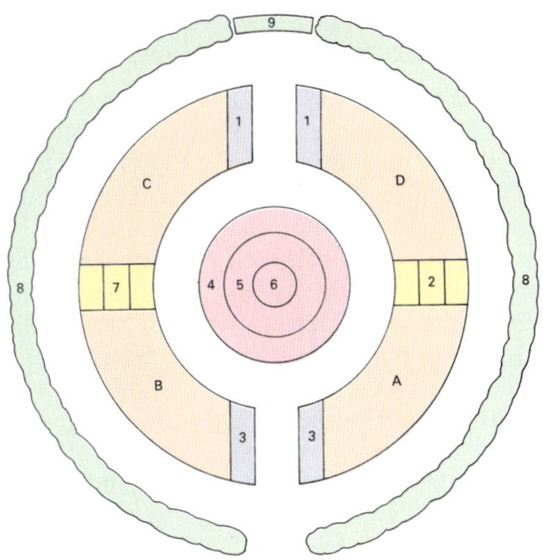

Auf der Abbildung links ist vorn ein Beet mit Kohl und Porree zu sehen, links daneben stehen Stangenbohnen, rechts Topinambur. In der Mitte wachsen rotblättrige Gartenmelde, blattlose Erbsen und ›Lollo Rosso‹. Hinten befinden sich links Erbsen und Bohnen, rechts Salat und andere Kulturen, die von Beerensträuchern umgeben werden. Den Ausgang bildet ein Bogen, an dem ein Weinstock wächst. Oben ist der Küchengarten im Grundriß dargestellt.

1 Spargel: Gemüsestaude mit dekorativem filigranem Laub, das sich nach Ende der Stechzeit im Frühsommer entwickelt. Empfehlenswert ist die Sorte ›Spaganiva‹. Dieser Grünspargel ist nicht nur sehr aromatisch und vitaminhaltig, sondern auch leichter zu kultivieren als der weiße Bleichspargel.

2 Freilandgurken, an Bögen erzogen: Entwickeln den ganzen Sommer über Blüten und Früchte.

3 Topinambur: 3–4 m hohe Pflanze, die einjährig aus Knollen gezogen wird, die man im Frühjahr pflanzt. Sie hat große Ähnlichkeit mit ihrer Verwandten, der Sonnenblume, und blüht im Spätsommer. Die kartoffelähnlichen Knollen werden im Spätherbst ausgegraben. Empfehlenswerte Sorte: ›Bianka‹ (Höhe 2–2,5 m).

4 Pflücksalat ›Lollo Rosso‹: Krauser roter Salat, der sich – wenn man ihn Samen ausbilden läßt – zu einer hübschen, 30 cm hohen, bronzeroten Spirale entwickelt.

5 Erbsen: Es gibt hübsche Pflanzen, die keine Stützen benötigen, weil sie viele grüne Ranken bilden, mit denen sich die Pflanzen selbst stützen. Auch die Ranken können, gedämpft oder pfannengerührt, als Gemüse gegessen werden. Empfehlenswerte Sorten: ›Wunder von Kelvedon‹ und ›Markana‹.

6 Rote Gartenmelde: Farbige Version einer alten Gemüsepflanze. Man kann die jungen Blätter in Stücke schneiden und wie Spinat garen, häufiger werden jedoch die Blütenstände für Blumenarrangements verwendet.

7 Stangenbohnen, an Bögen erzogen: Die meisten Sorten blühen rot, es gibt aber auch Formen, die zweifarbige, weiße oder rosa Blüten haben. Stangenbohnen bilden länger Blüten und Früchte aus als die kletternden Sorten der grünen Bohne, letztere haben aber gewöhnlich den besseren Geschmack.

8 Beerenfrüchte wie Brombeeren, Loganbeeren und Schwarze Johannisbeeren können zum Einfassen des Gemüsegartens verwendet werden (siehe S. 86–87).

9 *Vitis vinifera* ›Purpurea‹, an einem Bogen erzogen: Zierwein, der am Ende des Sommers kleine purpurne Früchte tragen kann.

Gemüse ziehen

Die Gemüse auf dem Küchengartenplan (siehe S. 69) sind mit Ausnahme des Spargels einjährig. In den folgenden Abschnitten finden Sie Anleitungen für die Kultur dieser Gemüse, und die Tabelle auf Seite 71 bietet eine Übersicht, wann gesät, gepflanzt und geerntet werden kann. Gemüse werden entweder an Ort und Stelle gesät oder zunächst im Gewächshaus beziehungsweise Frühbeet gezogen und später umgepflanzt. Natürlich kann man von vielen Arten auch Jungpflanzen in einer Gärtnerei kaufen.

Ein Saatbeet vorbereiten

Saatbeete liegen am besten in einer Ecke des Gemüsegartens. Zur Vorbereitung gräbt man zunächst im Herbst oder Winter organisches Material unter, im Frühjahr geht man dann mit einer Gabel über das Beet, um Unkraut zu jäten, und zerkleinert alle Erdschollen. Gleichzeitig entfernt man vorhandene Steine und stellt eine feine Krume her. Etwa zwei Wochen vor der Aussaat bringt man einen Volldünger aus und harkt ihn unter. Nach dem Säen bedeckt man die Samen mit Erde und wässert. Bei Gemüsen, die an Ort und Stelle gesät werden, wie etwa Dicke Bohnen, sollte der Boden auf die gleiche Weise vorbereitet werden.

Gemüse pflanzen und pflegen

Bereits im Herbst sollte der Boden vorbereitet und gut verrottetes organisches Material untergegraben werden. Im Frühjahr, etwa zwei Wochen vor dem Pflanzen, geht man mit einer Gabel über die Erde, um Unkraut möglichst vollständig zu entfernen, und harkt einen Volldünger oder Blut-, Fisch- oder Knochenmehl unter. Kohlpflanzen sollten sorgfältig festgedrückt und auf keinen Fall in lockeren weichen Boden gepflanzt werden.

Nach dem Pflanzen gießt man gut, und falls es wenig regnet, muß auch weiterhin regelmäßig gewässert werden. Um Kulturen, die in die Höhe wachsen (wie Rosenkohl), kann man – sobald ihr Laub den Boden nicht mehr berührt – eine Mulchdecke aus gut verrottetem organischem Material verteilen. Für kletternde Bohnen sollte man die Stützen bereits aufstellen, bevor gesät oder gepflanzt wird. Rosenkohl wird im Hochsommer am besten gestützt, damit er aufrecht bleibt. Während der Wachstumsperiode müssen die Pflanzen regelmäßig gedüngt werden. Dazu kann man einen Flüssigdünger verwenden oder einen Volldünger auf den Boden streuen, den man unterhackt und einwässert.

Es soll kein Dünger auf die Blätter gelangen, da sie dadurch geschädigt werden können. Gemüse werden am besten jung und zart geerntet. Von Kulturen wie etwa Bohnen, die über einen langen Zeitraum Früchte entwickeln, sollte man häufig kleine Mengen ernten, damit die Pflanzen gute Erträge bringen.

Spargel pflanzt man Anfang April, nachdem der Boden tiefgründig umgegraben und mit Stallmist oder Kompost angereichert wurde. Der Anbau von Grünspargel ist wesentlich einfacher, denn er wächst in nahezu jedem Boden. Bleichspargel hingegen gedeiht nur in leichten Böden. Man setzt die Jungpflanzen im Abstand von 60 cm in Reihen mit Abständen von 90 cm. Die Setzlinge werden mit einer 5–7 cm hohen Schicht Erde bedeckt. Während des ersten Jahres darf kein Spargel geerntet werden, damit die Pflanzen gut anwachsen können. Im zweiten Jahr sticht man von jeder Pflanze nur die dickste Stange, und im dritten Jahr schließlich werden alle Stangen fünf Wochen lang geerntet. Das Ende der Spargelstechzeit ist traditionell um das Johannisfest (24. Juni). Dann können die Pflanzen ihr hübsches, farnartiges Laub entwickeln, das erst abgeschnitten werden sollte, wenn es im Herbst gelb wird. Bei starkem Frost sollte Spargel mit Sackleinen oder einem alten Teppich abgedeckt werden. Durch Frost geschädigter Spargel verfärbt sich schwarz und geht ein. Spargelpflanzen können im gleichen Beet bei guter Pflege bis zu 20 Jahre alt werden.

OBEN Die dekorativen pomponartigen Samenstände zwischen den Zucchiniblättern stammen von Porreepflanzen des vergangenen Jahres, die nicht geerntet wurden.

RECHTS Diese Tabelle gibt die besten Zeiten zum Säen, Pflanzen und Ernten einjähriger Gemüse im dekorativen Küchengarten an. Die Pflanz- und Reihenabstände können von Sorte zu Sorte variieren, und auch bei Aussaat- oder Pflanzzeiten kann es, abhängig vom herrschenden Klima, Abweichungen geben.

GEMÜSE	WINTER			FRÜHJAHR			SOMMER			HERBST		
	ANFANG	MITTE	ENDE	ANFANG	MITTE	ENDE	ANFANG	MITTE	ENDE	ANFANG	MITTE	ENDE
Blumenkohl					T 1cm			P+R 60cm				
Bohnen, Busch-						T 5cm, P 10cm, R 45cm						
Bohnen, dicke				T 5cm P+R 20cm								
Bohnen, Stangen-						T 3cm, P 25cm, R 45cm						
Endivien						T 1,5cm P auf 30cm verziehen, R 30cm						
Erbsen					T 2,5cm P 8cm*							
Gartenmelde				T 1cm P auf 20cm verziehen R 45cm								
Grünkohl					T 2cm R 15cm		P+R 50cm					
Gurken (Freiland)				T 1,5cm		P 60cm R 90cm						
Kartoffeln, frühe				T 13cm P 30cm R 60cm								
Knoblauch				T mit Spitzen so- eben über der Erde P 15cm, R 30cm								
Kopfkohl (Sommer)				T 1,5cm R 15cm	P+R 45cm							
Kopfsalat				T 1cm, P auf 20–25cm verziehen oder umpflanzen, R 20–35cm								
Mangold, roter					T 2,5cm P auf 20cm verziehen R 35cm							
Möhren					T 1cm, P auf 7cm ver- ziehen, R 25cm							
Pastinak				T 1cm P auf 15cm verziehen R 30cm								
Porree (Winter)				T 1,5cm			P 15cm, R 20cm					
Rosenkohl					T 1,5cm R 15cm	P 50cm R 60cm						
Rote Bete					T 2,5cm, P auf 10cm ver- ziehen, R 30cm							
Topinambur			T 15cm, P 45cm, R 90cm									
Zucchini						P+R 60–90cm						

Die Pflanz- und Reihenabstände dienen zur Berechnung der Beetgröße.

* in Doppelreihen mit 45cm Abstand

SCHLÜSSEL
- Ins Freiland aussäen/pflanzen
- Ins Saatbeet säen
- Unter Glas säen
- Jungpflanzen versetzen
- Ernten

T – Pflanztiefe
P – Pflanzabstand
R – Reihenabstand

Ein formaler Kräutergarten

In diesem Garten, der hier im Hochsommer gezeigt ist, wachsen immergrüne Arten, Pflanzen mit buntem Laub und blühende Kräuter. Sie sorgen dafür, daß der Kräutergarten auch im Winter, wenn die einjährigen Kräuter und all die anderen Pflanzen des Sommers mit ihrem üppigen Grün eingegangen sind, nicht trostlos wirkt. Die wichtigsten Küchenkräuter wurden in größeren Mengen gepflanzt, so daß sie stets geerntet werden können, ohne im Garten häßliche Lücken zu hinterlassen.

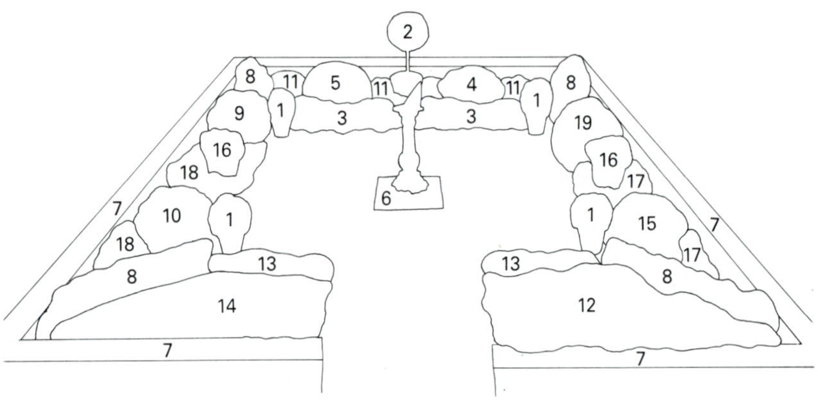

1 Minze *(Mentha):* Man kann (wie hier) nur eine Minzeart pflanzen oder aber verschiedene Formen, etwa Pfefferminze, Krause Minze und Zitronenminze. Zitronenminze eignet sich sowohl für Duftkissen als auch für kulinarische Zwecke ausgezeichnet. Alle Minzen breiten sich stark aus und werden daher oft besser in Töpfen gezogen. Die 60–90 cm hohen Stauden lieben Feuchtigkeit und brauchen jedes Frühjahr frische, nahrhafte Erde.

2 Lorbeer *(Laurus nobilis):* Nicht ganz winterharter, immergrüner Strauch, der oft in Pyramidenform oder als Hochstamm mit einer kugeligen Krone in Töpfen gezogen wird. Im Freiland wächst er zu einem großen Baum heran, in Töpfen kann seine Größe jedoch leicht durch Schnitt reguliert werden.

3 Schnittlauch *(Allium schoenoprasum):* Zwischen seinen bis zu 30 cm hohen Halmen erscheinen im Hochsommer kugelige violette Blüten. Diese Staude samt sich selbst aus und lockt Bienen an.

4 Heiligenkraut *(Santolina chamaecyparissus):* 45 cm hoher, immergrüner Strauch mit duftendem silbernem Laub.

5 Strohblume *(Helichrysum italicum):* Nicht ganz winterharte, immergrüne Pflanze mit schmalen, silbernen Blättern und einem intensiven Currygeruch. Im Hochsommer ent-

wickelt sie kleine leuchtendgelbe Blütenköpfe; Höhe bis 60 cm.
6 Römische Kamille *(Chamaemelum nobile* ›Flore Pleno‹): Staude mit duftenden, gefiederten Blättern, über denen im Hochsommer gefüllte Blüten erscheinen. Dichter Wuchs, Höhe 45 cm.
7 Zwergbuchsbaum (*Buxus sempervirens* ›Suffruticosa‹): Immergrüner Strauch, der sich gut für Einfassungen eignet. Kann auf 8–15 cm zurückgestutzt werden.
8 Schopflavendel *(Lavandula stoechas):* Schöne, aufrecht wachsende Pflanze, die als niedrige Hecke erzogen werden kann; Blätter und Blüten (letztere erscheinen im Hochsommer) können in der Küche verwendet werden. Diese Staude ist nicht ganz winterhart, auf durchlässigem Boden sind ihre Chancen jedoch besser. In sehr kalten Gegenden überwintert man sie am besten im Kalthaus oder nimmt Stecklinge.
9 Zitronenmelisse (*Melissa officinalis* ›Aurea‹): 60 cm hohe Staude mit goldgelben Blättern, die nach Zitrone duften. Da die Sonne die Blätter leicht versengen kann, sollte die Pflanze nicht in der prallen Sonne stehen.
10 Gartensalbei (*Salvia officinalis* ›Icterina‹): Halbimmergrüner Strauch mit cremegelben und grünen Blättern; Höhe 45 cm.
11 Majoran *(Origanum majorana):* Bedingt winterhartes, einjähriges Küchenkraut mit 30 cm Höhe und unscheinbaren weißen Blüten. Von Frühjahrsbeginn an unter Glas in Töpfe säen; auspflanzen, wenn keine Frostgefahr mehr besteht.
12 Kapuzinerkresse *(Tropaeolum majus):* Winterharte einjährige Pflanze, die im Hochsommer blüht. Sie wird vom Frühjahr an direkt ins Freie gesät. Kletternde Sorten lassen bis zu 45 cm hohe Hügel entstehen. Da sie andere Pflanzen leicht überwuchern, zieht man dort, wo wenig Platz ist, am besten kompakte Formen. Blätter und Blüten, die einen scharfen, pfeffrigen Geschmack haben, können für Salate verwendet werden.
13 Petersilie *(Petroselinum crispum):* 15 cm hohe, zweijährige Pflanze, die einjährig gezogen wird. Ab Frühjahrsbeginn an Ort und Stelle säen. Als Dekoration eignet sich krause Petersilie am besten, glattblättrige ist jedoch aromatischer im Geschmack.
14 Rotblättriges Basilikum (*Ocimum basilicum* ›Dark Opal‹): Bedingt winterharte, einjährige Pflanze mit 30 cm Höhe. Sie ist tief violettrot und schmeckt aromatischer als grünes Basilikum. Von Frühjahrsbeginn an während der Wachstumsperiode drei- oder viermal unter Glas in Töpfe säen. Auspflanzen ist möglich, wenn keine Frostgefahr mehr besteht.
15 Violettblättriger Salbei (*Salvia officinalis* ›Purpurascens‹): Halbimmergrüner kleiner Strauch von 45 cm Höhe mit eßbaren Blättern.
16 Rosmarin *(Rosmarinus officinalis):* Nicht ganz winterharter, immergrüner Strauch mit nadelartigen Blättern und blauen Blüten, die im Frühsommer erscheinen. Es gibt Sorten mit aufrechtem, niederliegendem oder buschigem Wuchs, einige blühen auch rosa, wie etwa *R. officinalis* ssp. *roseus.*
17 Bohnenkraut *(Satureja hortensis):* Winterhartes einjähriges Küchenkraut mit einem wunderbaren thymianähnlichen Geschmack, das eine häufigere Verwendung verdient hätte. Blüht rosafarben im Hochsommer. Die Aussaat erfolgt am besten in Töpfen. Pflanzen, die groß genug sind, können vom Frühjahr an nach draußen gesetzt werden.
18 Thymian *(Thymus):* Immergrüne Pflanze, von der viele kriechende und buschige Sorten erhältlich sind. Höhe bis 30 cm. Für die Küche eignen sich *T. vulgaris, T. fragrantissimus* und *T.* × *citriodorus.* Höhe bis 30 cm. Mit einer Mischung verschiedener kriechender Thymiansorten kann man einen hübschen Kräuterteppich von wenigen Zentimetern Höhe entstehen lassen. Im Hochsommer öffnen sich Blüten in verschiedenen Rosatönen.
19 Dreifarbiger Salbei (*Salvia officinalis* ›Tricolor‹): Halbimmergrüner Strauch mit 45 cm Höhe, dessen Blätter cremefarben, grün und rosa gefärbt sind.

MIT DEM BAUERNGARTEN LEBEN

Von jeher vereinen Bauerngärten auf naturnahe Weise Schönheit mit Nützlichkeit. Dem Betrachter bieten sie einen farbenprächtigen Anblick, und auch heute noch liefern sie Rohmaterialien für viele Dinge des täglichen Lebens. Für Pflanzenliebhaber sind sie ein lebenslanges Wirkungsfeld. Im Bauerngarten sind Arbeit und Leben keine getrennten Bereiche. Hier können Pflanzenliebhaber ihre Schätze sammeln und die traditionsreiche Kunst der Pflanzenkultur ausüben.

Hier wurde die Kunst des Formschnitts auf ungewöhnliche, aber gelungene Weise benutzt, um dem blühenden Apfelbaum hinter der Eibenhecke *(Taxus)* eine noch dramatischere Wirkung zu verleihen und eine klare Gartengrenze zu schaffen. Eine der Eiben wurde kugelig erzogen und schmiegt sich nun an die überhängenden Zweige des Baumes.

Dekorative und nützliche Pflanzen

HAGEBUTTENSIRUP

Die Hagebutten waschen und die Enden abschneiden. In einen großen schweren Topf geben, knapp mit Wasser bedecken und kochen, bis sie weich sind. Die weichen Früchte mit einem Kartoffelstampfer zerdrücken und kräftig rühren, bis eine Paste entstanden ist. Falls sie zu fest ist, wird etwas kochendes Wasser hinzugefügt. Die Masse zunächst in einem Seihtuch abtropfen lassen, dann in einem Beutel aus einem Stück sauberem Baumwollstoff (etwa von einem alten Kopfkissen), um den Saft zu trennen. Dieses zweite Filtern ist wichtig, um die stark reizenden Samenkörnchen vollständig zu entfernen. Den Saft behutsam erhitzen, bis er etwa auf die Hälfte eingekocht ist. Dann fügt man pro Liter Saft 650 g Zucker hinzu und kocht die Mischung noch einmal 5 Minuten. Im Kühlschrank hält sich der Sirup mehrere Wochen, sollten Sie ihn jedoch länger lagern wollen, füllen Sie ihn in sterilisierte Flaschen.

In der Vergangenheit lieferten Bauerngärten viele Produkte für den alltäglichen Bedarf. Man hatte Schweine, Hühner und Enten und konnte sich auf diese Weise selbst mit Fleisch versorgen. Gemüse und Kräuter konnte man in der Küche frisch verwenden oder als Vorrat für den Winter konservieren. Aus den Früchten stellte man Marmeladen, Gelees und sogar Wein her. Aber auch Möbelpolitur konnte man selbst produzieren mit dem aus den Bienenstöcken gewonnenen Wachs; und aus zerlassenem Schweinefett stellte man dünne Kerzen her, indem man Binsenstengel hineintauchte und das Fett erstarren ließ. Darüber hinaus vermehrten Bäuerinnen die Pflanzen in ihren Gärten, um sie bei Freunden gegen andere Pflanzen einzutauschen. Häufig beschenkte man frisch verheiratete Verwandte, die ihren Hausstand neu gegründet hatten, mit Pflanzen aus dem eigenen Garten. Noch heute werden viele jener alten sowohl dekorativen wie auch nützlichen Pflanzen gezogen, die an die Anfänge des Bauerngartens erinnern.

Rosen

Rosen können in der Küche auf vielfältige Weise verwertet werden: Aus den Hagebutten kann man einen köstlichen Sirup herstellen, mit dem Desserts verfeinert werden, und mit den Blütenblättern kann man Gelee oder Wein aromatisieren. Für die Küche eignen sich am besten die Hagebutten der Kartoffel- oder Heckenrose *(Rosa rugosa)*. Es handelt sich dabei um eine Wildrosenhybride, die sich sehr gut für Hecken eignet. Damit sich Hagebutten entwickeln können, darf man welke Blüten nicht entfernen. Zur Bereitung von Wein oder Gelee sind tiefrote Blüten mit einem intensiven Duft am geeignetsten. Da diese Farbe bei altmodischen Rosen relativ selten vorkommt, lohnt es sich, für diesen Zweck einige Teehybriden der Sorte ›Papa Meilland‹ zu ziehen. Die Blütenblätter von Rosen sind auch für Duftpotpourris nützlich (siehe S. 79).

Kräuter

Wenn im Garten die Kräuter üppig gedeihen, kann man sie zum Trocknen ernten. Die beste Zeit hierfür ist kurz vor oder während der Blüte, da sie dann die meisten ätherischen Öle und medizinischen Wirkstoffe enthalten. Kräuter sollte man nicht bei feuchtem Wetter oder großer Hitze schneiden, da sie dann an Qualität einbüßen. Die richtige Tageszeit ist der Vormittag, wenn der Tau bereits getrocknet ist. Man schüttelt die Kräuter gut aus, um Staub und Schmutz zu entfernen, und breitet sie auf einem Gitterrost oder einem mit Gaze bespannten Rahmen aus oder bindet sie zu Sträußen, die man kopfüber aufhängt. Die Sträuße sollten nicht zu dick sein, damit auch die Stengel in der Mitte trocknen und nicht zu schimmeln beginnen. Kräuter müssen an einem schattigen, luftigen Ort schonend getrocknet werden. Sonne trocknet sie aus, und Küchendämpfe schaden ihnen. Wenn sie getrocknet sind, kann man sie leicht von den Stengeln abstreifen und zwischen den Fingern zerreiben. Getrocknete Kräuter werden am besten in Schraubgläsern an einem dunklen Ort gelagert. Wenn sich am Glas Feuchtigkeit niederschlägt, ist dies ein Zeichen dafür, daß sie noch nicht vollkommen getrocknet sind. Dann sollte man sie nochmals auf Gaze ausbreiten. Aber auch frische Kräuter können für den Winter konserviert werden. Dazu gibt man sie gehackt in Eiswürfelschalen und stellt sie in das Tiefkühlfach.

Obst

Aus den meisten Obstsorten läßt sich Marmelade, Gelee und Wein oder Likör bereiten, aber möglicherweise weiß manch einer nicht, was er mit einigen der ausgefalleneren Früchte anfangen soll, die heute in modernen Bauerngärten wachsen. Mispeln beispielsweise müssen im Herbst möglichst spät geerntet werden, da sie erst nach Frosteinwirkung genießbar sind (oder man lagert sie nach dem Pflücken noch etwa zwei Wochen an einem kühlen und trockenen Ort, damit sie nachreifen können). Anfangs sind Mispeln grünlichbraun bis rostrot, nach Frosteinwirkung wird ihre Schale dunkelbraun und ledrig. Ihr Fruchtfleisch ist teigig und für den Frischverzehr nicht zu empfehlen. Aber es enthält viel Tannin und Pektin und ist daher für die Verarbeitung zu Marmelade, Mus oder Gelee bestens geeignet. Mispelgelee schmeckt hocharomatisch und ist eine schmackhafte Beigabe zu Fleisch. Auch eine Mischung aus Mispelgelee und Holzapfelgelee schmeckt gut zu Truthahn oder Wild. Zieräpfel werden im Herbst geerntet und zu Wein oder Gelee verarbeitet. Am besten eignet sich die Sorte *Malus* ›John Downie‹. Ihre orangefarbenen

KRÄUTERGELEE

Man stellt ein gutes Apfelgelee her, fügt aber, bevor es zu kochen beginnt, feingehackte frische Kräuter hinzu oder ein Musselinsäckchen mit ganzen Kräuterblättern, das beim Absieben der Flüssigkeit wieder entfernt wird. Die Menge der Kräuter kann man nach Belieben variieren, um dem Gelee einen milden oder kräftigen Geschmack zu verleihen. Minze, Thymian und Salbei harmonieren ausgezeichnet mit dem Apfelaroma. Man kann jedoch auch mit Kräutermischungen experimentieren und sogar verschiedene Duftgeranien verwenden.

Früchte sind relativ groß, und ihre hübsche Farbe ist auch im fertigen Produkt noch sichtbar. Aus Zieräpfeln bereitetes Gelee schmeckt unvergleichlich. Maulbeerbäume sind dekorative Solitärbäume. Wenn man ein veredeltes Exemplar, etwa der Sorte *Morus* ›Chelsea‹, pflanzt, kann man bereits nach zwei oder drei Jahren Früchte ernten, sie reifen im Hochsommer und sehen wie violettschwarze Himbeeren aus. Maulbeeren werden traditionell geerntet, indem man große Tücher unter den Baum legt und einfach wartet, bis die Früchte heruntergefallen sind. Sie schmecken herrlich süß und können frisch mit Sahne gegessen oder für Marmelade, Wein und Kuchen verwendet werden. Quitten sollten möglichst lange am Baum bleiben, aber gepflückt werden, bevor im Herbst das Wetter schlecht wird. Dann legt man sie in einen kühlen Raum, bis sie sich goldgelb färben und verwertet werden können (reife Quitten haben einen wunderbaren Duft). Sie werden zu Gelee verarbeitet. Man kann aber auch Wein daraus bereiten oder sie mit Äpfeln gemischt zum Kuchenbacken verwenden.

Die Quitte *(Cydonia oblonga)* wächst zu einem reizvollen Baum heran, der im Lauf der Jahre knorrig wird. Im Frühjahr öffnet sie ihre Blüten, denen später duftende gelbe Früchte folgen, die bis in den Herbst den Baum schmücken.

Blumen zum Trocknen

Kräuter sind nicht die einzigen Pflanzen, die man trocknen kann. Auch viele Blumen sind zum Trocknen ausgezeichnet geeignet. Die sparsamen Bauern früherer Zeiten hätten es wohl als Verschwendung betrachtet, einfach Schnittblumen als Schmuck in eine Vase zu stellen. Sie zogen es vermutlich vor, Blumen zu trocknen, damit sie sich länger hielten. Zum Trocknen geeignete Blumen passen auch recht gut in den Bauerngarten. Sie gehören zu den wenigen einjährigen Pflanzen, für die Sie unbedingt einen Platz reservieren sollten.

Blumen, die getrocknet werden sollen, schneidet man gleich nach dem Öffnen der Blüten. Eine Ausnahme bilden Strohblumen *(Helichrysum),* die man schon im Knospenstadium erntet, da sie sich nach dem Schnitt auch ohne Wasser einige Tage später noch öffnen, und wenn man zu lange wartet, ist ihre schönste Zeit vielleicht vorbei.

Wie Kräuter schneidet man Trockenblumen gewöhnlich am Vormittag, wenn der Tau getrocknet ist. Anschließend hängt man sie in kleinen Sträußen zusammengebunden an einen kühlen, schattigen und gut gelüfteten Platz. Manche Blumen trocknen langsamer als andere, doch sobald die Stengel steif sind, kann man die Sträuße wieder auflösen und die Blumen aufrecht in große leere Gläser stellen. Durch die größeren Abstände zwischen den Stengeln kann nun die Luft besser zirkulieren, um den Trocknungsprozeß zu vollenden. Man sollte aber nicht versuchen, Blumen von Anfang an aufrecht stehend zu trocknen, da sie dann leicht ihre Köpfe hängen lassen. Strohblumenblüten werden gewöhnlich vom Stengel abgetrennt und an Blumendrähten befestigt. Läßt man sie an ihren natürlichen Stengeln, hängen sie irgendwann herunter und fallen schließlich vielleicht sogar ab.

Samenkapseln, wie etwa die der Jungfer im Grünen *(Nigella damascena),* sehen in Trockensträußen besonders hübsch aus. Pflanzen mit steifen Stengeln stellt man zum Trocknen in Gläsern an einen kühlen, schattigen, gut gelüfteten Platz. Arten mit schwachen Stengeln werden kopfüber aufgehängt, damit die Stengel nicht beschädigt werden.

Wenn Fruchtstände und Blumen vollkommen getrocknet sind, kann man sie bis zum Gebrauch – am besten aufrecht und locker in Gläsern – in ein Zimmer oder einen Schrank stellen, wo sie nicht einstauben können. Bei Bedarf kann man sie dann einfach in große Vasen oder Krüge stellen oder mit Steckmasse für Trockenblumen arrangieren. Wenn Ihnen ein Arrangement nicht mehr gefällt, nehmen Sie es einfach wieder auseinander und verwenden die Blumen anderweitig. In einem offenen Kamin, der nicht mehr benutzt wird, sehen Trockenblumen zusammen mit Kürbissen arrangiert besonders hübsch aus. Es ist sogar möglich, getrocknete und frische Blumen zusammen zu verwenden. Zwar faulen die Stengelenden der Trockenblumen nach einer Weile, aber man braucht sie nur zu kürzen und kann sie

Zum Trocknen geeignete Blumen und Fruchtstände

Blumen

Craspedia globosa
Frauenmantel *(Alchemilla mollis)*
Garbe *(Achillea)*
Hortensie *(Hydrangea)*
Kugelamarant *(Gomphrena globosa)*
Meerlavendel *(Limonium)*
Muschelblume *(Moluccella laevis)*
Mutterkraut *(Matricaria)*
Sonnenflügel *(Helipterum)*
Strohblume *(Helichrysum)*

Fruchtstände

Jungfer im Grünen *(Nigella damascena)*
Karde *(Dipsacus sylvestris)*
Mohn *(Papaver)*
Rohrkolben *(Typha)*
Schilfpflanzen wie *Phragmites*
Sternskabiose *(Scabiosa stellata)*
Ziergräser wie Zittergras *(Briza maxima)*

dann wieder verwenden. Stengellose Blüten und Fruchtstände können für Collagen oder Duftpotpourris benutzt werden. Wenn die Blumen nach etwa einem Jahr eingestaubt und verblaßt sind, ersetzt man sie durch neue.

Duftpotpourris

Duftpotpourris dienen seit vielen Jahrhunderten dazu, im Haus einen angenehmen Duft zu verbreiten. Man verwendet für sie verschiedene getrocknete Blütenblätter, Laubblätter und kleine ganze Blüten, denen man mitunter auch andere Zutaten wie getrocknete Orangenschalen, Rindenstücke, kleine Tannenzapfen und Gewürze hinzufügt. Die Mischungen können je nach gewünschtem Duft und bevorzugter Farbzusammenstellung beliebig variiert werden. Duftpotpourris sehen in Gläsern mit Deckeln hübsch aus, und diese Verwendungsweise ist für feuchte Räume wie Badezimmer zu empfehlen; ihren Duft verströmen sie aber nur, wenn man sie in flache Schalen legt.

Um Blütenblätter, ganze Blüten und Orangenschale zu trocknen, legt man sie nebeneinander auf ein mit Zeitungspapier bedecktes Tablett und stellt sie an einen kühlen, dunklen, luftigen Platz. Nachdem sie vollständig getrocknet sind, kann man sie bis zum Gebrauch in luftdicht verschlossenen Gläsern aufbewahren. Besonders gut eignen sich Rosenblüten für Duftpotpourris. Rote und malvenfarbene Sorten bewahren ihre Farbe beim Trocknen am besten, während weiße und gelbe Rosenblüten leicht braun werden.

Zum Verstärken des Duftes fügt man gewöhnlich »Veilchenwurzelpulver« (siehe S. 99) hinzu. Es ist in Apotheken erhältlich, aber man kann es auch selbst herstellen, indem man Wurzeln von *Iris germanica* var. *florentina* trocknet und reibt. Wieviel man verwendet, hängt davon ab, wie stark der Duft des »Veilchenwurzelpulvers« vorherrschen soll. Nach einigen Monaten läßt der natürliche Duft des Potpourris nach, doch man kann ihn leicht wieder auffrischen, indem man einige Tropfen Duftöl darüberträufelt, wie etwa Rosen- oder Nelkenöl.

Zutaten für Duftpotpourris

Blütenblätter
Lavendel
Nelke
Ringelblume
Rose

Ganze Blüten
Rosenknospen
Schleierkraut
Strohblume

Blätter
Dost
Duftpelargonie
Indianernessel
Lavendel
Lorbeer
Minze (insbesondere Zitronenminze)
Rose
Rosmarin
Salbei
Thymian
Zitronenmelisse
Zitronenstrauch

Gewürze
Korianderfrüchte
Muskatnuß
Nelken
Wacholderbeeren (getrocknet)
Zimtstangen

LINKS Rosen werden am besten getrocknet, bevor sie sich voll geöffnet haben. Man bedeckt die Blüten vollständig mit Silikagel und schiebt die Kristalle sorgfältig zwischen die Blütenblätter.

RECHTS Kleine Sträuße aus getrocknetem Lavendel können als Dekoration für Körbe oder Duftpotpourris verwendet werden. Darüber hinaus legt man seit langem mit Lavendel gefüllte Säckchen in den Wäscheschrank, um der Wäsche Wohlgeruch zu verleihen.

Der Garten im Wandel

Iris pallida ›Variegata‹ und gelbe Gauklerblumen *(Mimulus)* sehen am Rand dieses Seerosenteichs sehr reizvoll aus.

Kein begeisterter Hobbygärtner wird je behaupten, sein Bauerngarten habe seine endgültige Form erreicht – Bauerngärten verändern sich ständig. Kaum sind die Grundpflanzungen abgeschlossen, da hat man auch schon Ideen für Verbesserungen. Vielleicht beginnt man mit dem Umsetzen einiger Pflanzen, um noch schönere Arrangements entstehen zu lassen. Dann fügt man möglicherweise hier einen Bogen hinzu oder erweitert dort eine Rabatte. Bald möchte man gewiß einige drastischere Veränderungen vornehmen und beispielsweise eine einfache Grasfläche in eine Blumenwiese umwandeln oder einen Themengarten anlegen, in dem man mit besonderen Farbkombinationen und Pflanzentypen experimentiert.

Wenn die Kinder erwachsen sind und das Haus verlassen haben, sind große Rasenflächen überflüssig geworden, und was liegt da näher, als die Rabatten zu vergrößern, um Platz für all die Pflanzen zu schaffen, die man schon immer ziehen wollte. Sobald man mehr Zeit zur Verfügung hat, verbringt man sie natürlich im Garten.

Den Garten verändern

Einige Gartenbesitzer wollen ihren Garten umgestalten, sobald ihre Kinder erwachsen sind, und berücksichtigen dies bereits bei der Planung. Die grundlegende Struktur des Gartens – Hecken, Trennelemente und Solitärbäume – wird so angeordnet, daß sich die ausschmückenden Details verändern lassen, ohne daß dies die Grundformen des Gartens berührt. Auf diese Weise kann die Bepflanzung weiterentwickelt werden, indem man neue Elemente hinzufügt.

Der Plan auf der rechten Seite zeigt, wie der schon auf Seite 51 abgebildete Garten nach einigen Jahren aussehen könnte. An der Stelle des einstigen Kräutergartens befindet sich nun ein Teich mit einer Wildblumenecke, und das Gemüsebeet ist zu einem dekorativen Küchengarten geworden, der sich hinter Brombeerbüschen verbirgt. Auf dem Areal des Sitzbereichs hinter dem Haus wurde ein Wintergarten errichtet, in dem frostempfindliche Stauden untergebracht werden können, und innerhalb der großen Rabatte ist ein Themengarten entstanden (siehe S. 60–65).

Das Thema kann, wenn sich im Lauf der Jahre die Interessen verlagern, neu gewählt werden, und aus einem weißen Garten wird dann vielleicht ein Kräutergarten und später einmal ein Duftgarten. Der Rasen ist jetzt kleiner, und durch den niedrigen Pflanzenteppich im hinteren Bereich des Gartens führt ein neuer Weg. Die »Jekyll-Rabatte« gegenüber dem Wintergarten hat einen ganz besonderen Charme. Sie ist mit Blumen in einer wunderschönen Farbenkomposition bepflanzt. Das Farbenspektrum beginnt auf einer Seite mit Blau und geht über Gelb, Orange und Rot in der Mitte bis hin zu Violett auf der anderen Seite.

Veränderung des Gartens

Obwohl die Grundbepflanzung aus Bäumen und Hecken erhalten geblieben ist, erinnert nur noch wenig in diesem Garten an die Gestaltung in der Zeit, in der er angelegt wurde (siehe unten und S. 51).

1 *Wildblumen*
2 *Teich*
3 *Laube aus rustikalen Pfosten*
4 *Küchengarten*
5 *Brombeersträucher*
6 *Wildblumenwiese*
7 *Obstbäume*
8 *Rosenbogen*
9 *Schlingrosen an Pfosten*
10 *Kräuterrabatte*
11 *Themengarten*
12 *Cottage-Rabatte*
13 *Formierte Bäume*
14 *Jekyll-Rabatte*

Formschnitt

Ursprünglich war der Formschnitt kein typisches Element des Bauerngartens; er war für sehr viel prächtigere Anwesen kennzeichnend, da nur die Bewohner großer Landsitze über das notwendige Personal verfügten, das solche kunstvollen Kreationen pflegte – nicht zuletzt, weil man Hecken in jenen Tagen noch von Hand schneiden mußte. Auf Fotos von englischen Cottage-Gärten des 19. und frühen 20. Jahrhunderts sind oft streng formal geschnittene Stechpalmen zu sehen, die aus Hecken wachsen und eine saubere Pilz- oder Kugelform haben (ihre Pflege kann nicht einfach gewesen sein, da viele von ihnen bis zu 5 m hoch waren), aber in neuerer Zeit fand dann auch der Formschnitt der herrschaftlichen Landhäuser seinen Weg in den Bauerngarten. Unlängst entdeckte ich auf dem Land ein Häuschen, dessen Vorgarten völlig von einem großartigen Eibenpfau ausgefüllt wurde, dem eine lange, ordentliche, gestutzte Eibenhecke als Hintergrund diente. Wenn man einmal davon absieht, daß der Pfau zwei- oder dreimal im Jahr geschnitten werden muß, gibt es in diesem Garten vermutlich keine andere Arbeit, als Unkraut zu jäten und eine konventionelle Rabatte in Ordnung zu halten.

Bauerngärten bilden eine eigenartige Mischung aus formalen und natürlichen Elementen (man denke nur an all die ordentlich aufgereihten Pflanzen an Wegrändern), und deshalb sind formierte Gehölze in einem ländlichen Blumengarten keine Seltenheit. Sie können eine Vielzahl von Funktionen erfüllen: Buchsbaum, in eine kompakte Form geschnitten, kann eine Markierung bilden, hinter der eine neue Art der Bepflanzung beginnt. Darüber hinaus kann formiertes Gehölz einen interessanten Blickfang im Rasen oder in einer Ecke des Gartens bilden. Eine Reihe kleiner, aber in gleicher Weise formierter Gehölze hebt sich hübsch von benachbarten Blumen ab. Ich kenne einen Garten, in dem am Rand einer Rabatte eine Reihe 50 cm hoher Kugeln aus Buchs steht, die ein optisches Bindeglied zwischen extrem unterschiedlichen Formen und Farben bildet. In einem anderen Garten säumt eine niedrige Reihe formierter Scheinzypressen (*Chamaecyparis lawsoniana* ›Fletcheri‹) einen Weg, der ausschließlich in Grüntönen bepflanzt wurde. Der Weg verbindet zwei in bunten Farben gehaltene Gartenbereiche und gönnt dem Auge die notwendige Erholung. Streng geschnittene kleine Formen können auch einen formalen Kräutergarten vervollkommnen, indem man beispielsweise an die Ecken niedriger Hecken Kugeln setzt oder Pyramidenformen in die Gestaltung einbezieht. Mit ihrer Hilfe bewahrt der Garten auch im Winter seinen Reiz, wenn die meisten Kräuter eingegangen sind.

Pflanzen für einfache Figuren

Buchs *(Buxus sempervirens)*
Eibe *(Taxus baccata)*
Liguster *(Ligustrum ovalifolium)*
Lorbeer *(Laurus nobilis)*
Scheinzypresse (*Chamaecyparis lawsoniana* ›Fletcheri‹)
Stechpalme *(Ilex aquifolium)*
Zypresse *(Cupressus)*

Formschnitt und Erziehung

Ein schöner Formschnitt setzt eine jahrelange Erziehung der Pflanze voraus. Große oder komplizierte Formen werden von innen durch ein Metallgestell gestützt, das zu Beginn über den jungen Baum ge-

Eine Kugel formen

Man verwendet eine Kugel aus kunststoffummanteltem Drahtgeflecht, das nicht rosten kann. Diese Drahtkugel befestigt man sorgfältig an einem Metallpfosten, der dicht neben der Pflanze in den Boden getrieben wurde. Dann erzieht man die neuen Triebe um die Drahtkugel herum, bis diese mit Laub bedeckt ist. Kleinblättrige Pflanzen wie Buchs und Eibe sind für komplizierte Figuren wie diese am besten geeignet.

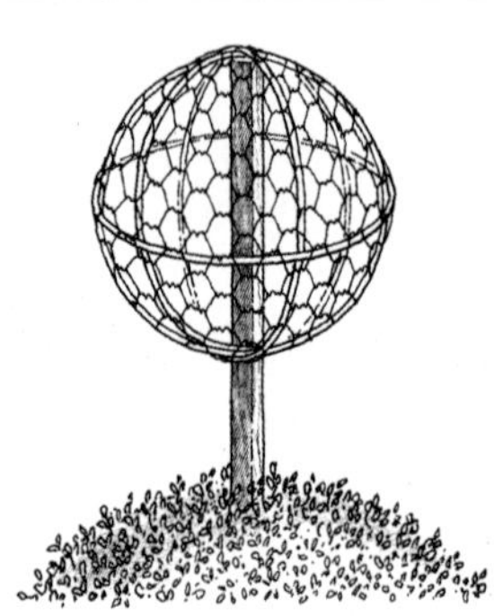

Aus Drahtgeflecht eine Kugel formen und an einem aus der Hecke ragenden Pfosten befestigen.

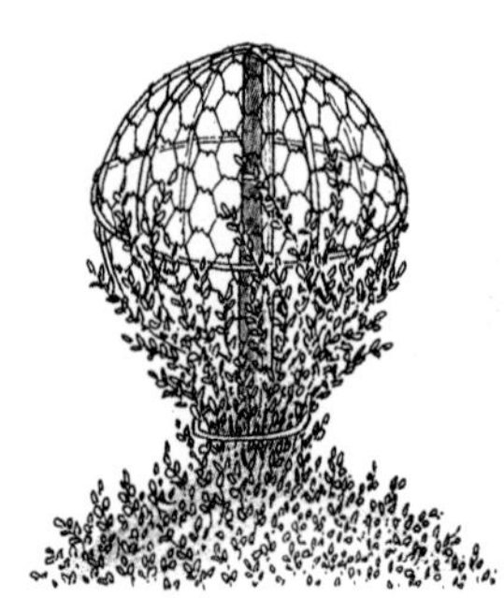

Neue Triebe am Drahtgeflecht festbinden. Seitentriebe einkürzen, damit sie sich verzweigen.

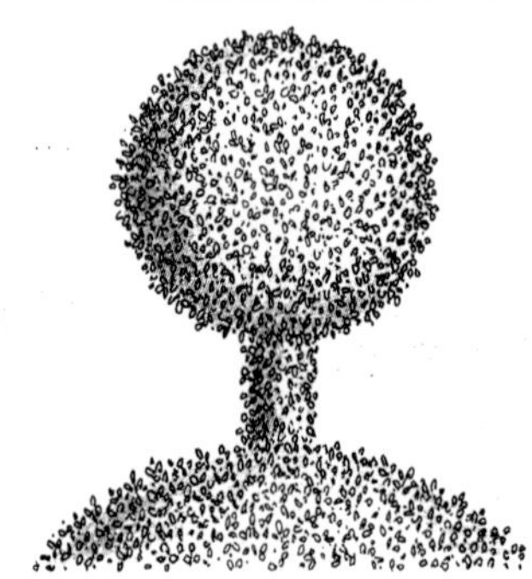

Die Laubkugel muß nur ein- oder zweimal im Jahr gestutzt werden, um ihre Form zu erhalten.

Diese sehr gegensätzlichen Figuren zeigen, was im ländlichen Garten alles möglich ist. Tatsächlich sind hier der Phantasie keine Grenzen gesetzt.

setzt wird und, während der Baum heranwächst, unter seinem dichten Laub verschwindet. Die Pflanze sollte sich zunächst verhältnismäßig natürlich entwickeln können und durch leichten Schnitt in eine einfache Form wie einen Würfel oder einen Kegel gebracht werden. Sobald sie dann groß genug ist, kann man einzelne Triebe von etwa 60 cm Länge herauswachsen lassen, die in lockeren Büschen mit Draht zusammengehalten werden, um beispielsweise mit dem Gestalten der Federkrone eines Pfaus zu beginnen. Seitentriebe, die aus dem Korpus herauswachsen, schneidet man leicht, aber regelmäßig zurück, damit sich weitere Seitentriebe entwickeln und die Figur nach und nach voll wird.

In einem traditionellen Bauerngarten sollten nur einfache Formen erzogen werden. Hier beginnt man, indem man einen jungen Busch, etwa eine Eibe, betrachtet und überlegt, an welche Figur sein natürlicher Wuchs erinnert – etwa an ein Tier oder an einen Zylinder –, und ihn dann einfach in diese Form schneidet. Kompakte Formen, wie Säulen, lassen sich auf diese Weise recht leicht bilden. Ist die grobe Form erst einmal geschaffen, kann man eine Spirale daraus schneiden, oder man schneidet eine gut wachsende Koniferenhecke zinnenartig, indem man oben im Abstand von vielleicht 50 cm Quadrate herausnimmt. Man kann sogar Gucklöcher hineinschneiden und auf diese Weise mit dem Laub eine entfernte Aussicht einrahmen. Bei kunstvolleren Formen wie Tieren oder Kugeln, die aus bestehenden einfachen Formen (wie etwa Säulen) gestaltet werden, kann man etwas mogeln, indem man ein Gerüst aus Drahtgeflecht verwendet (siehe Abbildung S. 82).

Wenn Gehölze in Form geschnitten werden, ist es selbst bei schwachwüchsigen Arten sinnvoll, sie mindestens viermal im Jahr zu schneiden, denn bei jedem Schnitt entfernt man die Triebspitzen. Damit regt man die Entwicklung von Seitentrieben an, und die Figur wird dichter und klarer. Dennoch schneidet man jedesmal etwas weniger, damit sich die Form füllt, während ihre Kontur gewahrt bleibt. Auf diese Weise entsteht ein dichtes Geflecht aus Zweigen. Nach Vollendung der Figur muß nur noch einoder zweimal im Jahr geschnitten werden, vorausgesetzt natürlich, es wurde ein schwachwüchsiger Strauch wie Eibe oder Stechpalme verwendet. Wenn Sie wuchsfreudige Sträucher wählen, wie etwa das immergrüne Geißblatt *(Lonicera nitida)*, sollten Sie bedenken, daß sie ständig geschnitten werden müssen, um in Form zu bleiben.

In Form geschnittene Topfpflanzen

Die oben beschriebenen Regeln gelten auch beim Formschnitt von Gehölzen, die in Pflanzgefäßen wachsen, wie beispielsweise Lorbeer und Buchs, die als Pyramiden oder Kugeln erzogen werden können. Solche Pflanzen können nach Lust und Laune aufgestellt werden, etwa bei der Eingangstür oder neben einer Bank. Wichtig ist, daß Topfpflanzen stets gut gewässert werden, denn mit braunen Blättern sehen sie fürchterlich aus. Zum Schluß noch ein Schnellverfahren: Wenn man Kletterpflanzen wie etwa Efeu an starren Gerüsten erzieht, wie man sie heute sogar im Handel bekommt, kann man im Handumdrehen eine Figur gestalten.

Obstbäume

Am häufigsten werden im Bauerngarten von jeher Hochstämme und Halbstämme gepflanzt. Bäume, die auf einer mittelstark oder schwach wachsenden Unterlage veredelt wurden, werden nicht sehr groß, haben aber trotzdem ausladende Zweige und wirken im Bauerngarten sehr passend. Darüber hinaus bringen Bäume mit schwachwüchsigen Unterlagen rascher Erträge, und man kann schon nach einigen Jahren Früchte ernten, statt zehn Jahre warten zu müssen, wie es bei stärker wachsenden Unterlagen der Fall ist.

Hochstämme, Halbstämme, Niederstämme

Hochstämme haben eine Stammhöhe von ca. 180–200 cm, als Halbstämme werden Bäume mit 140–160 cm Stammhöhe bezeichnet, bei Niederstämmen beträgt sie bis zu 100 cm.

Buschbäume

Hierbei handelt es sich um Veredelungsunterlagen, deren Stammhöhe nur etwa 60–80 cm beträgt. Von Spindelbüschen spricht man bei Buschbäumen, die aus einem Stamm mit Zweigen und Ästen sowie einem bis in die Kronenspitze durchlaufenden Mitteltrieb bestehen, bei denen jedoch Leitäste fehlen.

Veredelungsunterlagen

Bevor Sie sich für den Kauf von bestimmten Obstgehölzen entscheiden, sollten Sie sich darüber informieren, welches Wuchs- und Leistungsvermögen die ausgewählte Pfropfkombination beinhaltet. Es macht einen großen Unterschied, ob eine Sorte auf einer starkwachsenden oder auf einer schwachwachsenden Unterlage veredelt wurde. In der Vergangenheit sah man im Garten fast ausschließlich große Obstbäume. Bei neueren Unterlagen hingegen hat man die Wahl zwischen Hoch-, Halb- und Niederstamm sowie Buschbäumen. Auf diese Weise hat man die Möglichkeit, für seine spezielle Gartengröße auch Obstgehölze in der passenden Wuchsgröße zu erwerben. Heute sind schwach-, mittelstark- und starkwachsende Veredelungsunterlagen in Baumschulen erhältlich. Je schwächer wachsend eine Unterlage ist, desto geringer ist die endgültige Größe des Baumes und somit dessen Platzbedarf im Garten.

Zu den empfehlenswerten Unterlagen für Apfelbäume gehören im Bauerngarten M26 und MM106. Bei der Unterlage M26 handelt es sich um eine schwachwachsende Unterlage, die sehr gut für kleinere Gärten geeignet ist und auch in Topfkultur gut gedeiht. MM106 ist eine mittelstarkwachsende Unterlage, die für etwas größere Gärten geeignet ist. Sie ist besonders zu empfehlen als Unterlage für mittelstark- bis starkwachsende Edelsorten und gedeiht am besten auf mittleren und leichten Böden. Beide Unterlagen sind frosthart.und sollten in den ersten Jahren gestützt werden.

Für Bäume in großen Kübeln (40–45 cm Durchmesser) sollten mittelstarkwachsende Unterlagen verwendet werden. Für Kübel eignen sich am besten

Einen Baum mit Hohlkrone erziehen

Den Mitteltrieb auf einen kräftigen Leitast in etwa 75 cm Höhe zurückschneiden. Darunter müssen sich noch drei oder vier weitere Leitäste befinden, die gut verteilt sind. Alle anderen Äste werden direkt am Stamm abgeschnitten (siehe Abbildung 1). Im folgenden Jahr die Leitäste um ein Drittel oder die Hälfte kürzen (siehe Abbildung 2) und im dritten Jahr nach dem Pflanzen schließlich die obersten ein oder zwei Seitentriebe an den Enden der Leitäste etwa um die Hälfte zurückschneiden (siehe Abbildung 3).

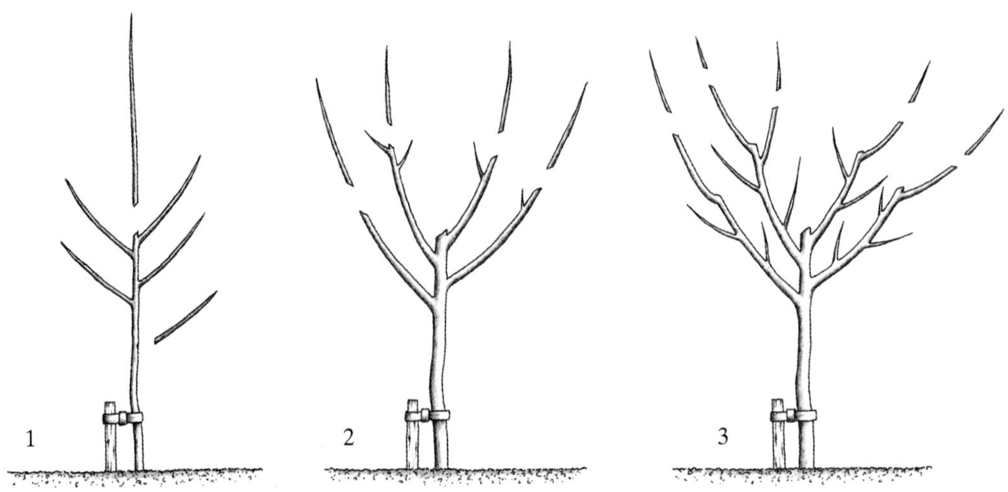

Äpfel und Birnen, aber auch Feigen, die reichliche Wasser- und Düngergaben brauchen und einen frostfreien Überwinterungsraum.

Wachstumsbedingungen

Obstbäume gedeihen am besten an einigermaßen geschützten, sonnigen Plätzen mit tiefgründigem, fruchtbarem Boden. Gepflanzt wird gewöhnlich im Herbst nach dem Laubfall oder im Frühjahr. Ungeeignet sind Zeiten, in denen der Boden durchnäßt, gefroren, schlammig oder ausgetrocknet ist. Empfehlenswert sind Bäume (und Büsche) mit bloßen Wurzelballen direkt aus der Baumschule, die jedoch nur während der Ruheperiode erhältlich sind und sofort gepflanzt werden sollten. Vor dem Pflanzen gräbt man reichlich gut verrotteten Kompost oder Mist unter. Dann hebt man eine ausreichend große Pflanzgrube aus, in der die Wurzeln weit ausgebreitet werden können. Beim Pflanzen achtet man darauf, daß sich die alte Erdmarke am Stamm in Bodenhöhe befindet. Containerpflanzen können natürlich auch während der Wachstumsperiode gepflanzt werden. Man sollte sie behutsam aus ihren Gefäßen nehmen, um die Wurzeln nicht zu stören (falls diese ein dichtes Geflecht bilden, müssen aber einige der größten vorsichtig herausgelöst werden). Während der Wachstumsperiode muß dann gut gewässert werden.

Obstbäume, die in Kübeln wachsen, werden am besten während der Ruheperiode in ein Substrat auf Lehmbasis gepflanzt. Auf dem Boden des Kübels wird zuvor eine 3 cm dicke Drainageschicht aus grobem Sand verteilt. Es muß reichlich gewässert werden – im Sommer möglicherweise zweimal pro Tag. Während der Wachstumsperiode düngt man im Abstand von zwei Wochen mit einem Flüssigdünger. Alle zwei oder drei Jahre nimmt man die Bäume vor Beginn der Wachstumsperiode im Frühjahr aus ihren Kübeln, entfernt die Erde und führt einen leichten Wurzelschnitt durch. Dann setzt man sie mit frischer Erde in den alten Topf zurück.

Der Schnitt

Bei Äpfeln und Birnen, die als Buschbäume, Hochstämme und Halbstämme wachsen, ist ein Instandhaltungsschnitt nicht zwingend notwendig, obwohl es sinnvoll ist, überflüssige Zweige herauszuschneiden, damit Licht und Luft in die Mitte des Baumes gelangen können. Auf diese Weise werden die Früchte größer, bekommen eine schönere Farbe, und die Erkrankungsgefahr ist geringer. Abgestorbene, beschädigte oder kranke Triebe sollten stets auf gesundes Holz zurückgenommen werden. Bei allen drei Wuchsformen wird der Schnitt im wesentlichen gleich durchgeführt, und alle müssen während der ersten vier oder fünf Jahre gestützt werden.

Beim Obstbaumschnitt muß man Obstart, Erbanlage, Alter und Zustand des einzelnen Baumes sowie die Kronenform berücksichtigen, daher kann hier nur ein allgemeiner Überblick gegeben werden. Grundsätzlich dient der Schnitt bei Obstgehölzen der Erhaltung des physiologischen Gleichgewichts. Bei Jungbäumen spricht man vom Erziehungsschnitt, der nicht nur die Kronenform anlegt, sondern auch die optimale Entwicklung des Jungbaumes unterstützen soll. Wenn der Erziehungsschnitt beendet ist und der Baum schließlich gute Erträge bringt, ist es die Aufgabe des Instandhaltungsschnittes, das physiologische Gleichgewicht, solange es geht, aufrechtzuerhalten. In diesem Lebensabschnitt des Baumes sollen sich Holz- und Fruchttriebe gleichermaßen entwickeln. Wenn die Holztriebe zu stark wachsen, sollte weniger geschnitten werden, und wenn die Fruchttriebe übermäßig wachsen, wirkt man dem durch stärkeren Schnitt entgegen. Ganz allgemein dient der Instandhaltungsschnitt aber auch der Erhaltung der Kronenform und dem Auslichten der Krone.

Wenn der Obstbaum von der Ertrags- in die Altersphase wechselt (dies erkennt man an einer geringeren Triebleistung und einer überreichen Blüte mit anschließend üppigem Fruchtbehang nur kleiner Einzelfrüchte), kann ein Verjüngungsschnitt das physiologische Gleichgewicht wiederherstellen – vorausgesetzt, der Baum ist gesund und hat noch eine entsprechende Lebenserwartung.

Obstbäume können im Sommer und im Winter geschnitten werden. Der Sommerschnitt kann Anfang Juni mit dem Auslichten des Kroneninnenbereichs begonnen werden. Ab Ende Juni wird der einjährige Zuwachs geschnitten. Insbesondere Kirsche sowie frühreifende Pfirsichsorten lichtet man während der Sommermonate aus. Der Winterschnitt erfolgt erst im Spätwinter, wenn der stärkste Frost vorüber ist. Schneidet man Obstgehölze nach dem Austrieb, entstehen Verluste bei den bereits aktivierten Reservestoffen, daher empfiehlt sich der Schnitt nach dem Austrieb nur in Ausnahmefällen, etwa wenn man bei starkwachsenden Pfropfkombinationen die Triebkraft mindern möchte.

›Ashmead's Kernel‹
Die genaue Abkunft dieser alten Tafelapfelsorte ist unbekannt. Man nimmt an, daß sie vor 1700 im englischen Gloucestershire entstand. Wie viele alte Apfelsorten entwickelte sie sich vermutlich zufällig und wurde später kultiviert, da ihre Früchte besonders gut schmecken. Alte Äpfel sind verglichen mit modernen Züchtungen oft sehr klein – nicht größer als Holzäpfel –, was auch für ›Ashmead's Kernel‹ gilt. Dieser gelbgrüne Apfel ist auf der der Sonne zugewandten Seite bräunlich überlaufen und existiert heute wohl deshalb noch, weil sein saftiges gelbes Fruchtfleisch ein wunderbares Aroma hat. Wie viele ältere Sorten läßt er sich gut lagern – erst um die Wintermitte ist er richtig ausgereift –, und unter guten Bedingungen hält er sich bis zum Frühjahr.

Beerenobst

Beerenobst wurde im traditionellen Bauerngarten erst relativ spät angebaut. Früher sammelte man die Beeren in der freien Natur und nutzte den Platz im Bauerngarten für empfindlichere Pflanzen. Johannisbeeren beispielsweise wurden erst im 15. Jahrhundert kultiviert, und sie fanden in den Bauerngarten vermutlich erst im 18. Jahrhundert Eingang. Für den modernen Bauerngarten ist Beerenobst sowohl eine dekorative als auch eine nützliche Bereicherung. Beeren aus dem eigenen Garten können garantiert frisch verarbeitet werden.

Inzwischen ist eine große Anzahl an Sorten mit verschiedenen Fruchtgrößen und Aromen auf dem Markt. Vor allem in Gegenden mit harten Wintern pflanzt man Johannisbeeren, Stachelbeeren und Himbeeren im Frühjahr, damit sie nicht durch starken Frost Schaden nehmen. In milden Klimazonen kann Beerenobst aber auch im Herbst gepflanzt werden. Brombeeren sind als Jungpflanzen sehr kälteempfindlich, daher sollte man sie besser erst im späten Frühjahr pflanzen. Alle Beerenobststräucher werden unmittelbar nach dem Pflanzen hart zurückgeschnitten.

Gedüngt wird Beerenobst mit Blut-, Fisch- oder Knochenmehl, und anschließend verteilt man eine Mulchdecke aus gut verrottetem organischem Material auf dem Boden und läßt dabei um den Wurzelhals herum etwas Luft. Die meisten Beerenobststräucher sind Flachwurzler, das heißt, sie benötigen regelmäßig Wasser. Wenn es längere Zeit nicht regnet, muß man aber trotzdem nicht ständig gießen, denn die Mulchschicht sorgt dafür, daß sich die Feuchtigkeit länger im Boden hält.

Obststräucher schneiden

Obststräucher wie Johannisbeeren und Stachelbeeren entwickeln sich ohne besondere Erziehung in einer buschigen Form. Sie müssen aber dennoch von Zeit zu Zeit geschnitten werden, damit sie ertragreich bleiben und sich gut entwickeln. Zum Auslichten nimmt man nach innen wachsende Zweige heraus, damit auch an die Früchte im Innern des Strauches genügend Licht gelangt. Außerdem wird auf diese Weise die Ernte erleichtert, und ausreichende Lüftung wirkt vorbeugend gegen Krankheiten. Schwarze Johannisbeeren fruchten am besten am jungen Holz des Vorjahres, während rote Johannisbeeren und Stachelbeeren ihre Früchte an zwei- und dreijährigen Trieben entwickeln.

Wenn schwarze Johannisbeeren im Winter gepflanzt werden, schneidet man im darauffolgenden Frühjahr die Triebe auf 20–30 cm über dem Boden zurück. In den folgenden beiden Wintern ist dann kein großer Schnitt erforderlich – man nimmt lediglich alle schwachen, mißgestalteten oder zu dicht wachsenden Triebe bis auf Bodenhöhe zurück. Die Sträucher beginnen im zweiten Sommer nach dem Pflanzen kleine Mengen Früchte zu tragen.

In ihrem vierten Winter haben sich schwarze Johannisbeeren zu einem dichten Strauch aus Trieben unterschiedlichen Alters entwickelt. Die ältesten sind stark verzweigt, die jüngsten gerade und unverzweigt. Beim Schnitt werden nun die ältesten Triebe auf Bodenhöhe oder einen weit unten sitzenden, kräftigen jungen Seitentrieb zurückgenommen – auf diese Weise fördert man die Ausbildung junger fruchttragender Zweige. In einem Jahr sollte nicht mehr als ein Drittel des Busches entfernt werden.

Bei roten Johannisbeeren entfernt man beim Pflanzschnitt alle Triebe bis auf vier oder fünf kräftige Leittriebe, die man etwa um die Hälfte ihrer ursprünglichen Länge zurückschneidet. Da rote Johannisbeersträucher die besten Früchte am zwei- bis dreijährigen Holz bilden, sollte man in späteren Jahren nur schwache Jungtriebe und Holz, das älter als drei Jahre ist, am Wurzelhals abschneiden.

Beim Pflanzschnitt von Stachelbeersträuchern verfährt man im Prinzip ebenso wie beim Pflanzschnitt roter Johannisbeeren. Jedoch ist es schwieriger, Stachelbeeren in Buschform zu ziehen, weil sie

Wuchsformen von Beerensträuchern

Stachelbeeren

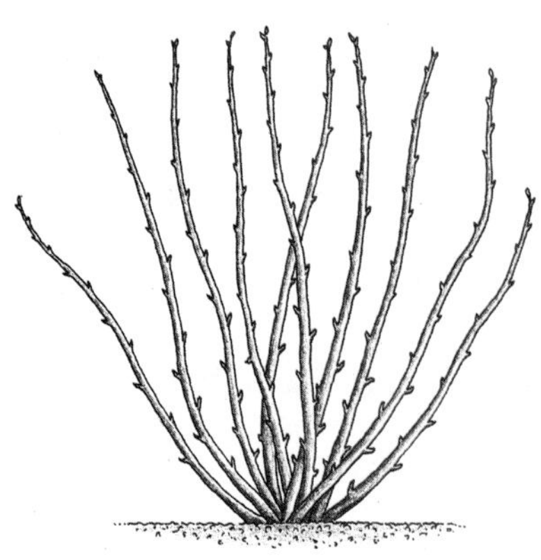

Johannisbeeren

durch den vorhandenen Bodenkontakt leicht von Schädlingen und Krankheiten befallen werden können. Daher kauft man sie am besten als Fußstämmchen, die aus eigenen Wurzeln erzogen werden. Beim Pflanzschnitt läßt man auf einem Fußstämmchen etwa vier bis fünf Kronentriebe stehen, die auf eine obere, nach innen weisende Knospe um etwa die Hälfte gekürzt werden. Überzählige Basistriebe schneidet man bis auf die Astbasis zurück. Die besten Früchte wachsen bei der Stachelbeere an vorjährigen Seitentrieben des zwei- bis dreijährigen Holzes, aber auch ältere Leitzweige bringen gutes Fruchtholz hervor, daher sollte man Stachelbeersträucher nicht so streng schneiden.

Brombeeren, Loganbeeren und Himbeeren

Brombeeren und Loganbeeren tragen ihre Früchte an den Ranken des vorangegangenen Sommers, die waagrecht an einem Zaun, über einen Bogen oder an einem Gerüst auf Pfosten und Draht erzogen werden können. Man kann sie in großen Gärten, in denen reichlich Platz vorhanden ist, nach der getrennten Erziehungsmethode aufbinden (siehe Abbildung 1). Auf begrenztem Raum ist vielleicht die Flechtmethode geeigneter, für die man am besten dornenlose Sorten verwendet (siehe Abbildung 2).

Brombeeren und Loganbeeren können sowohl im Herbst als auch im Frühjahr mit 2,5–4 m Abstand gepflanzt und unmittelbar nach dem Einpflanzen auf etwa 30 cm über dem Boden zurückgenommen werden. Ein weiterer Schnitt ist im ersten Jahr nicht erforderlich. Im zweiten Jahr trennt man die neuen Triebe von denen des vorhergehenden Jahres, da sich an den einjährigen Trieben Früchte entwickeln. Die neuen Triebe können locker zusammengebunden oder auf der den fruchttragenden Ranken gegenüberliegenden Seite der Stütze erzogen werden. Nach der Ernte nimmt man die abgetragenen Ranken auf 10–15 cm über dem Boden zurück. Die Sträucher beginnen im zweiten Sommer nach dem Pflanzen Früchte zu tragen.

Im Sommer tragende Himbeeren werden am besten mit 45 cm Abstand in Reihen gepflanzt. Anschließend schneidet man alle Triebe auf ein etwa 25 cm über dem Boden liegendes Auge zurück. Im ersten Sommer läßt man die Ranken noch keine Früchte tragen, weil dies der Pflanze zuviel Kraft entziehen würde. Daher schneidet man alle Früchte und Blüten von den Trieben ab. Im folgenden Jahr bindet man heranwachsende neue Triebe in Abständen von 10–15 cm an ein Gestell aus Pfosten und Drähten, wobei sich der oberste Draht in etwa 1,8 m Höhe befinden sollte. Neue Pflanzen bringen im Jahr nach dem Pflanzen die erste Ernte. Auch im Herbst tragende Himbeeren sollten auf 10 cm über dem Boden zurückgenommen werden. Ihre Triebe brauchen nur Stützen, wenn sie sehr kräftig sind. Sie sind kürzer als bei Sommersorten und können, falls dies günstiger ist, statt in Reihen in kleinen Blöcken gepflanzt werden. Abgeerntete Triebe läßt man stehen, denn sie sollten erst zu Beginn des folgenden Frühjahrs geschnitten werden.

Brombeeren erziehen

Getrennte Erziehungsmethode: Die tragenden Ruten werden auf einer Seite an den Drähten erzogen und die Jungtriebe auf der anderen (siehe Abbildung 1). Dies hat den Vorteil, daß die Ruten nach der Ernte und dem Schnitt nicht neu gebunden werden müssen.
Flechtmethode: Die Ruten des ersten Jahres auf beiden Seiten um die unteren drei Drähte herumflechten. Im folgenden Jahr neue Ruten in der Mitte des Busches nach oben führen und am oberen Draht befestigen (siehe Abbildung 2). Nach der Ernte die abgetragenen Ruten in Bodenhöhe abschneiden, die übrigen Ruten losbinden und auf beiden Seiten um die Drähte flechten.

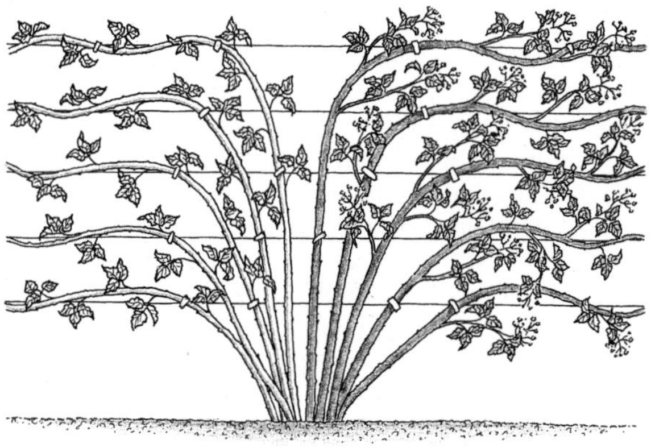

1 Getrennte Erziehungsmethode

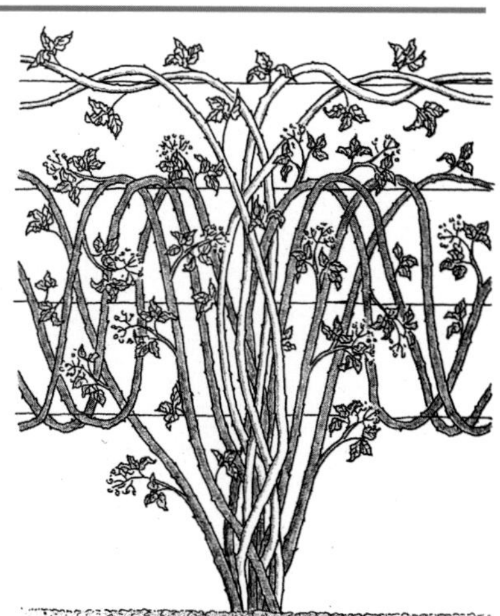

2 Flechtmethode

Alte Obst- und Gemüsesorten

Wer seinem Bauerngarten eine außergewöhnliche Note von Authentizität verleihen will, kann Obst- und Gemüsesorten ziehen, die bereits in alten Zeiten angebaut wurden. Heute gibt es wieder ein wachsendes Interesse an alten Sorten, und von denjenigen, die heute noch existieren, bekommt man bei Spezialfirmen und in besonderen Gärtnereien Jungpflanzen beziehungsweise Obstbäume. Wenn Sie alte Obstsorten in Ihrem Garten anbauen möchten, wenden Sie sich am besten an den Bund Deutscher Baumschulen (Adresse siehe S. 128). Dort können Sie die Anschrift von entsprechenden Baumschulen in Ihrer Nähe erfragen.

Oft erweisen sich alte Sorten als großartige Entdeckungen, deren Früchte ein köstliches Aroma haben und wunderbar aussehen, auch wenn diese Sorten vielleicht nicht immer die gleichen Erträge bringen wie moderne Züchtungen. Alte Obst- und Gemüsesorten werden auf genau die gleiche Weise gezogen wie moderne Sorten, doch sie eignen sich in besonderem Maße für den biologischen Anbau, da sie zu einer Zeit entstanden, als nur natürliche Dünger und organisches Material verwendet wurden.

Alte Obstsorten

Bei einigen alten Sorten treten Probleme auf, die man bei neuen Züchtungen zu beseitigen versuchte, wie etwa Krankheitsanfälligkeit, langsamer Fruchtansatz und unregelmäßige oder geringe Ernten.

Im Bauerngarten liegt der Reiz alter Obstbäume nicht zuletzt in ihrem knorrigen, unregelmäßigen Wuchs, der wahrscheinlich zum Teil auf einen unzureichenden Schnitt in frühen Tagen zurückzuführen ist, aber auch auf den Umstand, daß viele alte Sorten recht anfällig für Krebs sind, der Deformierungen bedingen kann. Obstbaumkrebs wird von einem Pilz *(Nectrina galligena)* hervorgerufen, der Wunden in der Rinde von Stamm und Zweigen verursacht, wodurch diese schließlich absterben und abbrechen. Bei einer Erkrankung der Bäume bleibt nichts anderes übrig, als die befallenen Teile bis zum gesunden Holz herauszuschneiden, was aber nicht immer durchführbar ist. Gerade bei alten Apfelbäumen sind Narben und eine knorrige Gesamterscheinung oft durch Krebs bedingt. Die Tafelapfelsorte ›Kentish Fillbasket‹, die vor 1820 entstand, ist sehr anfällig für Krebs, der aber häufig von selbst heilt, wobei alle möglichen Deformierungen zurückbleiben. Das gleiche gilt für den Kochapfel ›Catshead‹ (vor 1600) und viele andere alte Sorten, die aus diesem Grund alle bis heute überlebt haben. Auch der moderne Tafelapfel ›Spartan‹ und der wilde Holzapfel *(Malus sylvestris* ssp. *sylvestris)* haben einen hübschen knorrigen Wuchs.

Einige Obstsorten, wie etwa Viktoriapflaumen (siehe S. 89) und viele alte Apfelsorten, bringen in einem Jahr enorme Ernten, tragen dann jedoch ein oder zwei Jahre nur wenige oder gar keine Früchte. Durch zu reichen Behang aber wurden bei solchen Bäumen früher häufig die Zweige hinabgezogen, was wiederum zu unregelmäßigem Wuchs führte. Alte Bäume, die überaus viele Früchte tragen, müssen gestützt werden. In Bauerngärten bilden auch gestützte alte Apfelbäume einen reizvollen Blickfang. Man kann aber selbst moderne Züchtungen so schneiden, daß sie die so typische unregelmäßige Wuchsform bekommen, oder sie erziehen, indem man junge Zweige ein oder zwei Jahre mit Drähten niederhält, um das Aussehen eines alten Baumes nachzuahmen. Man kann sich aber auch für eine Maulbeer- oder Mispelsorte mit Trauerwuchs entscheiden, die auch ohne Schnitt oder Erziehung interessant aussehen.

Oft lohnt es sich, die kleinen Schwächen alter Obstsorten in Kauf zu nehmen, da sie ein ausgezeichnetes Aroma haben. Wenn Sie einen kleinen Garten haben, pflanzen Sie einfach Spalierobst an die Hauswand. Auf diese Weise gedeiht im Schutz der Wand auch frostempfindliches Obst noch gut, und außerdem bildet das grüne Laub mit den vielen Blüten im Frühjahr einen besonders hübschen Blickfang. Bäume mit schwächer wachsenden Unterlagen bringen früher Erträge als traditionelle Hochstämme (siehe S. 84). Solche kleineren Bäume brauchen auch weniger Platz, so daß man ein größeres Spektrum an Arten ziehen und auf diese Weise für Ausgleich sorgen kann, wenn ein oder zwei Sorten einmal nicht tragen. Ich habe einen ganzen Obstgarten mit alten Apfel- und Birnensorten, die in großen Töpfen wachsen. Obstbäume in Töpfen und Kübeln sollten auf schwach- bis mittelstark wachsenden Unterlagen, wie M26 und MM106, veredelt sein. Schwachwüchsige Unterlagen ergeben niedrigere Bäumchen mit kürzerer Lebensdauer. Obstbäume in Kübeln können einen Weg oder eine befestigte Fläche zu einem farbenfrohen Gestaltungselement werden lassen und kleine Ernten von mehreren Sorten liefern.

Vom Haus aus blickt man durch einen alten Apfelbaum, dessen Zweige beinahe waagrecht erzogen wurden, in den Garten. Dieser Baum braucht nur wenig Platz und läßt auch bei weitem nicht so viel Schatten entstehen wie ein Hochstamm. Durch die fast gitterartige Anordnung der Äste entstehen Gucklöcher, die kleine Ausschnitte des dahinterliegenden Häuschens und Gartens einrahmen.

Äpfel

›Ashmeads's Kernel‹: 300 Jahre alter Tafelapfel mit knackigem gelbem Fruchtfleisch und hervorragendem Aroma – eine der besten alten Apfelsorten, die es noch gibt. Der Baum trägt wenig und unregelmäßig, außerdem braucht er einen gut geschützten Platz und ein mildes Klima. Eingelagerte Früchte von Wintermitte bis Frühjahr verwenden.

›Blenheim Orange‹: 200 Jahre alte Sorte, die man im Frühherbst am besten direkt vom Baum ißt. Bis Wintermitte können eingelagerte Früchte als Kochäpfel verwendet werden – als Tafeläpfel schmecken sie etwas fad.

›Bramley's Seedling‹: Aus einem Kern gewachsene Apfelsorte, die 1809 entdeckt wurde. Der Baum hat einen ausladenden Wuchs und wird mit der Zeit knorrig. Die Früchte sind fest und haben ein gutes Aroma.

›Irish Peach‹: Irische Sorte aus dem Jahr 1820, die heute selten geworden ist, aber ungemein köstliche, saftige Früchte hat, die am besten im Spätsommer direkt vom Baum gegessen werden. Sie sind hellgrün mit einem pfirsichfarbenen Hauch.

›Ribston Pippin‹: Vor 1700 entdeckter, aromatischer Tafelapfel mit hervorragendem Aroma, ähnlich wie Cox's Orange Pippin, aber noch köstlicher (er ist eine der Elternpflanzen von Cox); Erträge gering.

Birnen

›Doyenne du Comice‹: Diese französische Birnensorte aus dem Jahr 1849 trägt großartige, aromatische, saftige Früchte. Bringt aber keine zuverlässigen Erträge und braucht einen sehr warmen, geschützten Platz.

›Seckle‹: Sorte mit kleinen, rot überhauchten Früchten, die im Herbst reifen, aber nur wenige Tage wirklich gut sind. Sie hat ein herrliches Aroma mit einem Anflug von Honig und einen moschusartigen Duft. Braucht einen warmen, geschützten Platz. Herkunft unbekannt.

›William's Bon Chrétien‹: Ebenfalls eine schmackhafte, saftige, aromatische Birne aus dem Jahr 1770. Auch sie braucht einen warmen Platz, um gut zu gedeihen. Die Früchte lassen sich nicht gut lagern.

Andere Obstbäume

Reneklode ›Old Green Gage‹: Alte Sorte unbekannter Herkunft, die nur etwa alle vier Jahre gute Ernten bringt. Die Früchte schmecken aber herrlich. Am besten ißt man sie direkt vom Baum, sobald sie reifen. Für Kübel ungeeignet, da es keine ausreichend schwachwüchsigen Unterlagen gibt.

Pflaume ›Victoria‹: Gelbrote Früchte, deren Aroma immer noch unerreicht ist. Der Baum trägt bestenfalls jedes zweite Jahr. Ebenfalls nicht für Kübel geeignet.

Alte Gemüsesorten

Alte Gemüsesorten eignen sich ausgezeichnet für den biologischen Anbau, da dies zu der Zeit, als sie entstanden, die einzige Anbaumethode war, und besonders gut gedeihen sie in tiefgründig bearbeiteten Beeten (siehe S. 67). Im biologischen Anbau sind sie modernen Hybriden sogar oft überlegen, da letztere für eine Kultur unter optimalen Wachstumsbedingungen gezüchtet wurden, was bedeutet, daß dem Boden regelmäßig Mineraldünger zugeführt werden muß. Im Bauerngarten sind alte Sorten oft nützlicher, da sie im allgemeinen über einen langen Zeitraum geerntet werden können, während man viele moderne Züchtungen innerhalb kurzer Zeit ernten muß.

Samengewinnung

Samen von alten Gemüsesorten, die auf natürliche Weise bestäubt werden, sind zumeist preiswerter als moderne Züchtungen. Oft bezahlt man für ein Tütchen mit der zwei- oder dreifachen Samenmenge weniger als die Hälfte. Anders als bei Hybriden ist es hier möglich, eigenes Saatgut zu gewinnen, aus dem sortenechte Nachkommen hervorgehen, sofern nicht zufällig eine Bestäubung durch eine in der Nähe wachsende andere Sorte stattgefunden hat. Um Saatgut gewinnen zu können, ist es wichtig, einige Früchte an der Pflanze zu lassen, damit sich Samen entwickeln können. Diese werden gesammelt, sobald die Früchte auf natürliche Weise ausgereift sind. Zur Lagerung füllt man sie in Papiertütchen. Folienbeutel und verschlossene Gefäße sind ungeeignet, insbesondere bei Bohnensamen, da hier Pilze die Keimfähigkeit zerstören können. Früher sammelten die Kleinbauern alle Samen, auch wenn sie gelegentlich neue Sorten aus anderen Gegenden oder von einem der Gärtner erhielten, die im örtlichen Gutshof arbeiteten. Heute ist die Gewinnung eigenen Saatgutes oft die einzige Möglichkeit, wenn man alte Sorten, die aus den Samenkatalogen verschwunden sind, anbauen möchte.

Empfehlenswerte Gemüse

Artischocken sind eines jener hübschen malerischen Gemüse, die der künstlerisch begabte Hobbygärtner in seinen Blumengarten auf bezaubernde Weise integrieren kann. Ganz ähnlich verwendete man die heute leider weniger bekannte Zuckerwurzel, die sich allerdings nur mühsam putzen läßt. Das Laub der Zuckerwurzeln erreicht eine Höhe bis zu 60 cm, und im Herbst entwickelt diese Nutzpflanze hübsche weiße Blüten. Ihre Wurzel bereitet man in der Küche zu wie Mohrrüben, Pastinaken oder Schwarzwurzeln. Bei den folgenden Gemüsen handelt es sich um eine persönliche Auswahl interessanter alter Sorten, die ich bereits selbst gezogen habe.

Blumenkohl – ›Purple Cape‹: Violette Sorte mit einem wunderbaren, butterartigen Geschmack. Braucht fast ein Jahr, um zu reifen.

Brokkoli, früher violetter: Bildet am Ende der Triebe kleine blumenkohlähnliche Köpfe. Wird zu Frühjahrsbeginn geerntet.

Buschbohne – ›Mont d'Or‹: Fadenfreie Wachsbohne mit einem herrlichen Geschmack.

Dicke Bohnen – ›Green Windsor‹: Schmackhafteste Sorte, die ich je kultiviert habe. Die zarten hellgrünen Hülsen lassen sich auch gut einfrieren.

Gartenmelde: Altes Küchengemüse von bis zu 2 m Höhe, mit dem einst die Bauern ihre dicke Hafersuppe aromatisierten. Besonders hübsch sieht rote Gartenmelde aus. Sie wird wie Spinat zubereitet und gegessen, bekommt beim Garen jedoch eine eigenartige Farbe. Sie ist auch als Zierpflanze zwischen Blumen beliebt und für Blumenarrangements geeignet.

Gartenbohne – ›Marvel of Venice‹: Diese kletternde Gartenbohne trägt große, flache, gelbe Hülsen, die

Die violette Blumenkohlsorte ›Purple Cape‹ wird Mitte bis Ende des Frühjahrs gesät und kann im Spätsommer geerntet werden. Beim Kochen färbt sich dieser Blumenkohl grün, die violette Farbe bleibt im Wasser zurück.

als junge Bohnen ganz gegart oder später wie Erbsen ausgepalt werden. ›Pea Bean‹: Bildet kurze gebogene Hülsen, deren cremefarben und kastanienbraun gezeichnete Samen ein großartiges Aroma haben. Wie Erbsen enthülsen und verwenden oder trocknen und für den Winter lagern.

Grünkohl – ›Cottagers‹: Sorte mit hübsch gekräuselten Blättern und violetten Stielen. Die jungen Triebe werden im Frühjahr gegessen, wenn es sonst wenig frisches Gemüse im Garten gibt.

Kartoffeln – ›Pink Fir Apple‹: Sorte mit langen, schmalen Knollen, die fest und aromatisch sind. Gut für Salate geeignet.

Möhren – ›Oxheart‹: Sehr alte, frühe Sorte mit dicken, stumpfen Wurzeln.

Prunkbohnen – ›Painted Lady‹: Diese Sorte hat hübsche, zweifarbige Blüten (orange und blaßrosa), doch der Geschmack der Bohnen ist enttäuschend. ›Mrs Cannell's Black Runner‹: Sorte mit schwarzen Samen, die unter Liebhabern weitergegeben werden, im Handel jedoch nur selten erhältlich sind. Sie hat pfirsichfarbene Blüten und sehr zarte, schmackhafte Bohnen.

Rosenkohl – ›Noisette‹: Sorte mit winzigen, knackigen, nussig schmeckenden Röschen, die sowohl roh aufgeschnitten als auch ganz gegart wunderbar schmecken.

Rote Rüben – ›Bull's Blood‹: Sorte mit guten Erträgen und blutroten Blättern, die mit Blumen zusammen hübsch aussehen. ›Barbabietola di Chioggia‹: Italienische Sorte, die innen rote und weiße Ringe hat. Sieht roh aufgeschnitten sehr dekorativ aus, hat aber kein besonderes Aroma.

Salat – ›Rouge d'Hiver‹: Herrlich schmeckende rote Sorte des Römersalats aus Frankreich, die im Winter und Frühjahr geerntet wird und nur langsam schießt. Römersalat – ›Ballon‹, ›Vaux's Self Folding‹, ›Winter Density‹ und ›Lobjoits‹: Feste schmackhafte Sorten, die mit Bast zusammengebunden werden müssen, wenn die Blätter beginnen aufrecht zu stehen. Dadurch liegen sie dicht am Herzen und werden gebleicht, was Geschmack und Form verbessert. Miniaturform – ›Little Gem‹: Einer der schmackhaftesten Salate, die es gibt; muß nicht zusammengebunden werden.

Weißkohl – ›Early Jersey Wakefield‹: Sorte mit großen spitzen Köpfen. Strauchkohl: Keine Sorte, sondern ein besonderer Typ, von dem man die sich im Frühjahr entwickelnden Blätter ißt.

OBEN Die Prunkbohnensorte ›Painted Lady‹ (1855) ist eine beliebte alte Züchtung mit ungewöhnlichen blaßrosa und orangefarbenen Blüten.

LINKS Die Römersalatsorte ›Balloon‹ (1885) sollte mit Bast zusammengebunden werden, sobald die Blätter in die Höhe zu wachsen beginnen, damit sich ein festes Herz bildet. Die Arbeit lohnt sich, da der Salat einen wunderbaren Geschmack hat und ausgesprochen knackig ist.

Liebhaberpflanzen

Empfehlenswerte Nelkensorten

Dianthus ›Caesar's Mantle‹: ungefüllte, tiefkarminrote, duftende Blüten; Höhe 25 cm. *D.* ›Charles Musgrave‹ (syn. *D.* Musgrave's Pink): ungefüllte, große, weiße Blüten mit typischen grünen Mitten, die stark gefranst sind und duften; Höhe 23 cm. *D.* ›Fenbow's Nutmeg Clove‹: dunkelrote, stark duftende Blüten, Höhe bis 45 cm. *D.* ›Grandad's Favourite‹: halbgefüllte, weiße Blüten mit rötlichbraunen Rändern; Höhe 20 cm. *D.* ›Queen of Sheba‹: außergewöhnliche, duftende, ungefüllte, rote Blüten mit cremefarbener Zeichnung; Stengel zart, 15 cm hoch. *D.* ›Red Emperor‹: gefüllte, duftende, gefranste, hellkarminrote Blüten, die sich früh und über einen langen Zeitraum öffnen; Höhe 25 cm. *D.* ›Unique‹: ungefüllte, kastanienrote, duftende Blüten mit kräftiger weißer Streifenzeichnung; Höhe 15 cm. *D.* ›Waithman's Beauty‹: duftende, rote Blüten mit blaßrosa Flecken; Höhe 15 cm.

An anderer Stelle dieses Buches wurde bereits beschrieben, wie man beliebte Pflanzen wie etwa Kräuter (siehe S. 30–31), von denen es eine große Vielfalt an Arten und Sorten gibt, kombinieren kann. Kleine Sammlungen ungewöhnlicher Pflanzen müssen jedoch auf andere Weise in den Garten integriert werden. So kann man beispielsweise eine Sammlung winterharter Storchschnabelsorten oder Glockenblumen in einem bestimmten Bereich des Gartens immer wieder als Bodendecker verwenden, so daß sie zu einem Bindeglied werden, welches der Gesamtpflanzung Zusammenhalt gibt.

Für kleine Pflanzen oder Gewächse, die besondere Ansprüche an Boden und/oder Standort stellen, reserviert man am besten eigene Beete. So brauchen beispielsweise Kissenprimeln, winterharte Farne und Nieswurz permanente Feuchtigkeit, humusreichen Boden und einen Standort mit durchbrochenem Schatten (siehe auch Show-Aurikeln, S. 28). Wenn man ein Beet für eine spezielle Pflanze angelegt hat, kann man nun weitere, nicht zu stark wachsende Pflanzen ähnlicher Größe dazusetzen, die Kontraste bilden. Man sollte hier vor allem Pflanzpartner auswählen, die zu anderen Zeiten blühen als die Hauptpflanze, damit sie nicht von ihr ablenken und außerdem den Zeitraum verlängern, in dem das Beet reizvoll aussieht. Pflanzen, die besonders gut drainierten Boden brauchen, können in einem kleinen Hochbeet wachsen, für das alte Ziegel oder Steine ohne Mörtel aufgesetzt wurden – am besten eignet sich das Material, aus dem in Ihrer Gegend alte Mauern bestehen. Andere kleine Pflanzen oder Arten, die spezielle Pflege benötigen, können in Töpfen oder Kübeln bei der Hintertür oder bei einer Bank wachsen (siehe S. 64). Dies empfiehlt sich besonders für Pflanzen, die in der Erde Ihres Gartens nicht gedeihen.

Wenn Sie Pflanzen mit einer kurzen Blütezeit sammeln, können Sie nicht erwarten, daß Ihr Beet die meiste Zeit des Sommers in bunten Farben erstrahlt. Damit es länger reizvoll aussieht, kann man andere, passende Pflanzen dazwischensetzen, doch wenn man auf kleinem Raum Pflanzen mit kurzen Blühperioden verwendet, wird das Beet unweigerlich nur eine kurze Zeit des Jahres wirklich großartig sein. Um dieses Problem zu lösen, legen die meisten Pflanzensammler ihren Garten so aus, daß sich im Verlauf eines Jahres der Mittelpunkt des Interesses ständig verschiebt, weil sich immer wieder an anderer Stelle Blüten öffnen. Eine Serie kurzlebiger Themenbereiche macht

einen kleinen Garten interessanter als Rabatten, in denen eine Mischung aus Pflanzen für alle Jahreszeiten wächst. Statt vom Frühjahrsende bis in den Herbst das gleiche Bild zu bieten, nimmt der Garten mit Beginn der Blühperiode der verschiedenen Pflanzen ein völlig anderes Aussehen an.

Nelken

Obwohl altmodische Nelken nur eine kurze Blütezeit haben, sind sie dennoch für den Pflanzenliebhaber von großem Reiz. Alte Nelkensorten brauchen einen offenen, sonnigen Platz und durchlässigen Boden, in den ein wenig organisches Material eingearbeitet wurde. Als Pflanzpartner wählt man am besten Pflanzen, die etwa gleich groß sind und unter denselben Bedingungen gedeihen, aber die Nelken nicht überwuchern, wie beispielsweise langsam wachsende Steingartenpflanzen. Da meine Nelken in ihren Beeten jedoch die Hauptattraktionen bleiben sollen, wähle ich ganz bewußt Pflanzpartner aus, die sie ergänzen, ihnen aber nicht die Schau stehlen. Außerdem setze ich die Pflanzpartner recht dicht zusammen, so daß der Boden zu dem Zeitpunkt, an dem möglicherweise Nelken ersetzt werden müssen, vollkommen bedeckt ist.

Vermehrung

Da altmodische Nelken sehr kurzlebig sind, muß man alle zwei oder drei Jahre neue Pflanzen ziehen. Dazu schneidet man nach der Hauptblüte ausgereifte, kräftige Triebe und streift vorsichtig die Blätter von der unteren Hälfte der Stengel. Dann schneidet man die Stengel unter dem obersten, von Blättern befreiten Knoten ab.

Die Stecklinge setzt man in Töpfe mit einem Substrat aus gleichen Teilen Aussaaterde und Sand. Man drückt die Erde um die Stecklinge sehr behutsam an, da sie sehr weich und biegsam sind. Im Kalten Kasten oder im unbeheizten Gewächshaus in leichtem Schatten haben die Stecklinge nach etwa vier Wochen Wurzeln entwickelt. Sie sollten während dieser Zeit so gewässert werden, daß die Erde immer etwas feucht ist. Dann setzt man sie einzeln in Töpfe, in denen sie bis zum Spätsommer oder Frühherbst wachsen, bis sie schließlich in Beete gepflanzt werden können.

Sollten die Wachstumsbedingungen nicht ideal sein, kann man die Pflanzen im Winter unter einem Schutz halten und erst im folgenden Frühjahr auspflanzen. Nach meiner Erfahrung tut es auch den meisten Steingartenpflanzen, die zusammen mit Nelken wachsen, gut, wenn man sie etwa zur gleichen Zeit erneuert.

Rosen

Am besten gedeihen Rosen in neutralem bis leicht saurem Lehmboden und sonniger Lage. Man sollte sie allerdings nicht in Beete pflanzen, in denen zuvor schon viele Jahre Rosen gestanden haben, denn mit der Zeit wird der Boden »rosenmüde«. Altmodische Rosen unterscheiden sich stark von modernen Züchtungen und stellen ihre Besitzer mitunter vor besondere Probleme. So haben viele, unter ihnen *Rosa* ›William Lobb‹, lange, recht schwache Stengel, die gestützt werden müssen, damit sie sich nicht in alle Richtungen umbiegen. Gut geeignet für den bäuerlichen Garten ist eine Stütze aus drei rustikalen Stäben, die man so über die Pflanze setzt, daß neue Triebe in ihrer Mitte hochgezogen werden können. Bei einigen kleinwüchsigen Sorten wie ›Camaieux‹ und ›Robert le Diable‹ sind die Triebe so schwach, daß sich die schweren Blüten zur Erde herabbiegen und man sie nicht mehr richtig sehen kann. Ich binde die Triebe dieser Rosen an kurze Bambusstäbe, doch ein großer Stützreifen für Stauden wäre ebenso gut geeignet.

OBEN Die Hauptblüte der 1868 eingeführten Bourbonrose *Rosa* ›Jacques Cartier‹ liegt im Juni, doch auch während der übrigen Wachstumsperiode entwickelt sie immer wieder Blüten.

SEITE 92 *Dianthus* ›Waithman's Beauty‹ wird auch »Zifferblatt-Nelke« genannt, da die beiden blaßrosa Streifen auf ihren Blütenblättern an die Unterteilung eines Zifferblattes erinnern.

In Gärtnereien angebotene Rosen – auch alte Sorten – sind fast immer veredelt, das heißt, sie bestehen aus zwei Pflanzen: einer kräftigen Unterlage beziehungsweise Wurzelpflanze und einer Edelsorte, deren Namen sie tragen. Einige moderne Züchtungen könnten ohne Veredelung kaum überleben, da ihre eigenen Wurzeln sehr schwach sind. Alte Rosensorten wurden jedoch ursprünglich mit eigenen Wurzeln gezogen und können durch Stecklinge vermehrt werden, für die man im Hochsommer etwa 25 cm lange, abgeblühte, unverholzte Triebe nimmt, die man unten direkt unter einem Auge gerade und oben etwa 0,5 cm über dem Auge leicht schräg abschneidet. Man verfährt mit ihnen wie mit den Stecklingen anderer Pflanzen, zur Bewurzelung brauchen sie jedoch mehr Zeit (siehe S. 96).

Alte Rosensorten sollten nicht wie Teehybriden geschnitten werden, sondern eher wie normale Sträucher. Ich schneide sie im Sommer, wenn ich die alten Blüten entfernt habe. Dabei nehme ich die abgeblühten Triebe auf zwei gesunde Augen zurück und entferne darüber hinaus alle schwachen und störenden Triebe, damit die Wuchsform ordentlich bleibt. Im Spätsommer schneide ich dann noch alle langen Triebe, die während des Sommers gewachsen sind, um die Hälfte zurück, um Windschäden vorzubeugen.

Ein Rosengarten

Bei altmodischen Rosen gibt es das gleiche Problem wie bei altmodischen Nelken: eine relativ kurze Blühperiode. Den Mittelpunkt dieses Gartens, der hier im Juni gezeigt ist, bildet ein Exemplar der Kletterrose *Rosa* ›Cécile Brunner‹, die zu einem großen Busch heranwächst und den ganzen Sommer blüht. *R.* ›Jacques Cartier‹ trägt auch nach der Hauptblüte immer noch einige Blüten. *R.* ›Tour de Malakoff‹ ist eine Provence-Rose mit offenem Wuchs, die bis zu 2 m hoch wird. Ihre wunderschönen Blüten haben einen Durchmesser von etwa 12 cm. Liebhaber unterpflanzen ihre altmodischen Rosen mit einem Patchwork aus Blumen, die auch schön aussehen, wenn die Rosen noch nicht oder nicht mehr blühen.

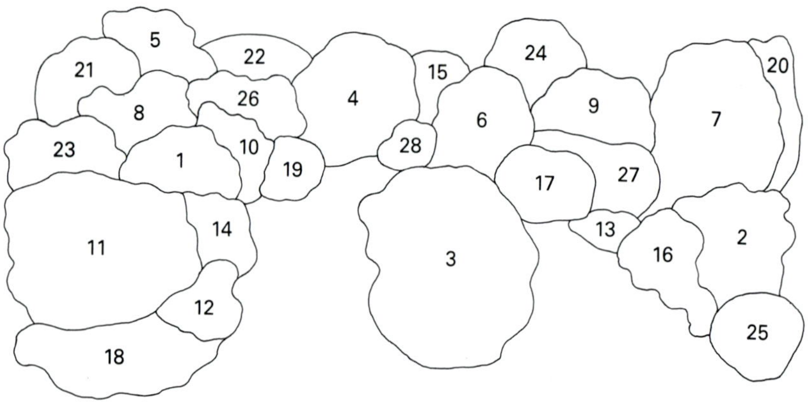

Rosen

1 *Rosa* ›Camaieux‹: Kleine, bis 90 cm hohe Pflanze; Blüten gefüllt und blaßrosa mit rötlich-violetten Streifen, duftend.
2 *R.* ›Cardinal de Richelieu‹: Kompakte, bis 120 cm hohe *Gallica*-Hybride mit gefüllten, duftenden, burgunderroten Blüten.
3 *R.* ›Cécile Brunner‹ (syn. *R.* ›Mignon‹): Aufrechte, hochgeschossene Chinarose, die den ganzen Sommer blaßrosa Blüten trägt. Höhe etwa 75 cm.
4 *R.* ›Charles de Mills‹ (syn. *R.* ›Bizarre Triomphant‹): Mittelgroße, bis 120 cm hohe *Gallica*-Hybride mit duftenden, gefüllten, rötlich-purpurnen Blüten.
5 *R.* ›Fantin-Latour‹: Provence-Rose, die bis zu 150 cm hoch wird; Blüten recht flach und blaßrosa.
6 *R. gallica* ›Versicolor‹: Kleine, bis 75 cm hohe Pflanze; große, halbgefüllte, blaßrosa, karminrot gestreifte Blüten.
7 *R.* ›Great Maiden's Blush‹ (syn. *R.* ›Cuisse de Nymphe‹): Große historische Rose mit bis zu 200 cm Höhe. Blätter blaugrün, Blüten gefüllt, blaßrosa, duftend.
8 *R.* ›Jacques Cartier‹: Kompakte, remontierende, kleine Portland-Rose mit maximal 90 cm Höhe. Blüten flach, blaßrosa, duftend.
9 *R.* ›Robert le Diable‹: Kleine, bis 100 cm hohe Kohlrose mit leicht duftenden, pomponförmigen karmin-purpur-violetten Blüten.
10 *R.* ›Tour de Malakoff‹ (›Black Jack‹): Große Provence-Rose, die bis 200 cm hoch wird. Ihre magentaroten Blüten sind purpurn überlaufen und werden beim Welken lilagrau.
11 *R.* ›William Lobb‹ (syn. *R.* ›Duchesse d'Istrie‹): Moosrose; große, kräftige Pflanze mit maximal 200 cm Höhe. Blüten sind im Knospenstadium karminviolett, färben sich aber mit fortschreitendem Alter violett.

Pflanzpartner

12 *Astrantia major* var. *involucrata:* Staude mit rosaroten Blüten, die im Sommer und Herbst erscheinen; Höhe bis 65 cm.
13 *Astrantia major* ›Sunningdale Variegated‹: Staude mit grünlichweißen Blüten, die rosa überlaufen sind und sich im Sommer und Herbst öffnen. Blätter mittelgrün mit cremefarbener und gelber Panaschierung; Höhe 45 cm.
14 *Campanula persicifolia* ›Double Blue‹:

75 cm hohe Staude, die im Sommer mittelblaue Blütentrauben trägt.
15 *Campanula pyramidalis:* Zweijährige Pflanze mit 200 cm hohen blauen oder weißen Blütenständen, die im Sommer erscheinen.
16 *Geranium endressii* ›Wargrave Pink‹: Staude, die niedrige Laubhügel bildet und im Hoch- und Spätsommer mit ungefüllten lachsrosa Blüten bedeckt ist.
17 *Geranium pratense* ›Plenum Violaceum‹: Bis 75 cm hohe Staude, die im Hochsommer gefüllte, tiefviolette Blüten trägt.
18 *Geranium procurrens:* Mattenbildende Staude, vom Hochsommer bis zum Herbst öffnet sie tellerförmige malvenfarbene Blüten.
19 *Tanacetum parthenium* (syn. *Chrysanthemum parthenium* ›Aureum‹): Niedrige, immergrüne Pflanze mit gelbgrünem Laub und weißen Korbblüten mit gelben Mitten, die fast den ganzen Sommer erscheinen; samt sich selbst aus.
20 *Alcea rosea* (syn. *Althaea rosea*): Staude, die oft einjährig gezogen wird, da sie leicht unter Rost leidet. An ihren etwa 2 m hohen Stengeln sitzen den ganzen Sommer einfache oder gefüllte Blüten in verschiedenen Farben.
21 *Lilium auratum:* Lilie mit weißen Blüten, die gelb gestreift und braunrot getupft sind; die Stengel werden bis zu 150 cm hoch; bevorzugt sauren Boden.
22 *Lilium* ›Green Magic‹: Öffnet im Hochsommer an 120 cm langen Stengeln weiße Blüten, die grün überhaucht sind.
23 *Lilium martagon* var. *album:* Kalkverträgliche Lilie, die zu Sommerbeginn an 120–200 cm hohen Stengeln weiße Blüten entwickelt.
24 *Lilium regale:* Trägt zu Sommerbeginn an 50–200 cm hohen Stengeln riesige, duftende, weiße Trichterblüten. Kalkverträglich.
25 *Nepeta racemosa* (syn. *N. mussinii*): Niedrige buschige Pflanze mit rötlich-purpurnen Blüten, die sich den ganzen Sommer öffnen; winterharte Staude mit grauem Laub.
26 *Salvia × superba:* 90 cm hohe Staude, die im Hoch- und Spätsommer purpurviolette Blütenstände entwickelt.
27 *Sisyrinchium striatum:* Binsenlilie mit lanzettlichen Blättern; im Sommer erscheinen an 45–60 cm hohen Stengeln kleine strohgelbe Blüten.
28 *Stachys byzantina* (syn. *S. lanata*): Halbimmergrüner Ziest mit wolligen grauen Blättern und rosavioletten Blüten im Sommer; Höhe 30–35 cm.

Bellis perennis
›Prolifera‹
Dieses Maßliebchen ist eine seltsame, altmodische Pflanze, die einst in Töpfen auf den Fensterbrettern von Bauernhöfen wuchs. Es ist eine enge Verwandte des Gänseblümchens, doch jede seiner Blüten ist von weiteren winzigen Blütchen umgeben, die an dünnen Stielen herabhängen. Die Pflege dieser Pflanze ist nicht ganz einfach, aber sie sieht so hinreißend aus, daß sich die Mühe wirklich lohnt. Sie sollte in nahrhafter Erde wachsen, die nicht austrocknen darf, da die Pflanze sehr flach wurzelt. Darüber hinaus sind eine gelegentliche leichte Düngung und regelmäßige Blattlausbekämpfung erforderlich. Gedeihende Pflanzen müssen in regelmäßigen Abständen geteilt werden. Diese Pflanze ist heute nur noch schwer zu finden, aber sie wird manchmal in Gärtnereien angeboten, die sich auf altmodische Blumen spezialisiert haben.

Kultur besonderer Pflanzen

Zu den Freuden des Hobbygärtners gehört auch das Aufspüren besonderer Pflanzen. Begeisterte Gärtner fahren gern hinaus aufs Land, um in abgelegenen Gärtnereien nach »Schätzen« zu suchen. Einige Spezialgärtnereien versenden auch Saatgut, ihre ungewöhnlichsten Pflanzen haben sie meist aber nur in kleinen Mengen vorrätig und bieten sie daher ausschließlich im Direktverkauf an. Auch der Eintritt in eine Vereinigung, die sich mit der Kultur spezieller Pflanzen beschäftigt (siehe S. 32), kann ein guter Weg sein, wenn man seltene Pflanzen sucht.

Vermehrung

Wer das Glück hat, in den Besitz seltener oder ungewöhnlicher Pflanzen zu kommen, sollte sie unbedingt vermehren, denn eine eingegangene Pflanze läßt sich sonst nur schwer wieder ersetzen. Oft sind ausgefallene Pflanzen gerade deshalb selten, weil sie sich schlecht vermehren lassen oder ihre Kultur schwierig ist – oder auch beides. Darüber hinaus sind viele alte Pflanzensorten kurzlebig (wie etwa alte Nelken) und müssen regelmäßig neu gezogen werden, damit man alte Pflanzen ersetzen kann, falls sie eingehen.

Wenn man eine besondere Pflanze vermehrt hat, ist es sinnvoll, einige überzählige Exemplare an andere Pflanzenliebhaber abzugeben. Dann weiß man immer, wo man wieder Stecklinge bekommt, falls die eigenen Pflanzen einmal eingehen, und möglicherweise erhält man von dem Beschenkten im Gegenzug andere ausgefallene Pflanzen. Dies ist unter den meisten Pflanzenliebhabern so üblich, und darüber hinaus entsteht auf diese Weise häufig ein neuer Freundeskreis.

Stecklinge

Pflanzen, die nicht geteilt werden können, lassen sich zumeist am einfachsten durch Stecklinge vermehren. Bei Pflanzen, die nur kurze Stengel haben, reichen bereits Triebstücke von 2–5 cm Länge aus. Einige Pflanzengruppen müssen bei der Vermehrung besonders schonend behandelt werden, während andere völlig unkompliziert sind und sich zu jeder Jahreszeit bewurzeln. Ich halte mich gewöhnlich an die Regel, von Pflanzen, die im Frühjahr und Frühsommer blühen, im Spätsommer oder Frühherbst Stecklinge zu nehmen. Im übrigen sollte man Stecklinge, die man von Freunden angeboten bekommt, auf jeden Fall annehmen, auch wenn man noch keinen geeigneten Standort für die Pflanzen ausgewählt hat.

In der Regel werden Stecklinge von Pflanzen, die im Bauerngarten gezogen werden, wie Pelargonienstecklinge behandelt. Man sucht einen gesunden Trieb ohne Blüten oder Knospen aus und schneidet ihn unmittelbar unter einem Blattansatz ab. Dann entfernt man die unteren Blätter (siehe S. 97, Abbildung 1). Anschließend taucht man den Steckling in Bewurzelungsmittel und drückt ihn in ein Substrat aus gleichen Teilen Aussaaterde und Sand. Wenn man nur wenige Stecklinge nimmt, setzt man am besten fünf Stück an den Rand eines 9-cm-Topfes, für größere Mengen verwendet man jedoch eine Saatschale. Dann wässert man und stellt Topf oder Schale in einen Vermehrungskasten, einen Kalten Kasten oder unter einen Folienschutz, damit die Feuchtigkeit bewahrt wird. Danach muß man regelmäßig schimmelnde Blätter oder eingegangene Stecklinge entfernen und immer wieder wässern, damit die Erde nicht austrocknet.

Stecklinge bewurzeln sich innerhalb von vier bis sechs Wochen. Um festzustellen, ob sie wirklich bewurzelt sind, hebt man vorsichtig einen Steckling mit einem kleinen Pflanzholz heraus. Gut bewurzelte Jungpflanzen sollte man einzeln in 9-cm-Töpfe setzen. Die Töpfe stellt man in ein Frühbeet oder ins Haus. Die Erde in den Töpfen darf niemals austrocknen. Man läßt die Jungpflanzen wachsen, bis sie groß genug sind, um problemlos in den Garten umgesetzt werden zu können. Sie sollten etwa so groß sein wie die kleinsten Pflanzen, die man in einer Gärtnerei bekommt.

Ableger

Manche Pflanzen bilden Triebe, die schon ein paar kleine, dünne Wurzeln entwickeln, während sie noch mit der Mutterpflanze verbunden sind. Solche teilweise bewurzelten Triebe trennt man von der Pflanze ab und setzt sie in 9-cm-Töpfe mit Aussaat- oder Einheitserde. Sie müssen mit größerer Sorgfalt gepflegt werden als normal bewurzelte Jungpflanzen, da ihre Wurzeln natürlich noch ungenügend entwickelt sind. Während der ersten Wochen stellt man die Töpfe in den Kalten Kasten oder unter Folienschutz, damit sie stets mit genügend Luftfeuchtigkeit versorgt sind. Anschließend behandelt man sie wie Jungpflanzen nach dem ersten Eintopfen.

Vermehrung von Knollenpflanzen

Pflanzen mit Wurzelknollen, wie Dahlien, vermehrt man zu Beginn der Wachstumsperiode. Auch hier verwendet man Stecklinge und nimmt dazu die ersten Triebe, die sich an den Knollen entwickeln.

Nach dem Überwintern legt man die Knollen auf eine Schicht Komposterde und bedeckt sie mit demselben Substrat bis zu den Knospen. Dann wässert man leicht und läßt die Knollen im Gewächshaus bei etwa 18 °C zwei bis drei Wochen treiben. Wenn die neuen Triebe 8–10 cm lang sind, schneidet man sie ab, ohne die Knollen zu verletzen, und entfernt die unteren Blätter. Die Stecklinge werden in ein Torf-Sand-Gemisch gesetzt und bei etwa 20 °C mäßig feucht gehalten.

Nach etwa drei Wochen dürften sie angewurzelt sein. Dann pflanzt man die Stecklinge einzeln in 7-cm-Töpfe und läßt sie bis Ende April im Gewächshaus stehen. Zum Abhärten bringt man sie in ein Frühbeet. Ende Mai können die Stecklinge ins Freiland gesetzt werden. Beetdahlien können auch aus Samen gezogen werden, aber aus den Samen erhält man nur Mischungen, die der Mutterpflanze nicht unbedingt ähnlich sehen. Eine einfache Vermehrungsmethode ist die Knollenteilung. Dabei muß man darauf achten, daß jedes Knollenstück einen Teil des alten Stengels aufweist, aus dem dann später die neuen Triebe wachsen.

Zweizahn *(Cosmos atrosanguineus*; syn. *Bidens atrosanguinea)* gilt als einer der großen Erfolge bei der Erhaltung von Pflanzenarten. Die ursprünglich aus Mexiko stammende Pflanze war fast aus den Gärten verschwunden, da sie nur sterile Samen ausbildet und aus Stecklingen gezogen werden muß, doch nach einer erfolgreichen Pressekampagne ist sie heute wieder weithin erhältlich.

Teilung

Bei der Teilung verfahre ich gewöhnlich folgendermaßen: Pflanzen, die zeitig im Jahr blühen, teile ich im Herbst, und diejenigen, die später blühen oder zarter sind, im Frühjahr. Um eine Pflanze zu teilen, gräbt man sie zunächst mit dem ganzen Wurzelstock aus. Dann entfernt man möglichst viel Erde von den Wurzeln. Junge Pflanzen mit kleineren Wurzelballen lassen sich leicht mit den Händen auseinanderziehen, so daß einzelne Wurzelstücke entstehen (siehe Abbildung 2). Wurzeln und Blätter, die abgestorben sind, schneidet man ab. Zu groß gewordene Pflanzen, deren Wurzeln stark ineinander verflochten sind, teilt man mit Hilfe von zwei Grabgabeln. Dazu sticht man die Gabeln, Rücken an Rücken, in die Mitte des Wurzelballens und drückt den Ballen durch Hebelbewegungen der beiden Gabelstiele langsam auseinander. Alte Wurzeln aus der Mitte werden entfernt, gesunde Teile werden nach Vorbereitung des Bodens (siehe S. 36) wieder eingepflanzt.

Vermehrung durch Kopfstecklinge und Teilung

Von *Chrysanthemum* ›Jamaica Primrose‹ wurde ein 15 cm langer Steckling genommen, der nun direkt unterhalb eines Blattknotens auf 10 cm gekürzt wird. Dann entfernt man von der unteren Hälfte des Stengels die Blätter, um ihn in die Erde setzen zu können (siehe Abbildung 1). Viele Stauden werden am besten durch Teilung vermehrt. Einige Wurzelballen kann man einfach mit den Händen auseinanderziehen (siehe Abbildung 2); bei zu groß gewordenen Pflanzen teilt man die Wurzeln mit zwei Grabgabeln. Die Teilstücke sollten in der gleichen Höhe wie zuvor gepflanzt werden.

1 Den Trieb mit einem scharfen Messer kürzen und die unteren Blätter entfernen.

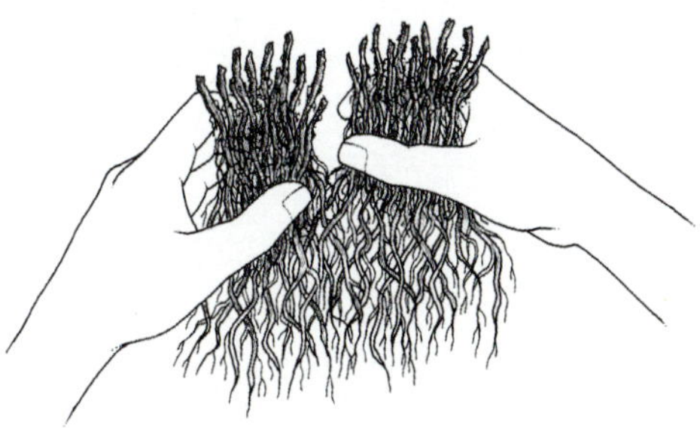

2 Wurzelballen von Stauden mit den Händen auseinanderziehen, so entstehen mehrere Teile.

Beliebte Pflanzen für den Bauerngarten

Früher waren die Kleinbauern darauf angewiesen, daß ihre Gärten sie mit einer breiten Palette von Dingen des täglichen Lebens versorgten, und neben Obst, Gemüse und Kräutern lieferten sie ihnen auch Pflanzen für Produkte, die von Rheumaarzneien bis zu Glücksbringern reichten. Die Besitzer moderner Bauerngärten sind hingegen mehr daran interessiert, Schönheit und Nützlichkeit miteinander zu verbinden. Doch wie Ihr persönliches Interesse auch gelagert sein mag, einige alte Raritäten im Garten können ihm ein besonderes, nostalgisches Flair verleihen (siehe S. 100–101).

Traditionelle Pflanzen

Eine der traditionsreichsten Pflanzen im Bauerngarten ist die Weinrose *(Rosa rubiginosa*; syn. *R. eglanteria).* Sie hat kleine rosa Blüten, doch ihre beste Eigenschaft ist der herrliche Apfelduft, den die Blätter bei hoher Luftfeuchtigkeit verströmen. *Cheiranthus cheiri* ›Bloody Warrior‹ und ›Harpur Crewe‹ sind vermutlich die einzigen Goldlacksorten, die von einer größeren Palette gefülltblühender Formen überlebt haben, welche es um die Jahrhundertwende noch gab, als offenbar auch schwarz- und grünblühender Goldlack erhältlich war. Gefülltblühende Sorten haben jedoch nur eine kurze Lebensdauer, so daß man sie am besten jedes Jahr oder alle zwei Jahre durch Stecklinge vermehrt (siehe S. 96).

Gartenreseda *(Reseda odorata)* und Nachtviole *(Hesperis matronalis)* sind zwei alte Pflanzen, die man heute in den Saatgutkatalogen großer Firmen nur noch selten findet. Die grünlichen oder gelblichen Blüten der Gartenreseda sind unspektakulär, haben aber einen intensiven, süßen Duft. Meist wird diese winterharte Pflanze einjährig gezogen. Damit sie im Sommer blüht, muß die Aussaat im Frühjahr erfolgen; man kann sie jedoch auch im Herbst in Töpfe säen und als Frühjahrsblume in ein kühles Zimmer stellen, wie es früher Brauch war. Nachtviolen haben weiße oder fliederfarbene Blüten und bevorzugen halbschattige Standorte. An die Bodenbeschaffenheit stellen sie keine besonderen Ansprüche. Wenn sie sich an ihrem Standort wohl fühlen, verbreiten sie sich durch Selbstaussaat. Man kann sie aber auch durch Stecklinge vermehren.

Madonnenlilien *(Lilium candidum)* gehören zu den ältesten Kulturpflanzen. Bereits im Altertum waren sie den Völkern des Mittelmeerraums bekannt, und seit Jahrhunderten wachsen sie in europäischen Gärten. Die immergrüne Myrte *(Myrtus)* wird wegen ihrer Blüten, Früchte und duftenden Blätter gezogen, und es war früher Sitte, einem jungen Hochzeitspaar Myrtensträucher zu schenken. Myrtenzweige verwendete man früher auch für Brautsträuße, und die frischgebackene Ehefrau pflanzte sie vor ihre Haustür. Myrtenzweige aus Brautsträußen, die sich bewurzelten und anwuchsen, galten als Zeichen für eine glückliche Ehe.

Verschiedene andere Pflanzen wurden in alten Zeiten für medizinische und magische Zwecke verwendet. Eine der ältesten Heilpflanzen ist das Lungenkraut *(Pulmonaria officinalis),* das nach einer alten Lehre Lungenkrankheiten heilen soll, weil seine gefleckten Blätter an tuberkulöse Lungen erinnern. Braunelle *(Prunella vulgaris)* wuchs früher in den Dörfern oft neben Schreinerwerkstätten, da man sie zur Behandlung von Schnittverletzungen nahm. Eisenkraut *(Verbena officinalis)* wurde in alten keltischen Riten, später in der Schwarzen Magie und schließlich in der Medizin verwendet. Es heißt, Hexen hätten einst das giftige Bilsenkraut *(Hyoscyamus niger)* benutzt, um bei ihren Opfern Krämpfe

Die Nachtviole *(Hesperis matronalis)* ist eine zweijährige Pflanze mit ungefüllten rosa oder weißen Blüten, die an Abenden im Mai und Juni die Luft mit ihrem würzigen Duft erfüllen. Nachtviolen samen sich selbst aus.

hervorzurufen. Pferdehändler beruhigten mit ihm auch stark erregte Tiere. Heilziest *(Stachys officinalis)* diente den Menschen dazu, sich vor Zauberei zu schützen. Raute *(Ruta graveolens)* wurde in der Medizin benutzt, und bei Gericht schützten sich die Richter mit Rautensträußchen vor den Krankheitserregern und Gerüchen, die die Angeklagten aus den Gefängnissen mit in die Gerichtssäle brachten.

Pflanzliche Mittel für den Haushalt

Insektenabwehrmittel Eberraute *(Artemisia abrotanum)*: Halbstrauch mit aromatisch duftenden Blättern, die Motten aus Schränken fernhalten sollen.

Großes Flohkraut *(Pulicaria dysenterica)*: 30–60 cm hohe Wildpflanze mit filzigen Blättern und gelben Korbblüten, die von Juli bis August erscheinen; wurde früher verbrannt, um Flöhe fernzuhalten.

Poleiminze *(Mentha pulegium)*: Kleine kriechende Staude mit lavendelfarbenen Blüten, die sich im Hoch- und Spätsommer öffnen. Ihre minzeartig duftenden Blätter sollen ebenfalls Flöhe vertreiben.

Rainfarn *(Tanacetum vulgare*; syn. *Chrysanthemum vulgare)*: Bis zu 1 m hohe Staude mit gefiederten Blättern und gelben knopfartigen Blüten. Die Blätter wurden früher zerrieben und über Fleisch gestreut, um Fliegen fernzuhalten.

Waschmittel Seifenkraut *(Saponaria officinalis)*: Niedrige Staude mit kleinen Blättern und zahlreichen winzigen rosa Blüten im Sommer. Die Pflanze enthält eine seifige Substanz (Saponin), die in warmem Wasser schäumt. Der Wurzelabsud dieser Pflanze diente jahrhundertelang als Waschmittel für Wolle, aber auch für Seide und andere empfindliche Textilien.

Duftpflanzen Lavendel *(Lavandula angustifolia)*: Immergrüner Halbstrauch. Früher füllte man getrocknete Lavendelblüten in Baumwollsäckchen, die in Schränke und Truhen gelegt wurden, um Wäsche und Kleidern Wohlgeruch zu verleihen.

Rosenwurz *(Rhodiola rosea;* syn. *Sedum rosea)*: Kleine sukkulente Staude mit gelblich-grünen oder rötlichen Frühsommerblüten, deren Wurzeln nach Rosen duften. Sie wurden früher als Duftspender in den Wäscheschrank gelegt.

Veilchenwurzel *(Iris germanica* var. *florentina*; syn. *I. florentina)*: Dabei handelt es sich nicht um Wurzeln von Veilchen, wie der volkstümliche Name vermuten läßt, sondern um die weißblühende Schwertlilie, deren Wurzeln getrocknet und gemahlen nach Veilchen duften. Veilchenwurzel wurde zum Parfümieren von Wäsche und zum Fixieren des Duftes von Potpourris verwendet.

Die kleinen Blüten der Poleiminze *(Mentha pulegium)* stehen in dichten Büscheln, um Insekten anzulocken. In feuchtem Boden kann diese Pflanze leicht wuchern.

Färbepflanzen Färberkamille *(Anthemis tinctoria)*: Niedrige buschige Staude mit gelben Korbblüten im Sommer. Liefert gelbes Färbemittel.

Färberginster *(Genista tinctoria)*: Kleiner Strauch mit leuchtendgrünen Trieben und goldgelben Blüten. Triebspitzen ergeben gelbe Farbe.

Färberwau *(Reseda luteola)*: Zweijährige Pflanze mit grünlichgelben Blüten. Ergibt gelbe Farbe.

Färberwaid *(Isatis tinctoria)*: Bis zu 120 cm hohe zweijährige Pflanze mit blaugrünen Stengeln und Blättern und gelben Blüten. Nach einem Gärprozeß ergeben die Blätter eine dunkle purpurblaue Farbe, die angeblich schon die Kelten benutzten.

Aromasubstanzen Marienblatt *(Tanacetum balsamita;* syn. *Chrysanthemum majus)*: Intensiv duftende Staude mit 60–90 cm Höhe. Ihre großen, gezähnten, würzig schmeckenden Blätter dienten früher zum Aromatisieren von süßem Bier.

Gartennelke *(Dianthus caryophyllus)*: Staude mit nach Gewürznelken duftenden Blüten, die einst zum Aromatisieren von Wein verwendet wurden.

Eine altmodische Rabatte

Von den altmodischen Raritäten in dieser Rabatte, die hier im Hochsommer gezeigt ist, hat jede eine lange Geschichte (siehe S. 98–99).

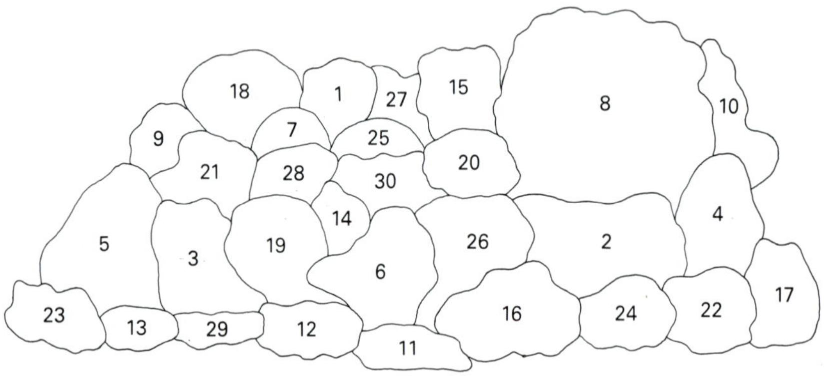

1 Färberkamille *(Anthemis tinctoria)*: Staude mit duftenden, gefiederten Blättern und goldgelben Blütenköpfen, die den ganzen Sommer erscheinen; Höhe 100 cm.
2 Riesenbalsam *(Monarda didyma)*: 60 cm hohe Staude mit roten Blütenquirlen, die sich den ganzen Sommer an den Stengelenden öffnen.
3 Ziest *(Stachys officinalis;* syn. *Betonica officinalis)*: Staude, die 45–60 cm hohe, sich ausbreitende Laubkissen bildet und im Sommer mit rosa Blüten bedeckt ist.
4 Goldlack *(Cheiranthus cheiri)* ›Bloody Warrior‹: Kurzlebige, 45 cm hohe Staude, die im Spätfrühjahr rote Blüten mit gelbem Rand entwickelt.
5 *Cheiranthus cheiri* ›Harpur Crewe‹: Kurzlebige Staude mit gefüllten, gelben Blüten, die im Spätfrühjahr erscheinen; Höhe 45 cm.
6 Gartennelke *(Dianthus caryophyllus)*: Staude mit immergrünem Laub und duftenden purpurrosa Blüten, die sich im Früh- und Hochsommer öffnen; Höhe 13 cm.
7 Zweizahn *(Cosmos atrosanguineus)*: Staude mit recht spärlichem, niedrigem Laub und halbgefüllten, braunroten, duftenden Blüten im Sommer; Höhe etwa 60 cm.
8 Weinrose *(Rosa rubiginosa;* syn. *R. eglanteria)*: Starkwachsende Rosenart, die 240 cm Höhe und Breite erreicht. Im Sommer blaßrosa Blüten, im Herbst rote Hagebutten.
9 Goldlaubiger Rosmarin (*Rosmarinus officinalis* ›Aureus‹): Etwas unordentlich wachsender immergrüner Strauch, dessen Blätter unregelmäßige goldgelbe Flecken haben. Heute selten geworden.
10 Artischocke *(Cynara)*: Staude mit silbriggrünen Blättern und großen violetten Blütenköpfen, die im Hochsommer erscheinen.
11 Goldblättriges Pfennigkraut (*Lysimachia nummularia* ›Aurea‹): Winzige Staude mit geraden Stengeln und paarig angeordneten goldgelben Blättern; Höhe 2,5–5 cm.
12 Wildes Stiefmütterchen *(Viola tricolor)*: Kleines Stiefmütterchen mit blaßgelben und violetten Blüten, die sich im Früh- und Hochsommer öffnen. Kurzlebige Staude, die sich eher wie eine Einjahresblume verhält; Höhe 5–15 cm.
13 *Bellis perennis* ›Prolifera‹: 8–10 cm hohe Staude, die in Größe und Wuchs dem Gänseblümchen gleicht, doch Blüten hat, von denen weitere winzige Blütchen herabhängen; blüht im Früh- und Hochsommer.
14 Bilsenkraut *(Hyoscyamus niger)*: Einjährige giftige Pflanze mit bis zu 30 cm hohen Stengeln und seltsam geformten Blättern; vom Hochsommer an trägt sie cremeweiße Blüten.
15 Madonnenlilie *(Lilium candidum)*: 90–120 cm hohe Lilie mit duftenden weißen Trichterblüten zu Hochsommerbeginn.

16 Lungenkraut *(Pulmonaria officinalis)*: Staude mit großen, gefleckten, ovalen Blättern und Büscheln aus rosa-blauen Blüten, die im Frühjahr an 30 cm hohen Stengeln erscheinen.
17 Gartenreseda *(Reseda odorata)*: Winterharte einjährige Pflanze mit ovalen Blättern, die 30 cm hoch wird; ihre duftenden grüngelben Blüten erscheinen zwischen Juni und September.
18 Brautmyrte *(Myrtus communis)*: Kleiner, buschiger, immergrüner Strauch mit ungefüllten, cremefarbenen Blüten, die sich im Hoch- und Spätsommer entwickeln.
19 *Nepeta racemosa* (syn. *N. mussinii)*: 30 cm hohe Katzenminze, die vom Frühsommer bis zum Spätsommer mit blauvioletten Blüten bedeckt ist; winterharte Staude.
20 *Lavandula* ›Old English‹: Halbimmergrüner kleiner Strauch mit silbrigen Blättern und purpurnen Sommerblüten. Die Blütenstände erreichen 90 cm Höhe, das Laub bleibt erheblich niedriger.
21 *Iris germanica* var. *florentina*: Schwertlilie mit weißen Frühsommerblüten, deren Blätter während der übrigen Wachstumsperiode einen hübschen Kontrast zu anderen Blüten bilden.
22 Ringelblume *(Calendula officinalis)*: Winterharte, einjährige Blume mit leuchtend-orangefarbenen Blüten, die sich selbst aussamt; Höhe bis 45 cm.
23 Wegerich (*Plantago major* ›Rosularis‹): Staude mit grünen Blütenständen, die bis 15 cm hoch werden; samt sich selbst aus.
24 Rosenwurz *(Rhodiola rosea;* syn. *Sedum rosea)*: Sukkulente Staude mit gelbgrünen Sommerblüten; Höhe bis 30 cm.
25 Raute *(Ruta graveolens)*: Niedrige, buschige immergrüne Pflanze mit großartigem, duftendem, blaugrauem Laub; ihre gelben Blüten erscheinen im Sommer.
26 *Silene dioica* ›Rubra Plena‹: Zu Sommerbeginn entwickelt dieses Leimkraut gefüllte, rosarote Blüten, die an 60 cm hohen Stengeln stehen. Das Laub bildet einen dichten, 5–8 cm hohen Teppich.
27 Zuckerwurzel *(Sium sisarum)*: An Wiesenkerbel erinnernde Staude mit 90–120 cm Höhe, die im Sommer blüht.
28 Nachtviole *(Hesperis matronalis)*: Zweijährige Pflanze mit 45 cm hohen lavendelblauen, weißen oder purpurnen Blüten, die sich vom Frühjahr an öffnen.
29 Buntblättrige Walderdbeere (*Fragaria vesca* ›Variegata‹): Immergrüne bodendeckende Staude mit leuchtend creme-grünen Blättern; trägt im Frühjahr kleine weiße Blüten.
30 Eisenkraut *(Verbena officinalis)*: Staude mit 60 cm hohen rosa Blütenähren, die im Hoch- und Spätsommer erscheinen, und lanzettlichen Blättern.

DAS GARTENJAHR

Jede Jahreszeit bringt im Bauerngarten neue Blumen hervor. In konventionellen Gärten legt man Wert auf Pflanzen mit langen Blühperioden, und dadurch vollzieht sich der Wandel der Natur im Jahreslauf viel langsamer. Im Bauerngarten hingegen zeigen sich die Rabatten in immer wieder neuem Gewand, weil hier Pflanzen mit kurzen aufeinanderfolgenden Blühperioden die Hauptattraktion sind. Außerdem bieten auch Nutzpflanzen wie Gemüse und Kräuter einen prächtigen Anblick.

Im Frühjahr sorgen im Bauerngarten vor allem Zwiebelblumen für Farbe. Niedrige Arten können unter Bäumen in Gras gesetzt werden, höhere Zwiebelblumen pflanzt man am besten in lockeren Gruppen zusammen. Bei den Tulpen im Vordergrund handelt es sich um die Sorten ›White Triumphator‹, die schmale, ungefüllte Blüten hat, und ›Dancing Show‹, eine Viridiflora-Hybride, deren Blütenblätter in der Mitte einen auffälligen grünen Streifen tragen.

Frühjahr

Neben dem Hochsommer ist das Frühjahr im Bauerngarten die wichtigste Jahreszeit. Höhepunkte bilden natürlich die ersten Zwiebelblumen und die Obstbaumblüte, doch es gibt auch zahlreiche kleinere Kostbarkeiten, an denen man sich erfreuen kann, wie Polyanthus-Primeln mit goldener Zeichnung, Goldknöpfchen und gefülltblühende Kissenprimeln. In feuchten Bereichen mit durchbrochenem Schatten wachsen Gruppen aus gewöhnlichen Kissenprimeln *(Primula vulgaris),* Kugelprimeln *(Primula denticulata),* Buschwindröschen *(Anemone nemorosa),* Bergenien, Veilchen *(Viola),* Mandelwolfsmilch *(Euphorbia amygdaloides* ssp. *robbiae),* Schachbrettblumen *(Fritillaria meleagris),* Christrosen *(Holleborus)* und winterharte Alpenveilchen *(Cyclamen coum).* In den Hecken beginnen Haselsträucher Kätzchen zu tragen, und in den Rabatten erscheinen Lungenkraut *(Pulmonaria),* Beinwell *(Symphytum* ›Rubrum‹*),* Felsensteinkraut *(Alyssum saxatile;* syn. *Aurinia saxatilis),* Gemswurz *(Doronicum),* Goldlack *(Cheiranthus),* Blaukissen *(Aubrieta),* Wolfsmilch *(Euphorbia characias* ssp. *wulfenii)* und Schleifenblumen *(Iberis sempervirens),* die alle zusammen mit Frühlingszwiebelblumen wie Märzbecher *(Leucojum vernum),* Narzissen und den ersten Kauffmannia-Tulpen sehr hübsch aussehen. Bei den Sträuchern sind Blutjohannisbeere *(Ribes sanguineum)* und Brautspiere *(Spiraea × arguta)* im Frühjahr die Stars der Saison, und im Gemüsegarten können neben Grünkohl und Winterspinat auch noch der letzte Rosenkohl und Porree geerntet werden.

Blumen

Um Blumen in den Rabatten gute Startbedingungen zu verschaffen, nimmt man alle sommer- und herbstblühenden Stauden, die eine Verjüngung benötigen, aus dem Boden und teilt sie (siehe S. 97). Dann jätet man das Unkraut und verteilt eine 5 cm dicke Mulchschicht aus gut verrottetem organischem Material auf der Erde. Dieses zieht man sorgfältig um junge Triebe zusammen und steckt auch eine Handvoll in die Wurzelkronen von Pflanzen, die sich leicht aus dem Boden schie-

Frühlingszwiebelblumen für leicht schattige Bereiche

ben (siehe S. 39), wie etwa winterharter Storchschnabel. Neue Beete werden nun bepflanzt (siehe S. 41 und 56), und auch hier wird zwischen den Pflanzen gemulcht. Winterharte einjährige Blumen sät man in Saatkisten, die man in einen Kalten Kasten, ein ungeheiztes Gewächshaus oder auf eine Veranda stellt oder direkt in unkrautfreie Rabatten. Man kann sie auch zunächst in Reihen im Gemüsegarten aussäen und später verpflanzen. Dahlienknollen legt man etwa Mitte April mit den Stengeln nach oben in 15 cm tiefe Löcher, die mit einer guten Erdmischung (am besten verrottete Komposterde) gefüllt werden. Auch Lilienzwiebeln werden jetzt gepflanzt (siehe S. 122).

Obst und Gemüse

Bäume und Beerensträucher werden mit einer Mulchdecke umgeben. Sobald alle Wintergemüse wie Porree, Rosenkohl, Winterspinat und Grünkohl vollkommen abgeerntet sind, entfernt man die Reste und gräbt den Boden um. Dann verteilt man nach Gebrauchsanweisung Blut-, Fisch- und Knochenmehl oder einen handelsüblichen Dünger auf dem Boden und harkt ihn ein. Sobald sich die Erde im Frühjahr erwärmt hat, sät man Porree, Weiß- und Rotkohl, Rosenkohl, Kopfsalat und die meisten anderen Gemüse mit Ausnahme frostempfindlicher Arten. Außerdem legt man die gekeimten Kartoffeln in den Boden.

Vermehrung

Von Dahlien nimmt man kurz vor dem Pflanzen der Knollen grüne Stecklinge, von vielen Stauden wie etwa winterhartem Storchschnabel oder Steinbrech *(Saxifraga × urbium)* Stecklinge, die bereits kleine Wurzeln haben (siehe S. 96). Im Haus werden alle Stecklinge von bedingt winterharten Stauden wie Pelargonien, die man eventuell noch benötigt, genommen, und überwinterte Stecklinge des Vorjahres setzt man, je nach Wurzelentwicklung, in 9-cm-Töpfe, in denen sie bleiben, bis man sie nach dem letzten Frost ins Freie pflanzt. Bedingt winterharte Einjahresblumen sät man so früh wie möglich in Saatschalen und stellt sie auf ein warmes Fensterbrett.

Frühsommer

Nun ist es Zeit, die ersten Frühlingszwiebelblumen nach und nach durch andere Blumen zu ersetzen, wie Tulpen, Marienglockenblumen, Tränendes Herz, frühen winterharten Storchschnabel, Akelei, Silberling, Frauenmantel, Vergißmeinnicht, Goldlack, Pfingstrosen und Riesentürkenmohn. Ihnen folgen sehr rasch alte Nelkensorten, die aber oft nur wenige Wochen blühen. Nach der Obstbaumblüte beginnen Flieder, Ginster, Weißdorn und *Kerria japonica* zu blühen und auch noch einige späte Obstbäume wie Mispeln und Holunder. Wer Kostbarkeiten wie Gartenaurikeln besitzt, stellt sie gut sichtbar in Töpfen an einen schönen Platz in leichtem Schatten (siehe S. 28). Im Gemüsegarten sind jetzt Kopfsalat, Spargel, Puffbohnen und Spinat erntebereit.

Zwiebelblumen

Verwelkte Blüten von Frühlingszwiebelblumen werden mit einem etwa 3 cm langen Stielstück abgeschnitten. Die verbleibenden Blätter und Stengel dürfen nicht entfernt werden, da sie die Nährstoffe in den Zwiebeln aufbauen. Grasflächen, in denen Zwiebelblumen gepflanzt sind, werden ebenfalls nicht gemäht. Im Frühjahr blühende Zwiebelblumen sollten in der Erde bleiben. Benötigt man jedoch den Platz für Sommerblumen, setzt man die Zwiebeln an eine freie Stelle, damit sie ihr Wachstum abschließen können. Man gibt eine Kopfdüngung mit organisch-mineralischem Volldünger um die Pflanzen, damit die Zwiebeln Reserven für das kommende Jahr bilden können.

Andere Blumen

Bei frühblühenden Blumen entfernt man die welken Blüten. Wenn keine Frostgefahr mehr besteht, werden Zinnien, Ziertabak und andere bedingt winterharte Einjahresblumen oder frostempfindliche Stauden wie Pelargonien ins Freiland gesetzt. In Töpfen vorgezogene Pflanzen können jederzeit und sogar blühend gepflanzt werden, wenn man ihre Wurzeln beim Herausnehmen aus den Töpfen nicht stört. Zuerst harkt man etwas organisches Material in die Erde ein, nach dem Pflanzen wird dann gewässert. In Trokkenperioden muß man neue Pflanzen stets gut gießen. Auch Pflanzgefäße werden nun mit Blumenerde gefüllt und bepflanzt. Nachdem sie an ihre endgültigen Standorte gebracht wurden, muß man den ganzen Sommer täglich prüfen, ob Wässern notwendig ist, da Pflanzgefäße – vor allem bei warmem oder windigem Wetter – rasch austrocknen. Denken Sie daran, daß Torferden mehr Wasser aufnehmen können als andere Substrate.

Obst und Gemüse

Um Erdbeerpflanzen werden Stroh oder spezielle Matten ausgelegt, damit die Früchte den Boden nicht berühren, denn sonst können sie faulen. Beerensträucher und Erdbeeren deckt man mit Netzen ab, um Vögel fernzuhalten. Beeren sollten an der Pflanze vollkommen reifen und alle zwei Tage gepflückt werden. Beim Spargel wird die Ernte Mitte bis Ende Juni eingestellt, damit die Pflanzen ihr filigranes Laub entwickeln und neue Kraft sammeln können (siehe S. 70).

Kopfsalat und andere rasch wachsende Salatpflanzen wie Rauke *(Eruca sativa* ssp. *sativa;* syn. *E. vesicaria* ssp. *sativa)* werden regel-

Eine Sommerpflanzung aus Blütenstauden

mäßig neu gesät, um eine kontinuierliche Versorgung sicherzustellen. Auch die Ernte muß regelmäßig erfolgen, damit sich keine Samen ausbilden und die Pflanzen ungenießbar werden. Kräuter und Blattsalate erntet man in kleinen Mengen, aber häufig. Kräuter, die getrocknet oder eingefroren werden, pflückt man, bevor sich Blütenknospen entwickeln. Nun dürfte keine Frostgefahr mehr bestehen, und es können auch nicht winterharte Gemüse wie grüne Bohnen und Zucchini gesät werden (siehe S. 70).

Hochsommer

Die Hauptattraktion des Hochsommers sind Rosen, und nur wenige Wochen sorgen alte Sorten für ein großartiges Spektakel. Eine länger währende Pracht bieten Kletter- und Schlingpflanzen an Bögen und Mauern. Auch *Clematis* und die meisten Stauden sind nun am schönsten. Im Garten sollten nun Stockrosen, Glockenblumen, Rittersporn, Lilien, Phlox, Nachtkerzen, Indianernesseln, Katzenminze, Bartfaden und andere traditionelle Blumen ein farbenfrohes Durcheinander bilden. Dies ist auch die Zeit, in der viele Hobbygärtner Blumen zum Trocknen, Blüten für Duftpotpourris und Beeren für sommerliche Süßspeisen, Wein und Marmeladen ernten oder Früchte einfrieren.

Blumen

Sobald Herbstzwiebelblumen wie etwa Zeitlose *(Colchicum)* und Herbstkrokusse in den Handel kommen, sollte man sie pflanzen (siehe S. 41). Man entfernt weiterhin bei allen Blumen welke Blüten, um die Entwicklung neuer Blütentriebe zu fördern. Alte Rosensorten erhalten einen Sommerschnitt, bei dem abgeblühte Triebe auf eine Knospe zurückgenommen werden, die sich 15–20 cm unter den welken Blüten befindet. Schwächliche Triebe entfernt man ganz, während man den Pflanzen gleichzeitig eine schöne Form gibt. Bei remontierenden Formen wie Bourbonrosen und einigen wiederholt blühenden Kletterrosen sollte man behutsamer vorgehen. Hier nimmt man abgeblühte Triebe um 5–8 cm auf ein neues Auge oder einen kräftigen neuen Trieb zurück.

Bartiris gräbt man im Abstand von drei Jahren nach der Blüte aus und teilt sie. Alte Teile aus der Mitte des Wurzelstocks wirft man weg, außen sitzende junge Rhizomstücke pflanzt man wieder ein. Bartiris brauchen, um zu blühen, einen sonnigen Platz. Man bereitet den Boden sorgfältig vor und arbeitet einen handelsüblichen Dünger und gut verrotteten Kompost ein. Die Rhizome werden so flach gepflanzt, daß sie aus der Erde herausschauen. Falls das Laub des Riesentürkenmohns zu viel Platz wegnimmt, kann man es abschneiden. Andernfalls entfernt man nur die welken Blütenstengel, um zu vermeiden, daß eine unansehnliche Lücke in der Rabatte entsteht. Wenn Dahlien ihre schweren Blüten entwickeln, werden sie gestützt, indem man um die Pflanzen vier stabile Stäbe in den Boden schlägt und eine kräftige Schnur so zwischen ihnen spannt, daß ein Gitter entsteht, durch das die Stengel hindurchwachsen können.

Obst und Gemüse

Beerensträucher werden gleich nach Beendigung der Ernte geschnitten (siehe S. 86–87). Wenn Puffbohnen und andere frühe Gemüse geerntet sind, säubert man die Beete und nutzt die Gelegenheit, weiteres organisches Material einzuarbeiten und einen Volldünger auszubringen, um die verbrauchten Nährstoffe zu ersetzen. Man sät Herbst- und Wintersalat sowie Spinat und Feldsalat; diese Gemüse sind im Herbst erntebereit.

Vermehrung

Altmodische Nelken haben nur eine Lebensdauer von zwei bis drei Jahren, und deshalb muß man regelmäßig Stecklinge nehmen, um alte Exemplare zu ersetzen (siehe S. 93). Im Herbst können die Jungpflanzen dann ins Freiland gesetzt werden. Auch von vielen Sträuchern, Rosen und Stauden kann man grüne Stecklinge bewurzeln, die man Anfang Juni nimmt. Man verwendet kurze blütenlose Seitentriebe, die man ebenso wie Nelkenstecklinge behandelt. Um die Bewurzelung zu fördern, stellt man die Töpfe für ein bis zwei Wochen in große Folienbeutel, in die einige kleine Löcher gestochen wurden. Dadurch entsteht eine hohe Luftfeuchtigkeit.

Spätsommer

Wenn die Blumen des Hochsommers späteren Pflanzen Platz machen, nimmt der Garten wieder ein vollkommen neues Gesicht an. Herbstanemonen (*Anemone-Japonica*-Hybriden), Sonnenblumen *(Helianthus)*, Margeriten, Fetthenne *(Sedum spectabile)*, Dahlien und Glattblattastern *(Aster novi-belgii)* sind die Glanzpunkte der Saison, aber auch die Suche nach ungewöhnlicheren Pflanzen wie Spaltgriffel *(Schizostylis)*, Sorten von *Aster amellus* und *A. ericoides*, Blauraute *(Perovskia atriplicifolia)* und Krötenlilien *(Tricyrtis formosana;* syn. *S. stolonifera)* lohnt sich, da sie den Garten durch reizvolle Details ergänzen. Wenn man regelmäßig welke Blüten entfernt, bleiben auch einige Sommerblumen bis in den Spätsommer schön, insbesondere der Bartfaden *(Penstemon)*. Spätblühende *Clematis* wie *Clematis-viticella*-Sorten öffnen jetzt ihre Blüten, und auch einige frühblühende Sorten wie ›Bees' Jubilee‹, ›Barbara Jackman‹ und ›Nelly Moser‹ geben noch einmal ein kurzes Gastspiel. Gefülltblühende *Clematis* entwickeln im Spätsommer kurzzeitig oft noch einmal einfache Blüten. Teerosen können bis zu den ersten Frösten weiterblühen, und die Früchte von botanischen Rosen,

Mispelfrüchte und herbstlich gefärbtes Laub

Holzapfel, Eberesche, Mispel, Apfel- und Birnbaum passen gut in das Bild spätsommerlicher Bauerngärten.

Blumen

Auch weiterhin werden welke Blüten entfernt. Gegen Ende des Sommers kann man dann schon mit dem Aufräumen der Rabatten beginnen, indem man die Triebe früher Stauden, die abzusterben beginnen, vollkommen zurückschneidet. Die Fruchtstände von Disteln und Sonnenblumen überläßt man aber den Vögeln. Jetzt ist Pflanzzeit für frühjahrsblühende Zwiebelblumen. Da sich Osterglocken sehr früh bewurzeln, sollten sie gepflanzt werden, sobald man die Zwiebeln im Handel bekommt (siehe S. 41). Tulpen brauchen hingegen nicht vor Herbst gepflanzt zu werden.

Obst und Gemüse

Frühe Apfelsorten wie ›Beauty of Bath‹ und ›Irish Peach‹ ißt man nun direkt vom Baum, da sie nicht lagerfähig sind. Andere Sorten läßt man am Baum weiterreifen. Ferner erntet man die Hülsen der grünen Bohnen, die man zum Trocknen an den Pflanzen gelassen hat, um sie im Winter für Suppen und Eintöpfe verwenden zu können. Man löst die Bohnenkerne heraus und legt sie in den lauwarmen Backofen, bis sie vollkommen getrocknet sind. Dann füllt man sie in luftdicht verschließbare Gläser. Der Winterkopfsalat wird jetzt gepflanzt, und am Ende dieser Saison sind Porree und Rosenkohl erntereif. Wenn sich das Spargellaub gelb färbt, schneidet man es ab.

Vermehrung

Von bedingt winterharten Stauden wie Pelargonien, Fuchsien und Verbenen nimmt man Kopfstecklinge, die man in Töpfen oder Kisten mit Aussaaterde bewurzelt und im Winter auf ein sonniges Fensterbrett im Haus, auf eine frostfreie Veranda oder in ein Gewächshaus stellt. Auf diese Weise kann man sich die Mühe sparen, die alten Pflanzen auszugraben und für sie einen Überwinterungsplatz im Haus zu suchen. Im Freien läßt die Kälte sie eingehen.

Herbst

Der Herbst ist im Bauerngarten Erntezeit. Obst und Gemüse werden geerntet und für den Winter eingelagert. Die warmen Farben des Herbstes verleihen dem Bauerngarten einen besonderen Reiz, und Hagebutten, Beeren, Nüsse, Fruchtstände und späte Blumen bilden herbstliche Blickfänge. Holzäpfel, Vogelbeeren und Weißdornfrüchte werden noch eine ganze Weile an den Bäumen hängen. Schöne späte Blüten tragen Hortensien *(Hydrangea paniculata* und *H. arborescens)*, *Clematis* ›Lady Betty Balfour‹ (bläulich) und *C.* ›Madame Edouard André‹ (weinrot); *Clematis tangutica* und *Physalis alkegengi* var. *franchetii* haben jetzt hübsche Fruchtstände, und für herbstliche Farben sorgen Mispeln, Felsenbirnen *(Amelanchier)* und Hortensien *(Hydrangea quercifolia)*. Einige kräftigere Farbtupfer setzen herbstblühende Zwiebelblumen wie Zeitlose und Herbstkrokusse, und auch einige späte Sommerblumen blühen noch weit bis in den Herbst hinein, allen voran winterharte Fuchsien, Bartfaden und Spaltgriffel. Im Frühherbst kann man an Stellen, wo ihre zarten Blüten gut sichtbar sein werden, Gruppen aus blühenden Schneeglöckchen

(Galanthus) pflanzen, die im Spätwinter blühen und immer ein sicheres Zeichen dafür sind, daß der Frühling naht. Auch Tulpen, die im Frühjahr blühen sollen, werden jetzt gepflanzt.

Nützliche Insekten

In den Randbereichen des Gartens sollte man Rabatten nicht zu gründlich aufräumen, da Nutzinsekten wie Leuchtkäfer, Laufkäfer und Spinnen in den Überresten alter Pflanzen Unterschlupf finden und dann im Frühjahr rasch den Garten besiedeln, wo sie eine große Zahl von Schädlingen vertilgen, was den Einsatz von chemischen Mitteln erspart. Um im nächsten Jahr noch mehr Nützlinge in den Garten zu locken, sät oder pflanzt man in und um den Garten Wildblumenmischungen. Sie passen recht gut in den Bauerngarten, und ihr Nektar zieht Raubinsekten an wie etwa Schwebfliegen.

Gemüse lagern

In Gärten mit Tonboden gräbt man Wurzelgemüse wie Pastinak aus, bevor die Winternässe einsetzt. Wenn man keine ganz perfekten Lagermöglichkeiten hat, läßt man die Wurzelgemüse am besten abtrocknen und lagert sie dann in großen Netzen in einem frostfreien Schuppen oder in einer »Hängematte«, die man unter dem Dach aufhängt (bei letzterer Methode kann man die Gemüse gut verlesen und faulende Exemplare leicht entfernen). An den Wurzeln haftende Erde wird nicht entfernt, da Wurzelgemüse ungewaschen lagerfähiger sind. Aber man sollte Wurzelgemüse auch nicht zu lange lagern, da sie nach einigen Wochen zu schrumpeln beginnen. In leichtem, durchlässigem Boden kann man sie bis zum Gebrauch in der Erde lassen. Auch Porree, Rosenkohl, Grünkohl und Kopfkohl bleiben draußen, bis man sie benötigt.

Obst lagern

Äpfel und Birnen werden geerntet, wenn sich ihre Stiele leicht vom Baum lösen, spätestens aber Mitte des Herbstes. Damit sich das Obst gut hält, lagert man es an einem kühlen, dunklen Ort mit hoher Luftfeuchtigkeit und einer gleichmäßigen Temperatur, die im Idealfall 4–7 °C beträgt. Geeignet ist ein gut isolierter Schuppen, ein Speicher oder ein sehr kühles leerstehendes Zimmer. Aus praktischen Gründen bewahrt man Sorten mit der größten Lagerfähigkeit im hinteren Lagerbereich auf und diejenigen, die am schnellstens verbraucht werden müssen, vorn. Die Früchte werden so in flache Kisten gelegt, daß sie sich nicht berühren. Traditionell verwendet man Lattenkisten, bei denen die Luft auch dann noch zirkulieren kann, wenn sie gestapelt werden. Solide Kisten können nur nebeneinander gestellt werden. Eingelagertes Obst muß man regelmäßig inspizieren. Schrumpelnde Exemplare verwendet man zum Kochen, faulende müssen entfernt werden.

Rauhreif an den Hagebutten von Rosa ›Scarlet Fire‹

Winter

Bauerngärten waren früher nie ganzjährig attraktive Gärten, doch in modernen Gärten verwendet man häufig niedrige Einfassungen aus Buchsbaum, formierte Gehölze und geeignete immergrüne Elemente, wie etwa Efeugirlanden (man verschlingt die Triebe kriechender Arten, während sie wachsen, und läßt sie einen Weg säumen), zur Gestaltung des Gartens, damit er auch ohne schmückende Blumen hübsch aussieht. Die Unterteilung des Gartens in Einzelbereiche ist ebenfalls hilfreich – in sehr milden Klimalagen kann bei einem formalen Kräutergarten (siehe S. 72–73) die Grundbepflanzung aus Rosmarin und Thymian bestehen, die auch im Winter reizvoll wirkt. Machen Sie sich darüber hinaus winterblühende Pflanzen zunutze. *Iris unguicularis* blüht in milden Klimalagen vor einer sonnigen Mauer den ganzen Winter hindurch immer wieder. Winterblüte *(Chimonanthus praecox)*, Schneeheide *(Erica herbacea)*, Winterjasmin *(Jasminum nudiflorum* und Christrose *(Helleborus niger)* zeigen im Spätwinter ihre Blüten, aber sie brauchen einen geschützten Platz, damit die Blüten nicht durch Wind und Wetter geschädigt werden. Am eindrucksvollsten wirken Winterblumen in Gruppen zusammengepflanzt.

Planung

Die meisten Hobbygärtner nutzen die Winterpause, in der der Garten ruht, zum Planen. Jetzt hat man Gelegenheit, Bereiche des Gartens, die im vergangenen Jahr nicht perfekt erstellt waren, auf dem Papier neu aufzuteilen oder neue Elemente einzubeziehen. Außerdem ist jetzt die richtige Zeit, Samenkataloge für das Frühjahr anzufordern und die Blumen und Gemüse für das kommende Jahr auszusuchen.

Bei geeignetem Wetter gräbt man im Frühwinter die abgeräumten Beete um, damit der Frost die Erde aufbrechen kann (Frostgare). Nun haben Sie vielleicht auch genügend Zeit, den Gartenschuppen aufzuräumen und Gartenscheren zu schärfen oder die Anschaffung neuer Gartengeräte zu überdenken. Auf jeden Fall ist die Winterzeit für den Hobbygärtner eine Zeit der Vorfreude auf die kommende Gartensaison.

Schnitt

Büsche und Hochstämme werden während der winterlichen Ruheperiode zwischen Laubfall und erneutem Ausschlagen im Frühjahr geschnitten. Bei Hochstämmen ist der Schnitt nicht zwingend notwendig, doch gut geschnittene Bäume tragen größere, bessere Früchte, die auch eine schönere Farbe haben, da sie in ausgelichteten Kronen mehr Licht und Luft erhalten.

Die wichtigsten Pflanzen für den Bauerngarten

Die Basis jeder Pflanzung im Bauerngarten werden immer traditionelle Bauerngartenpflanzen bilden, wie viele moderne Züchtungen man auch einbeziehen mag. Diese traditionellen Pflanzen sind oft wie alte Freunde, die man jedes Jahr gern wiedersieht. Andere, die allein vielleicht unscheinbar wirken, erfüllen eine wertvolle Aufgabe, indem sie für Kontinuität im Garten sorgen und helfen, jenes friedvolle Ambiente entstehen zu lassen, das für den Eindruck von heiterer Ruhe so wichtig ist, den ein Bauerngarten verbreiten sollte.

Die nickenden, flachen Blüten der Nieswurz *(Helleborus orientalis)* öffnen sich zu Frühjahrsbeginn. Sie sind in einer großen Vielfalt von Farben erhältlich, wie etwa Dunkelviolett, Grün und Weiß, und gedeihen gut an schattigen Stellen des Gartens.

Bauerngärten bestehen heute nur noch teilweise aus traditionellen Pflanzen. Da diese Pflanzen die Atmosphäre des Gartens jedoch in entscheidendem Maß prägen, habe ich mich in diesem Kapitel weitgehend auf sie beschränkt. Daneben finden Sie noch einige meiner Lieblingsblumen, denn es liegt im Charakter des Bauerngartens, daß dort alle Lieblingspflanzen des Besitzers eine Heimat bekommen. Man sollte seinen Wünschen freien Lauf lassen und alles in den Garten pflanzen, was man mag, seien es Wildblumen, Steingartenpflanzen, ungewöhnliche Bäume und Sträucher oder moderne Stauden.

In diesem Kapitel werden die wichtigsten Pflanzen für den Bauerngarten in kurzen, steckbriefartigen Portraits dargestellt. Bei den Stauden finden Sie Pflanzen mit vielen Arten, wie die Glockenblume *(Campanula),* wie auch Steckbriefe einzelner Arten, etwa *Convallaria majalis* (Maiglöckchen). Von den ein- und zweijährigen Pflanzen werden die schönsten Blumen beschrieben, und auch die für den Bauerngarten typischen Bäume, Sträucher und Kletterpflanzen sind kurz dargestellt. Bei den Zwiebel- und Knollenpflanzen finden Sie neben den wunderschönen, altmodischen Dahlien die Kaiserkrone sowie Lilien und Narzissen. Obst und Kräuter werden nochmals kurz gestreift, darüber finden Sie in Kapitel 4 ausführliche Angaben.

Winterhärte
hart: verträgt Temperaturen bis etwa –15 °C; **bedingt hart:** verträgt Temperaturen bis etwa -5 °C; **nicht hart:** verträgt keine Temperaturen unter dem Gefrierpunkt.

Herbstanemone *(Anemone japonica)*

Stauden

Ein Wort noch zu den Kurzangaben am Ende jedes Portraits. Diese Angaben beruhen weitgehend auf meinen persönlichen Erfahrungen und decken sich nicht immer vollkommen mit Angaben in Gärtnereikatalogen und Gartenbüchern.

Adiantum pedatum siehe Farne

Akelei siehe *Aquilegia vulgaris*

Alchemilla mollis
(Frauenmantel)

Seine ordentlich gefältelten graugrünen Blätter und duftigen gelbgrünen Blütenrispen machen den Frauenmantel im Spätfrühjahr und Frühsommer zu einem reizvollen Lückenfüller im ganzen Garten. Darüber hinaus ist er gut als Hintergrund für andere Pflanzen geeignet, und er kann ein schönes Bindeglied zwischen leuchtenderen Blumen bilden. Er gedeiht beinahe überall und samt sich unter den richtigen Bedingungen üppig aus, was ihn zur perfekten Bauerngartenpflanze macht. Auch wegen seiner vielfältigen Verwendbarkeit in Blumenarrangements wird er geschätzt.

Größe: H: 30 cm; B: 45 cm. **Standort:** Halbschatten. **Winterhärte:** hart. **Boden:** keine besonderen Ansprüche. **Pflanzpartner:** harmoniert mit fast allen Pflanzen, im Schatten besonders mit Wolfsmilch *(Euphorbia amygdaloides* ssp. *robbiae),* in der Sonne mit Glockenblumen und Kräutern oder Rosen.

Anemone-Japonica-Hybriden
(Herbstanemonen)

Wenn die Pracht des Sommers vorbei ist, bringen Herbstanemonen mit ihren anmutigen Blüten wieder Leben in den Garten. Die verschiedenen Züchtungen bieten eine Auswahl an rosafarbenen und weißen Blüten, die einfach oder halbgefüllt sein können. Herbstanemonen gewöhnen sich nur langsam ein, breiten sich dann aber häufig aus.

Größe: H: 70–90 cm; B: 60 cm. **Standort:** Sonne oder Halbschatten. **Winterhärte:** hart. **Boden:** normale, einigermaßen feuchte Erde. **Pflanzpartner:** *Aster novae-angliae, Liriope muscari.*

Aquilegia vulgaris
(Akelei)

Die Akelei beginnt um die Frühjahrsmitte zu blühen, zusammen mit den letzten Zwiebelblumen, und sie blüht auch noch, wenn sich die ersten Rosen öffnen. Eigentlich ist die Akelei eine Staude, in meinem Garten verhält sie sich jedoch meist zweijährig, wenngleich sie sich üppig aussamt. Akelei gibt es in allen Schattierungen von Gelb, Rosa, Malvenfarben, Blau und Rot, doch welche Farben man anfangs auch aussät, bald hat man eine herrliche Mischung, da sich die Pflanzen gegenseitig bestäuben.

Größe: H: 100 cm; B: 50 cm. **Standort:** Sonne. **Winterhärte:** hart. **Boden:** jede durchlässige, nicht zu trockene Erde. **Pflanzpartner:** Kaukasusvergißmeinnicht *(Brunnera),* Blaustern *(Hyacinthoides non-scripta),* Judassilberling *(Lunaria annua* ›Variegata‹*),* Leimkraut *(Silene dioica* ›Rubra Plena‹*).*

Asplenium scolopendrium siehe Farne

Astrantia major
(Sterndolde)

Obwohl sich die Sterndolde gut als Schnittblume eignet, lasse ich sie lieber im Garten, wo sie sehr schön die Lücken zwischen prächtigeren Blumen ausfüllt. Besonders reizvoll wirkt sie unter Rosen. Auch wenn ihre Blüten nicht gerade aufregend sind, gebühren doch der rosafarbenen *Astrantia major* var. *rubra* und der buntlaubigen Sorte ›Sunningdale Variegated‹ Plätze, an denen man sie bemerkt.

Größe: H: 60 cm; B: 45 cm. **Standort:** Sonne. **Winterhärte:** hart. **Boden:** jede Erde, auch trockene Standorte. **Pflanzpartner:** Salbei (*Salvia officinalis* ›Purpurascens‹), Rosen, Lavendel.

Athyrium niponicum siehe Farne

Bartfaden siehe *Penstemon campanulatus*

Bauernpfingstrose siehe *Paeonia officinalis*

Campanula
(Glockenblume)

Glockenblumen gibt es in einer großen Bandbreite von Arten und Größen. Besonders passend sind höhere Formen, die sich mit ihren blauen oder weißen Blüten aus einem Meer kleinerer Bauerngartenblumen herausheben oder mit anderen hohen Blütenständen korrespondieren. Die Ackerglockenblume *(Campanula rapunculoides)* wird wegen ihrer 75 cm hohen violettblauen Blütenrispen gepflanzt, die im Sommer erscheinen; die 45 cm hohe Knäuel- oder Büschelglockenblume *(C. glomerata)* kann sich geradezu beängstigend ausbreiten. Mein persönlicher Favorit ist die hübsche pfirsichblättrige Glockenblume *(C. persicifolia)* mit 45 cm Höhe, insbesondere ihre gefüllten, rauchblauen Sorten. Glockenblumen müssen kräftig gedüngt und gelegentlich an einen neuen Platz mit gut vorbereiteter Erde gesetzt werden. Ihre Vermehrung erfolgt durch Teilung im Herbst oder Frühjahr. (*Campanula* siehe auch »ein- und zweijährige Blumen«.)

Größe: H und B: je nach Art unterschiedlich. **Standort:** leichter Schatten oder sonnige Rabatte zwischen höheren Pflanzen. **Winterhärte:** hart bis bedingt hart. **Boden:** nahrhafte, durchlässige, aber feuchte Erde mit reichlich organischem Material. **Pflanzpartner:** Tabak *(Nicotiana alata),* Schwarzkümmel *(Nigella).*

Cheiranthus cheiri siehe »ein- und zweijährige Blumen«

Christrose siehe *Helleborus*

Chrysanthemum rubellum
(Bauerngarten-Chrysantheme)

Diese altmodische Blume hat noch nicht die Beliebtheit wieder erreicht, der sich andere traditionelle Bauerngartenblumen heute erfreuen, doch ihre späten Blüten, die oft bis in den Spätherbst hinein halten, machen ihre Kultur wirklich lohnend. Sie ist winterhart und wird im Abstand von zwei Jahren im Frühjahr geteilt. Schöne Sorten sind ›Bronze Elegance‹ (bernsteinfarben), ›Emperor of China‹ (tiefrosé) und ›Anastasia‹ (violettrosa).

Größe: H: 60–75 cm; B: 45–60 cm. **Standort:** Sonne. **Winterhärte:** hart. **Boden:** jede einigermaßen durchlässige Erde. **Pflanzpartner:** andere Sorten der gleichen Art.

Convallaria majalis
(Maiglöckchen)

Das herrlich duftende Maiglöckchen beginnt zu blühen, gleich nachdem die meisten Zwiebelblumen des Frühjahrs verwelkt sind. Man kauft Topfpflanzen oder bittet einen Bekannten um einige Rhizome, die man im Herbst kurz nach der Blüte an einen feuchten, schattigen Platz oder unter Sträucher pflanzt. Maiglöckchen gewöhnen sich nur schwer ein. Sie müssen stets gut gemulcht werden, damit die Wurzelstöcke nicht austrocknen.

Größe: H: 20–30 cm. **Standort:** Halbschatten. **Winterhärte:** hart. **Boden:** feuchte, durchlässige humusreiche Erde. **Pflanzpartner:** Sträucher.

Akelei *(Aquilegia vulgaris)*

> Stauden mit ihren vielfältigen Größen, Farben, Strukturen und Wuchsformen spielen im sommerlichen Bauerngarten die Hauptrolle. Und es sind die Kontraste zwischen diesen Pflanzen, die den Reiz einer traditionellen Bauerngartenrabatte ausmachen.

Cosmos atrosanguineus
(Zweizahn)

Dies ist eine faszinierende Blume, die heute leider kaum noch zu haben ist. Aber die Suche nach dieser altmodischen Blume lohnt sich. Sie erinnert an eine kleine Dahlie, und ihre einfachen blutroten bis schwarzroten Blüten duften stark nach Bitterschokolade. Ihre Knollen sind nicht winterhart, und in meinem Garten mit Tonboden gedeihen sie am besten, wenn ich sie in Töpfen in die Erde setze und am Ende der Wachstumsperiode herausnehme, um sie zum Überwintern in ein frostfreies Gewächshaus zu stellen.

Wolfsmilch *(Euphorbia characias* ssp. *wulfenii)*

In durchlässigem Boden übersteht diese Pflanze milde Winter auch im Freien, wenn man sie etwa 8 cm tief pflanzt und dick mulcht. Im Frühjahr erscheint sie erst spät, ihre duftenden Blüten öffnet sie von Juli bis Oktober.

Größe: H: 60 cm; B: 30 cm. **Standort:** Sonne. **Winterhärte:** nicht hart. **Boden:** feuchte, durchlässige Erde. **Pflanzpartner:** *Diascia,* Fetthenne *(Sedum spectabile),* Salbei *(Salvia officinalis* ›Tricolor‹*).*

Bauerngarten-Margerite siehe *Chrysanthemum rubellum*

Dianthus

(Nelke)

Moderne Nelkenzüchtungen wie *Dianthus* ›Doris‹ blühen den ganzen Sommer, doch die altmodischen Sorten duften gewöhnlich intensiver und haben mehr Charakter, auch wenn sie nur wenige Wochen Blüten tragen. (Nach heißen Sommern blühen einige Sorten um die Zeit des Frühherbstes ein zweites Mal.) Interessante alte Sorten: ›Charles Musgrave‹, halbgefüllt und weiß mit grüner Mitte; ›William Brownhill‹, gefüllt und weiß mit bräunlicher Zeichnung; ›Waithman's Beauty‹, ungefüllt und rot mit rosa Streifen; und ›Fenbow's Nutmeg Clove‹ mit gefüllten roten Blüten und weit größerer Wuchsfreudigkeit als die anderen Sorten. Gartennelken sind kurzlebig und müssen alle zwei bis drei Jahre aus Stecklingen neu gezogen werden, die man bald nach der Blüte nimmt. Bewurzelte Stecklinge setzt man in Töpfe, im Herbst werden sie ausgepflanzt.

Größe: H und B: 30 cm. **Standort:** Sonne. **Winterhärte:** hart. **Boden:** kalkige, durchlässige, humusarme Erde. **Pflanzpartner:** Beifuß (*Artemisia schmidtiana* ›Nana‹), Schleierkraut (*Gypsophila paniculata* ›Rosy Veil‹), Strauchveronika (*Hebe* ›Carl Teschner‹).

Digitalis

(Fingerhut)

Der Fingerhut ist eine wunderschöne Pflanze für schattige Ecken oder feuchte Stellen unter Bäumen. Neben dem Roten Fingerhut *(Digitalis purpurea)* sollte man auch ungewöhnlichere Arten ausprobieren wie etwa *D. lutea,* der Trauben aus gelben Trichterblüten trägt. *D. lanata* hat eigentümliche beutelartige Blüten, die perlweiß und bronzefarben gefleckt sind. *D. purpurea* ssp. *heywoodii* ist mit 75 cm erheblich kleiner und trägt silbrige Blätter und blaßrosa Blüten.

Größe: H: 1,5 m; B: 60 cm. **Standort:** Halbschatten. **Winterhärte:** hart. **Boden:** feuchte, durchlässige Erde. **Pflanzpartner:** mit *Clematis* ›Comtesse de Bouchard‹, *C.* ›Hagley Hybrid‹, *C.* ›Nelly Moser‹ und schattenverträglichen Kletterrosen wie *Rosa* ›Bleu Magenta‹, *R.* ›Russell's Cottage Rambler‹ (syn. *R.* ›Russelliana‹) und *R.* ›Souvenir du Docteur Jamain‹ vor eine halbschattige Mauer setzen.

Euphorbia

(Wolfsmilch)

Obwohl die neuerdings in Mode gekommenen Wolfsmilchgewächse keine traditionellen Pflanzen des Bauerngartens sind, finden sie dort doch eine gute Heimat. Mandelwolfsmilch *(Euphorbia amygdaloides* ssp. *robbiae),* die im Frühjahr grünliche Blüten trägt, bildet niedrige immergrüne Blattrosetten; sie ist ein schöner Bodendecker sowohl für schattige als auch sonnige Plätze. Für den Halbschatten eignet sich *E. amygdaloides* ›Purpurea‹, die hübsch gefärbtes Laub hat. Darüber hinaus gehören zu dieser Gattung einige hohe Pflanzen mit raumbildendem Charakter für sonnige Plätze und einigermaßen durchlässigen Boden – besonders schön sind *E. characias* ssp. *wulfenii* und *E. sikkimensis.*

Größe: H und B: je nach Art unterschiedlich. **Standort:** je nach Art Sonne oder Halbschatten. **Winterhärte:** hart. **Boden:** schattentolerante Formen mögen etwas Feuchtigkeit, Sonnenanbeter brauchen durchlässige bis trockene Erde. **Pflanzpartner:** im Schatten Frauenmantel *(Alchemilla mollis),* Nieswurz *(Helleborus);* in der Sonne Fackellilie *(Kniphofia).*

Farne

Winterharte Farne haben einen unschätzbaren Wert für kühle, schattige Ecken; sie sind heute in einer interessanten Vielfalt erhältlich. Einer meiner Lieblingsfarne ist die winterharte, immergrüne Hirschzunge *(Phyllitis scolopendrium)*, von der es mehrere Sorten mit kammförmig gekräuselten Blättern gibt. Der bedingt winterharte Frauenhaarfarn *(Adiantum pedatum)*, auch Pfauenradfarn genannt, hat ähnliche Wedel wie die verwandte Zimmerpflanze. *Athyrium niponicum* mit seinen roten Stengeln und graugrünen Wedeln sieht wirklich außergewöhnlich aus, ist aber nur bedingt winterhart – ich lasse meinen im Topf und bringe ihn zum Überwintern in das Gewächshaus. Winterharte Farne pflanzt man in Erde, in die reichlich organisches Material eingearbeitet wurde, damit sie die Feuchtigkeit besser hält. Farne dürfen nie austrocknen.

Größe: H und B: 30–45 cm. **Standort:** Schatten oder durchbrochener Schatten. **Winterhärte:** mit Ausnahme von *Phyllitis scolopendrium* bedingt hart. **Boden:** kühle und feuchte Erde. **Pflanzpartner:** *Astilbe,* Kugelprimel *(Primula denticulata),* Salomonssiegel *(Polygonatum × hybridum)* und Veilchen *(Viola labradorica).*

Fingerhut siehe *Digitalis*

Frauenmantel siehe *Alchemilla mollis*

Fuchsia

(Fuchsie)

Heute gibt es winterharte Fuchsien mit großen, schönen Blüten, die ganz ähnlich wie Topffuchsien aussehen, für den Bauerngarten wählt man aber besser *Fuchsia magellanica* und *F.* ›Riccartonii‹, die schmale Blütenblätter in Mauve und Rot haben. Beide können im Bauerngarten auch als niedrige Blütenhecke gezogen werden. Im Winter schneidet man die Pflanzen bis auf Bodenhöhe zurück und bedeckt die Wurzeln mit Asche, Adlerfarn oder anderem organischem Material, damit sie nicht erfrieren. Es ist wichtig, die Pflanzen während der Wachstumsperiode großzügig zu düngen und im Sommer zu mulchen, damit die Erde feucht bleibt. Bei längeren Trockenperioden muß auch gegossen werden.

Größe: H und B: 90 cm. **Standort:** Halbschatten. **Winterhärte:** bedingt hart bis hart. **Boden:** nahrhafte, feuchte durchlässige Erde. **Pflanzpartner:** Bourbon-Rosen, *Lavatera.*

Geranium

(Storchschnabel)

Diese hübschen Pflanzen können gut als Bodendecker unter Rosen und andere höhere Bauerngartenpflanzen gesetzt werden. Im Halbschatten pflanzt man *Geranium macrorrhizum,* der im Frühsommer rosa oder malvenfarbene Blüten trägt, im Schatten gedeiht *G. phaeum,* der, ebenfalls im Frühsommer, braunviolett büht. Es sind aber auch Sorten mit fliederfarbenen oder weißen Blüten erhältlich. Andere Arten stehen lieber sonniger wie etwa *G. pratense,* der Wiesenstorchschnabel, der sich am besten als Bodendecker für naturnahe Bereiche eignet, da er sich rasch ausbreitet und auch in Gras gut gedeiht.

Anspruchsvollere Arten für die Rabatte sind *G. psilostemon* (Pflanze mit rundem Wuchs und kirschroten Blüten, die dunkler geädert sind und im Frühsommer erscheinen), *G. endressii* ›Wargrave Pink‹ (kissenartig mit silbrig-rosa Blüten, die sich im Hoch- und Spätsommer öffnen), *G. pratense* ›Plenum Violaceum‹ (hat sehr hübsche gefüllte purpur-violette Sommerblüten) und *G. procurrens* (mattenbildende Art mit tellerförmigen malvenfarbenen Blüten, die vom Hochsommer bis in den Herbst erscheinen).

Größe: H: 30–60 cm; B: je nach Art 30–90 cm. **Standort:** Die meisten Formen möchten wenigstens einen halben Tag Sonne. **Winterhärte:** hart. **Boden:** gute, verhältnismäßig durchlässige Erde. **Pflanzpartner:** Rosen, Königskerzen *(Verbascum).*

Storchschnabel (*Geranium pratense* ›Mrs. Kendall Clarke‹)

Glockenblume siehe *Campanula*

Goldknöpfchen siehe *Ranunculus acris*

Goldlack siehe *Cheiranthus cheiri* unter »ein- und zweijährige Blumen«

Hauswurz siehe *Sempervivum*

Helleborus

(Nieswurz, Christrose)

Die eigentliche Christrose *(Helleborus niger)* hat ungefüllte weiße Blüten, die Mitte des Winters erscheinen. Zu Frühjahrsbeginn öffnet dann *H. orientalis* seine Blüten, die rosa, malvenfarben, weiß und grauviolett sein können – mit Namen belegte Sorten sind hier sehr gesucht.

Lichtnelke (*Lychnis coronaria*) mit Lavendel (*Lavandula* ›Hidcote‹)

Auch die grünblühende Stinkende Nieswurz *(H. foetidus)* öffnet zu Frühlingsanfang ihre Blüten; sie riecht aber nur unangenehm, wenn sie verletzt wird.
Christrosen sind reizvolle Pflanzen für schattige Ecken und Flächen unter Bäumen. Sie gedeihen jedoch auch in der Sonne, sofern der Boden nicht zu trocken ist. Die meisten Nieswurzarten haben hübsche immergrüne Blätter, die einen schönen Hintergrund für Sommerblumen bilden. Christrosen sollten sich aussamen können, da auf diese Weise oft interessante Sämlinge entstehen. Diese lassen sich gut verpflanzen, ausgewachsene Pflanzen sollte man hingegen möglichst nicht stören. In unumgänglichen Fällen wird im Winter verpflanzt. Im Frühsommer Gefahr von Blattlausbefall.

Größe: H: 30–60 cm; B: 45 cm. **Standort:** vorzugsweise Schatten oder Halbschatten. **Winterhärte:** hart. **Boden:** fruchtbare, feuchte, aber durchlässige Erde. **Pflanzpartner:** Alpenveilchen *(Cyclamen coum)*, frühe Osterglocken *(Narcissus)*, Schneeglöckchen *(Galanthus)*, Veilchen *(Viola)*.

Herbstanemonen siehe *Anemone-Japonica*-Hybriden

Lavandula
(Lavendel)

Vom Lavendel bieten Kräuterspezialisten eine schöne Auswahl an. *Lavandula* ›Grappenhall‹ hat silbrige Blätter und purpurblaue Blüten, die Sorte ›Hidcote Pink‹ blüht rosa. Die Blätter des niedrigen *L. lanata* sind intensiv silbern, seine Blüten purpurn. *L. stoechas,* der Schopflavendel, ist relativ frostempfindlich, *L. stoechas* ssp. *pedunculata* trägt ein Paar großer flügelartiger Blumenblätter, die oben am Blütenstand sitzen. Alle eignen sich gut als Trockenblumen und für Duftpotpourris, die getrockneten Blüten und Blätter des Schopflavendels können auch in der Küche verwendet werden. Lavendel ist eine immergrüne Staude, die keinen starken Rückschnitt verträgt – damit er in Form bleibt, stutzt man ihn nach der Blüte leicht mit der Heckenschere zurecht. Lavendel läßt sich gut durch Stecklinge vermehren, und in Reihen gepflanzt, bildet er schöne niedrige Hecken oder Einfassungen für einen formalen Kräutergarten.

Größe: H: 30–60 cm; B: 30 cm. **Standort:** Sonne. **Winterhärte:** hart; *L. stoechas* ist etwas frostempfindlich. **Boden:** sehr durchlässige Erde, verträgt auch Trockenheit. **Pflanzpartner:** Kräuter, Rosen.

Leimkraut siehe *Silene dioica*

Leinkraut siehe *Linaria purpurea*

Linaria purpurea
(Leinkraut)

Obwohl das Leinkraut gut in den Bauerngarten paßt, ist es keine traditionelle Bauerngartenblume. Diese unkomplizierte Staude, die sich selbst aussamt, hat hohe, schmale Blütenstände aus purpurnen Blütchen, die sehr anmutig aussehen, wenn sie aus Büscheln schwererer Blüten oder kontrastierendem Laub herausschauen. Einer Staudenrabatte fügt diese Pflanze ein luftiges Element hinzu. Die Art hat hellpurpurne Blüten, es gibt aber auch eine ebenso hübsche rosablühende Sorte mit dem Namen ›Canon Went‹. Leinkraut zeigt seine Blüten im Hoch- und Spätsommer und oft noch bis in den Herbst hinein. Ich mußte nie Samen oder Pflanzen kaufen – mein Leinkraut kam mit dem Wind aus dem Dorf.

Größe: H: 90 cm; B: 60 cm. **Standort:** verhältnismäßig sonnig. **Winterhärte:** hart. **Boden:** keine besonderen Ansprüche. **Pflanzpartner:** Artischocke, rosablühendes Schleierkraut wie *Gypsophila paniculata* ›Flamingo‹ und ›Rosy Veil‹.

Lychnis coronaria
(Vexiernelke)

Diese traditionelle sommerblühende Bauerngartenblume wird von modernen Gärtnern oft vergessen. Die Art hat kräftig magentarote Blüten, die aus jeder Rabatte herausleuchten und zwischen Laub wunderbare Farbtupfer bilden. Daneben gibt es reinweiße und rosaweiße Sorten, die zwar nicht halb so eindrucksvoll sind, aber sehr gut zu silbernem Laub passen. Alle Sorten samen sich selbst aus und haben hübsche silbrigfilzige Stengel und Blätter.

Größe: H: 45–60 cm; B: 30–45 cm. **Standort:** sonnig. **Winterhärte:** hart. **Boden:** keine besonderen Ansprüche. **Pflanzpartner:** Beifuß *(Artemisia)*, Gräser und silberblättrige Pflanzen.

Maiglöckchen siehe *Convallaria majalis*

Nelke siehe *Dianthus*

Nieswurz siehe *Helleborus*

Paeonia officinalis

(Bauernpfingstrose)

Bei den meisten modernen Pfingstrosen handelt es sich um Züchtungen aus *Paeonia lactiflora,* die im Juni blüht; die echten Bauernpfingstrosen öffnen ihre Blüten aber schon einen Monat früher und sind Sorten von *Paeonia officinalis,* die man heute nur noch recht selten findet. Besonders hübsch sind die Sorten ›Rosea Superba Plena‹ (gefüllt, rosa) und ›Rubra Plena‹ (gefüllt, karminrot). Sowohl *P. officinalis* als auch *P. lactiflora* müssen so gepflanzt werden, daß sich die Knospen 2,5 cm unter der Erdoberfläche befinden. Obwohl häufig das Gegenteil behauptet wird, kann man Pfingstrosen die meiste Zeit des Jahres verpflanzen, allerdings wachsen hinterher gewöhnlich auch am alten Platz wieder Pfingstrosen, da sie sich durch kleine Wurzelstücke vermehren können, die im Boden geblieben sind. Das größte Problem bei Pfingstrosen ist die große Lücke, die sie nach dem Verblühen in der Rabatte entstehen lassen. Dies kann jedoch vermieden werden, indem man die Stengel etwa drei Wochen nach der Blüte abschneidet und Einjahresblumen um die Wurzelkrone setzt.

Größe: H und B: 75 cm. **Standort:** bevorzugt Sonne. **Winterhärte:** hart. **Boden:** tiefgründige und durchlässige, aber feuchte Erde mit einem hohen Anteil an organischem Material. **Pflanzpartner:** keine speziellen, Pfingstrosen so pflanzen, daß später blühende Pflanzen für einen Hintergrund sorgen.

Penstemon

(Bartfaden)

Der Bartfaden hat Blütenstände aus großen glocken- oder röhrenförmigen Blüten, die sich von Juni bis Oktober in einer schönen Palette von Farben öffnen. Er verträgt Trockenheit und harmoniert gut mit anderen Pflanzen. Schöne Sorten sind ›Garnet‹ (burgunderrot), ›Apple Blossom‹ (blaßrosa), ›Mother of Pearl‹ (perlmuttfarben), ›Alice Hindley‹ (violettblau mit weißem Schlund) und die bei Schnittblumenfreunden beliebte ›Sour Grapes‹ (eine Mischung aus Purpurviolett, Meergrün und Blau).

Größe: H: 30–60 cm; B: 30 cm. **Standort:** Sonne. **Winterhärte:** nicht hart; bewurzelte Stecklinge überwintern. **Boden:** nahrhafte, aber recht durchlässige Erde mit einem hohen Anteil an organischem Material. **Pflanzpartner:** Strauchmargerite *(Argyranthemum frutescens), Osteospermum.*

Phalaris arundinacea var. *picta*

(Rohrglanzgras)

Rohrglanzgras ist ein immergrünes Gras mit breiten, grünweiß gestreiften Blättern, das überall gedeiht – sowohl an sonnigen als auch an schattigen Plätzen und selbst in magerem, trockenem Boden. Am besten steht es mit anderen sich üppig ausbreitenden oder aussamenden Pflanzen zusammen, und besonders hübsch sieht es zwischen leuchtend gefärbten Pflanzen aus. Heiklere Pflanzen hat es in einem Beet aber bald überwuchert. Unter Bäume und Sträucher gesetzt, ist das Rohrglanzgras ein schöner Bodendecker, der außerdem das Unkraut unterdrückt, und es eignet sich gut, wenn da und dort kleine Lücken zu füllen sind, mit denen man wenig Arbeit haben will.

Größe: H: 120 cm; B: 100 cm. **Standort:** Sonne oder Schatten. **Winterhärte:** hart. **Boden:** keine besonderen Ansprüche; kann sowohl feucht und als auch trocken stehen. **Pflanzpartner:** Borretsch *(Borago officinalis),* Brennende Liebe *(Lychnis chalcedonica),* Mohn *(Papaver orientale).*

Phlox paniculata

(Phlox, Flammenblume)

Phlox eignet sich als schöner Lückenfüller für Rabatten im Hoch- und Spätsommer, wenn die alten Rosensorten verblüht sind. Darüber hinaus bildet er einen hübschen Hintergrund für eindrucksvollere Blüten und Pflanzen mit duftigen Strukturen in der Mitte der Rabatte. Man bekommt ihn in einer breiten Farbpalette von Korallenrot, Lachs und Fliederfarben über alle Rosatöne bis Reinweiß und kann ihn im Frühjahr

Leinkraut (*Linaria purpurea* und *L. purpurea* ›Canon Went‹)

und Sommer leicht durch Stecklinge vermehren.

Größe: H: 120 cm; B: 60 cm. **Standort:** Sonne oder Halbschatten zwischen anderen Pflanzen. **Winterhärte:** hart. **Boden:** jede einigermaßen fruchtbare, feuchte Erde. **Pflanzpartner:** Rittersporn *(Delphinium)*, remontierende Rosen, Wiesenraute *(Thalictrum-delavayi-*Sorten).

Ranunculus acris

›Flore Pleno‹

(Goldknöpfchen)

Diese gefülltblühende Form der wilden Butterblume hat dichtstehende Blütenblätter und ist offenbar eine natürliche Mutation, die im 15. oder 16. Jahrhundert entdeckt wurde. Sie breitet sich nicht so rasch aus wie die Butterblume. Goldgelbe Blüten im Früh- und Hochsommer.

Größe: H: 75 cm; B: 45 cm. **Standort:** Sonne. **Winterhärte:** hart. **Boden:** feuchte Erde. **Pflanzpartner:** Haselnuß (*Corylus avellana* ›Contorta‹), *Iris versicolor.*

Rohrglanzgras siehe *Phalaris arundinacea* var. *picta*

Sempervivum

(Hauswurz)

Diese winterharten Sukkulenten mit ihren dekorativen Blattrosetten gedeihen auch an den unwirtlichsten, wärmsten, trockensten Plätzen noch zufrieden. Im Sommer tragen sie eigentümliche Blütenstände. Früher pflanzte man sie auf die Dächer alter Bauernhäuser und Wirtschaftsgebäude, da sie angeblich als Blitzableiter wirkten. Auch heute sehen sie auf Dächern hübsch aus, und um sie dort anzusiedeln, wirft man einige Handvoll Erde und dann einige unbewurzelte Rosetten auf das Dach. Häufiger aber zieht man die Hauswurz bei einer Tür in Trögen oder Töpfen mit sandiger Steingartenerde. Außerdem sieht sie als Einfassung für einen Kiesweg oder zwischen Pflasterplatten gesetzt besonders hübsch aus. Spezialisten für Steingartenpflanzen führen viele verschiedene Sorten der Hauswurz. *Sempervivum arachnoideum* etwa hat silberne Haare, die die Blattspitzen verbinden. Andere haben rote, leuchtendgrüne, schokoladenbraune oder gemusterte Blätter oder außergewöhnlich große Rosetten.

Größe: H: 8 cm (blühend 30 cm); B: 20–30 cm. **Standort:** Sonne. **Winterhärte:** hart. **Boden:** durchlässige, recht magere, sandige Erde. **Pflanzpartner:** Fetthenne *(Sedum)*.

Silene dioica

›Rubra Plena‹

(Leimkraut)

Diese gefülltblühende Sorte des wilden Leimkrauts ist heute nur noch selten zu finden, obwohl sie mehr Bekanntheit verdienen würde. Die Pflanze bildet einen lockeren Laubteppich, über dem im Spätfrühjahr und Frühsommer an 30–45 cm hohen Stengeln halbgefüllte, rosa Blüten erscheinen. Am schönsten sieht sie zwischen viele andere Blumen gepflanzt aus, weil dann ihr etwas unordentlicher Wuchs nicht auffällt.

Größe: H: 30–45 cm. **Standort:** Halbschatten oder leichter Schatten. **Winterhärte:** hart. **Boden:** jede einigermaßen feuchte Erde. **Pflanzpartner:** Storchschnabel *(Geranium phaeum)*, Judassilberling *(Lunaria annua)*.

Sterndolde siehe *Astrantia major*

Storchschnabel siehe *Geranium*

Vexiernelke siehe *Lychnis coronaria*

Viola

(Veilchen)

Im Bauerngarten sind seit langem verschiedene Veilchenarten beheimatet. *Viola labradorica* mit ihren zart malvenfarbenen Blüten und purpurnen Blättern samt sich in schattigen Blumenbeeten, auf sonnigen Kieswegen und sogar Rasen selbst aus. Vom Duftveilchen *(V. odorata)* gibt es verschiedene Züchtungen in mehreren Farben, von denen viele aus dem 19. Jahrhundert stammen. Einige Veilchen, wie die Sorte ›Czar‹, haben große Blüten, die sich gut zum Schnitt eignen, und die meisten duften stark. Die seltenen und herrlich duftenden Parmaveilchen *(V. suavis)* sollten den Winter in Kalten Kästen verbringen.

Größe: H und B: 8–15 cm. **Standort:** leichter Schatten. **Winterhärte:** weitgehend hart, Parmaveilchen brauchen im Winter jedoch Schutz. **Boden:** feuchte, aber recht durchlässige Erde. **Pflanzpartner:** Kissenprimeln *(Primula vulgaris)*.

Wolfsmilch siehe *Euphorbia*

Zweizahn siehe *Cosmos atrosanguineus*

Ein- und zweijährige Blumen

Alcea rosea
(Stockrose, Stockmalve)

Wahrscheinlich gehören Stockrosen zu den Pflanzen, an die viele zuerst denken, wenn von Bauerngärten die Rede ist. Obwohl es sich eigentlich um zweijährige Pflanzen handelt, werden sie meist einjährig gezogen, um dem Malvenrost vorzubeugen, der Stockrosen häufig befällt. In Samenkatalogen und unter den Jungpflanzen in Gärtnereien kann man einige sehr ausgefallene Sorten finden, etwa schwarzblühende oder gefüllte. Samen werden im Frühjahr oder Spätsommer gesät, doch die sich entwickelnden Pflanzen blühen erst im folgenden Jahr. Stockrosen, die sich selbst aussamen, entwickeln sich mit der Zeit in ihren Erbmerkmalen zurück und tragen schließlich rosa oder malvenfarbene Blüten. Wenn diese sich weiter aussamen können, siedeln sie sich bereitwillig auch in Kieswegen und Ritzen zwischen Beton oder Pflasterplatten an.

Größe: H: 150–200 cm; B: 60 cm. **Standort:** vorzugsweise direkte Sonne. **Winterhärte:** hart. **Boden:** feuchte Erde. **Pflanzpartner:** keine, allein in Gruppen nahe beim Haus ziehen.

Einjährige Blumen, bedingt winterhart

Bedingt winterharte Einjahresblumen sieht man häufig als Beetbepflanzungen in Parks, aber einige sind ein wesentlicher Bestandteil des Bauerngartens. Unter ihnen befinden sich altmodische Blumen wie beispielsweise Tabak *(Nicotiana;* siehe S. 118), Meerlavendel *(Limonium)* und Strohblume *(Helichrysum),* Kletterpflanzen wie die Prunkwinde *(Ipomoea purpurea)* oder Astern und Zinnien für den Schnitt. Bedingt winterharte einjährige Blumen können im geheizten Gewächshaus oder auf einem sonnigen Fensterbrett aus Samen gezogen werden, oder man kauft sie in einem Gartencenter und pflanzt sie nach dem letzten Frost aus. Wichtig sind ein guter Boden und ein sonniger Standort. Am schönsten sehen sie in Gruppen gepflanzt aus.

Einjährige Blumen, winterhart

Farbenfrohe, preiswerte winterharte Sommerblumen sind wunderbar geeignet, wenn man neu angelegte Gärten rasch füllen oder Lücken schließen will, die während der Wachstumsperiode selbst in einem perfekt geplanten Garten entstehen können. Sofern der Boden unkrautfrei ist, ist die Aussaat an Ort und Stelle möglich, man kann sie aber auch in Reihen im Gemüsegarten oder in Töpfe säen, pikieren und schließlich verpflanzen. Einige Arten samen sich selbst aus. Zu den schönsten Blumen für den Bauerngarten gehören Kapuzinerkresse *(Tropaeolum majus),* Kornblume *(Centaurea cyanus),* Klatschmohn *(Papaver rhoeas),* Ringelblume *(Calendula),* Sonnenblume *(Helianthus),* Vergißmeinnicht *(Myosotis),* Atlasblume *(Godetia),* Ackerrittersporn *(Consolida regalis;* syn. *Delphinium consolida)* und Levkoje *(Matthiola longipetalis* ssp. *bicornis).* Alle brauchen einigermaßen guten Boden und werden am besten in kleinen dichten Gruppen gepflanzt.

Marienglockenblume
(*Campanula medium*)

> Altmodische ein- und zweijährige Blumen kommen in heutigen Bauerngärten oft zu kurz, aber in Gruppen gepflanzt, eignen sie sich gut, um Lücken in Rabatten zu füllen. In Beeten mit kürzer blühenden Stauden sorgen sie kontinuierlich für Farbe.

Campanula medium
(Marienglockenblume)

Marienglockenblumen sind traditionelle Bauerngartenblumen, die vom Spätfrühjahr bis zum Frühsommer an 75 cm hohen Stengeln riesige weiße, rosa oder blaue Glockenblüten tragen. Es gibt auch verschiedene Sorten mit gefüllten Blüten (*Campanula* siehe auch unter »Stauden«).

Größe: H: 60–100 cm; B: 30 cm. **Standort:** leichter Schatten zwischen anderen Pflanzen. **Winterhärte:** hart. **Boden:** gute, fruchtbare, einigermaßen durchlässige Erde. **Pflanzpartner:** Judassilberling *(Lunaria annua).*

Judassilberling (*Lunaria annua* ›Variegata‹)

Campanula pyramidalis

Die Kultur dieser zweijährigen Glockenblume ist wirklich lohnend, und obwohl sie noch nicht so lange im Bauerngarten zu Hause ist, wirkt sie dennoch sehr passend und ist äußerst nützlich. Ihre bis zu 2 m hohen Blütenstände, die sie im Hochsommer entwickelt, sehen zwischen hohen Pflanzen hinten in der Rabatte sehr schön aus. *Campanula pyramidalis* eignet sich großartig für den Schnitt.

Größe: H: 200 cm; B: 60 cm. **Standort:** leichter Schatten. **Winterhärte:** nicht so hart wie *C. medium;* braucht Schutz. **Boden:** gute, fruchtbare, einigermaßen durchlässige Erde. **Pflanzpartner:** Malven, remontierende Rosen.

Cheiranthus cheiri

(Goldlack)

Am liebsten verwende ich die alte Mischung *Cheiranthus cheiri* ›Persian Carpet‹. Kurzlebige Goldlackarten werden zweijährig gezogen und im Frühjahr durch Samen oder im Sommer durch Stecklinge vermehrt. Es gibt hohe Sorten (H: 60 cm; B: 40 cm), halbhohe Sorten (H: 45 cm; B: 30 cm) und Zwergsorten (H: 20 cm; B: 20 cm). Gefülltblühende Sorten sind ›Bloody Warrior‹ (rot mit gelbem Rand) und ›Harpur Crewe‹ (gelb). Es gibt aber auch faszinierende ungefüllte Sorten, deren Blütenfarben von Lilarosa bis Bronze reichen.

Größe: je nach Sorte verschieden. **Standort:** Sonne. **Winterhärte:** hart. **Boden:** jede einigermaßen gute, durchlässige Erde. **Pflanzpartner:** Papagei-Tulpen.

Geranie siehe *Pelargonium*

Goldlack siehe *Cheiranthus cheiri*

Judassilberling siehe *Lunaria annua*

Lathyrus odoratus

(Wohlriechende Wicke)

Diese zarte, natürlich wirkende Kletterpflanze kann an Spalieren, Bögen und Bambusstäben emporwachsen. Am besten sät man diese winterharte Einjahresblume zu Frühjahrsbeginn aus, da sie sich dann leichter ziehen läßt als bei einer Herbstaussaat. Sie muß regelmäßig und kräftig mit einem Flüssigdünger oder löslichem Dünger versorgt werden, und wenn man nicht ständig welke Blüten entfernt, ist sie rasch verblüht. Auch häufiger Schnitt tut ihr gut. Eine großartige Sorte ist *Lathyrus odoratus* ›Painted Lady‹. Einige Firmen bieten auch Mischungen altmodischer Wicken an. Noch passender im Bauerngarten ist die Staudenwicke *(L. latifolius).* Vor eine sonnige Mauer gepflanzt, öffnet sie ihre kleinen magentaroten Blüten den ganzen Sommer.

Größe: H: bis 3 m; B: 30 cm. **Standort:** braucht wenigstens einen halben Tag Sonne. **Winterhärte:** hart. **Boden:** nahrhafte, feuchte Erde mit einem hohen Anteil an organischem Material. **Pflanzpartner:** Rittersporn *(Delphinium),* Rosen.

Lunaria annua

(Judassilberling)

Zweijährige Pflanze mit violetten Blüten im Spätfrühjahr, denen im Sommer die bekannten silbrigen, ovalen Samenblätter folgen. Wo der Silberling einmal angesiedelt ist, samt er sich meist bereitwillig selbst aus. Es gibt auch eine weißblühende Form (*Lunaria annua* ›Alba‹) sowie die buntblättrige Form (*L. annua* ›Variegata‹). Seltener ist die Sorte ›Stella‹ mit weißen Blüten und panaschiertem Laub. Sie ist wunderschön, aber recht zart. Im Bauerngarten ebenfalls sehr passend ist *L. rediviva,* eine Art mit blaßlila oder weißen Blüten.

Größe: H: 75 cm; B: 30 cm. **Standort:** Halbschatten. **Winterhärte:** hart. **Boden:** keine besonderen Ansprüche. **Pflanzpartner:** späte Osterglocken, *Geranium phaeum.*

Marienglockenblume siehe *Campanula medium*

Nicotiana

(Ziertabak)

Seit langem wird *Nicotiana alata* im Bauerngarten gezogen. An den 75 cm hohen Stengeln dieses Ziertabaks sitzen weiße Blüten, die am Abend stark duften, an sonnigen Plätzen tagsüber aber müde herabhängen. Deshalb sollte man ihn möglichst an einen schattigen Platz pflanzen. *N. langsdorfii* hat apfelgrüne, beinahe glockenförmige Blüten und höhere Stengel (90–120 cm). *N. sylvestris* wid bis zu 1,5 m hoch und hat riesige ovale Blätter. Seine langröhrigen, weißen Blüten sitzen in großen Büscheln an den Stengelenden. Alle Arten sind bedingt bis nicht winterharte einjährige Pflanzen und sollten jedes Jahr neu aus Samen gezogen werden.

Größe: H: 1–1,5 m; B: 60 cm. **Standort:** Sonne oder Schatten. **Winterhärte:** bedingt bis nicht hart. **Boden:** nahrhafte, feuchte Erde. **Pflanzpartner:** *Nicotiana alata* mit Rittersporn *(Delphinium);* grünblühender Tabak mit Schinkenkraut *(Oenothera biennis)* und Rohrglanzgras *(Phalaris arundinaria* var. *picta).*

Oenothera biennis

(Schinkenkraut)

Schinkenkraut samt sich üppig aus und kommt schön zur Geltung, wenn es sich zwischen anderen höheren Pflanzen in der Bauerngartenrabatte ansiedeln kann, vor allem in Pflanzungen, die auf gelben und lilavioletten Tönen basieren. Abends öffnen sich seine gelben Blüten am weitesten, und dann verströmen sie auch ihren herrlichen Duft. Dieser zweijährigen Pflanze überläßt man es am besten selbst, sich auszusamen. Sie braucht volle Sonne und einen gut durchlässigen Boden.

Größe: H: 90 cm; B: 45 cm. **Standort:** Sonne. **Winterhärte:** hart. **Boden:** durchlässiger, sandiger Boden. **Pflanzpartner:** Lilie, Malve, Königskerze *(Verbascum bombyciferum).*

Pelargonium

(Pelargonie, »Geranie«)

Keine andere Pflanze findet man in den Blumenkästen von Bauernhäusern häufiger als die Pelargonie. Am besten kauft man bei einem gutsortierten Händler schöne altmodische Sorten, die meines Erachtens modernen Züchtungen weit überlegen sind. Halten Sie Ausschau nach Sorten mit panaschierten Blättern wie ›Mr. Henry Cox‹ (rot, grün und goldgelb mit einfachen lachsfarbenen Blüten), ›Freak of Nature‹ (cremefarbene Blätter mit grünem, gekraustem Rand) und ›A Happy Thought‹ (Blätter spinatgrün mit einem cremegelben schmetterlingsförmigen Fleck in der Mitte, Blüten ungefüllt und rot). Schön blühende Sorten sind ›Mrs. Cannell‹ (sehr alte ungefüllte lachsrosa Sorte), ›Feuerriese‹ (riesige, rote, stiefmütterchenähnliche Blüten), ›Vera Dillon‹ (ungefüllte magentarote Blüten mit einem roten Fleck in der Mitte) und ›Mr. Wren‹ (Blüten einfach, rot, mit weißem Rand). Stecklinge kann man vom Spätfrühjahr bis zum Frühherbst in einer Sand-Torf-Mischung bewurzeln. Altmodische Pelargonien sind heikel und müssen in Tontöpfen mit einem Lehmsubstrat gezogen werden. Im Freiland sollte man sie nur an warme, geschützte Stellen pflanzen.

Größe: H: 30–60 cm; B: 30 cm. **Standort:** Sonne. **Winterhärte:** nicht hart. **Boden:** Lehmsubstrat. **Pflanzpartner** in Kübeln: Hängelobelien.

Salvia

(Salbei, Salvie)

Es gibt viele reizvolle Salbeiarten, die gut in die Bauerngartenrabatte passen. Im Spätsommer und Frühherbst bringen sie interessante Blüten hervor. Bei *Salvia sclarea* var. *turkestanica* (winterhart) sitzen an 75 cm hohen Stengeln im Spätsommer winzige blaue und weiße Blütchen. *S. farinacea* ›Victoria‹ (nicht winterhart) hat 45 cm hohe, blauviolette Blütenähren.

Größe: H: 45–90 cm. **Standort:** einigermaßen sonnig. **Winterhärte:** je nach Art hart bis nicht hart. **Boden:** gute, fruchtbare und etwas feuchte Erde. **Pflanzpartner:** Storchschnabel (*Geranium* ›Anne Folkard‹) und Fetthenne *(Sedum spectabile);* oder man setzt verschiedene Salbeiarten zusammen.

Schinkenkraut (*Oenothera biennis*)

Schinkenkraut siehe *Oenothera biennis*

Stockrose siehe *Alcea rosea*

Tabak siehe *Nicotiana*

Wohlriechende Wicke siehe *Lathyrus odoratus*

Brautmyrte siehe *Myrtus communis*

Bäume, Sträucher und Kletterpflanzen

Buxus sempervirens
(Buchsbaum)

Buchsbaum ist überall im Garten auf verschiedene Weise verwendbar. Man kann ihn zu Figuren schneiden oder als Zierhecke ziehen und dabei zinnenartig in Form schneiden oder in einer ungezwungenen, welligen Form. Die Zwergform *Buxus sempervirens* ›Suffruticosa‹ eignet sich gut als Einfassung in einem Kräutergarten.

Minimale Schnittgröße: Zwergbuchs H: 15 cm; B: 8 cm; normaler Buchs H: 60 cm; B: 20 cm. **Standort:** braucht am Tag wenigstens zwei Stunden Sonne. **Winterhärte:** je nach Art hart bis bedingt hart. **Boden:** durchlässige, vorzugsweise kalkhaltige Erde. **Pflanzpartner:** beliebig.

Rosa rugosa ›Fru Dagmar Hastrup‹

Choenomeles speciosa
(Zierquitte)

Diese Zierquitte wurde früher an den Wänden von Bauernhäusern gezogen. Im Frühjahr öffnen sich je nach Sorte an ihren noch unbelaubten Zweigen große Blüten in verschiedenen Rottönen, Orange, Rosa oder Weiß, denen im Spätsommer wulstige Früchte folgen.

Größe: H: 2,5 m; B: 5 m. **Standort:** Sonne. **Winterhärte:** hart. **Boden:** durchlässige Erde. **Pflanzpartner:** mit Gruppen kleiner Frühjahrsblumen unterpflanzen.

Clematis
(Waldrebe)

Obwohl die *Clematis* keine authentische alte Bauerngartenpflanze ist, hat sie heute dennoch in vielen Bauerngärten einen festen Platz. Man kann sie an Zierbäumen oder alten Obstbäumen, die keine Erträge mehr bringen, emporwachsen lassen, mit anderen Kletterpflanzen an Bögen, Zäunen und Mauern erziehen oder als natürlich wirkenden Bodendecker zwischen Sträuchern verwenden. *Clematis* brauchen einen Platz, an dem ihre Wurzeln von Nachbarpflanzen Schatten erhalten, während ihre Triebe in der Sonne stehen. Im Frühjahr mulcht man sie kräftig, damit der Boden die Feuchtigkeit besser halten kann. Während der Wachstumsperiode brauchen *Clematis* reichlich Kalium. Ich gebe meinen *Clematis* alle zwei bis drei Wochen einen flüssigen Tomatendünger, man kann aber auch im Frühjahr eine Handvoll Kaliumsulfat um jede Pflanze streuen und anschließend alle zwei Wochen einen handelsüblichen Flüssigdünger ausbringen. Der Schnitt erfolgt je nach Sorte unterschiedlich. Man kann hier drei Gruppen unterscheiden. Die erste, zu der ›Barbara Jackman‹, ›Doctor Ruppel‹ und ›Nelly Moser‹ gehören, braucht überhaupt keinen Schnitt. In der zweiten Gruppe befinden sich Sorten wie ›Comtesse de Bouchaud‹, ›Etoile Violette‹ und ›Gipsy Queen‹, die zu Frühjahrsbeginn stark zurückgeschnitten werden müssen (etwa auf 15 cm über dem Boden). Mit der dritten Gruppe, zu der beispielsweise ›Marie Boisselot‹ sowie *C. orientalis* und *C. viticella* mit ihren Sorten gehören, kann man nach Belieben verfahren. Um Fehler zu vermeiden, notiert man Sortennamen und Schnittanleitungen, die beim Kauf mitgeliefert werden sollten, auf einem Pflanzenetikett, das man direkt über dem Boden an einem kräftigen Trieb festbindet. Grundsätzlich sollten *Clematis* im Frühjahr nach dem Pflanzen stark zurückgeschnitten werden, damit sie sich an der Basis verzweigen, sofern sie dies nicht bereits tun.

Größe: je nach Sorte unterschiedlich. **Standort:** Wurzeln im Schatten, Triebe mindestens die Hälfte des Tages in der Sonne. **Winterhärte:** hart. **Boden:** kalkige bis neutrale Erde. **Pflanzpartner:** Kletterrosen, Obstbäume.

Geißblatt siehe *Lonicera*

Holunder siehe *Sambucus*

Lonicera
(Geißblatt)

An Bögen oder rustikalen Pfosten emporkletterndes Geißblatt kann ein Schmuckstück des Bauerngartens sein, besonders romantisch sieht es aus, wenn man darunter eine Sitzbank aufstellt. Am besten zieht man früh- und spätblühende

Gartenformen des Waldgeißblattes zusammen *(Lonicera periclymenum* ›Belgica‹ und ›Serotina‹), deren purpurrote Blüten sich dann ununterbrochen von Spätfrühjahr bis Herbstmitte öffnen. Den schönsten Duft hat das heimische Waldgeißblatt *(L. periclymenum)* mit seinen dunkelpurpurnen, innen rosa gefärbten Blüten, die vom Frühsommer bis zum Frühherbst erscheinen. Diese Geißblattart wächst schon seit Jahrhunderten in Bauerngärten.

Größe: H: 6–9 m; B: 1,5 m. **Standort:** Sonne oder Schatten. **Winterhärte:** hart. **Boden:** keine besonderen Ansprüche. **Pflanzpartner:** *Clematis.*

Myrtus communis
(Brautmyrte)

Dieser immergrüne Strauch hat große cremefarbene Sommerblüten, aus deren Mitte zahlreiche lange Staubgefäße ragen. Die Brautmyrte ist nur bedingt winterhart und wächst am besten in dichtbepflanzten Bauerngärten, wo sie von Nachbarpflanzen Schutz erhält. Sie eignet sich auch gut als Solitärpflanze für einen Kübel an der Haustür, der im Winter an einen geschützteren Platz gebracht werden kann.

Größe: H: bis 3 m; B: 2,5 m. Ist aber meist kleiner, da man die im Winter abgestorbenen Zweige entfernen muß. Auch in Kübeln bleibt die Pflanze erheblich kleiner. **Standort:** Sonne. **Winterhärte:** bedingt hart. **Boden:** durchlässige Erde; gut für Küstenregionen und kalkhaltige Erde geeignet. **Pflanzpartner:** als Hintergrund für eine bunte Mischung aus Bauerngartenblumen verwenden.

Rosa
(Rose)

Teehybriden, die von Juni bis Herbstmitte immer gleich aussehen, wirken im Bauerngarten deplaziert. Mehr Charakter haben alte Gartenrosen, doch blühen sie im Hochsommer meist nur vier bis sechs Wochen. Man setzt sie daher mit einer bunten Mischung anderer Bauerngartenblumen zusammen, die blühen, wenn die Rosen keine Blüten tragen. Alte Rosensorten schneidet man nur, damit sie ordentlich aussehen, viele haben jedoch schwache Stengel, die auf irgendeine Weise gestützt werden müssen. Zu meinen Lieblingsrosen gehören neben vielen anderen *Rosa gallica* ›Versicolor‹ (blaßrosa, karminrotgestreifte Blüten), ›Great Maiden's Blush‹ (blaßrosa und stark duftend), ›William Lobb‹ (rote Moosrose, die sich beim Verblühen erst rosa, dann violett färbt), ›Chapeau de Napoléon‹ (leuchtendrosa Blüten, die an Dreispitze erinnern) und ›Cardinal de Richelieu‹ (burgunderrot). Die Kartoffel- oder Heckenrose *(Rosa rugosa)* eignet sich gut für blühende Hecken.

Größe: H: 90–150 cm; B: je nach Sorte 60–120 cm. **Standort:** Sonne. **Winterhärte:** hart. **Boden:** nahrhafte, schwere Erde, die im Winter jedoch nicht zu naß sein darf. **Pflanzpartner:** Sterndolde *(Astrantia major),* Bartiris, Storchschnabel *(Geranium), Lavatera arborea,* Bartfaden *(Penstemon),* strauchige Salbeiarten *(Salvia).*

Sambucus
(Holunder)

Neben dem wilden Holunder, der in einer ländlichen Hecke oder als Solitärbaum in einem naturnahen Bereich des Gartens schön aussieht, gibt es mehrere Gartenformen wie Traubenholunder (*Sambucus racemosa* ›Plumosa Aurea‹), der goldgelbes Laub und rote Beeren hat, und Schwarzen Holunder (*S. nigra* ›Purpurea‹) mit beinahe schwarzen Blättern und blaßrosa Blüten. Beide sollten als Büsche gezogen werden. Holunder blüht im Juni und entwickelt im Spätsommer Beeren, die von Vögeln gern gefressen werden.

Größe: kann 3 m Höhe erreichen, bleibt durch Schnitt aber meist kleiner. **Standort:** Sonne, Gartenformen mögen etwas Schutz. **Winterhärte:** hart. **Boden:** nicht anspruchsvoll, bevorzugt aber kalkige Erde; verträgt auch Trockenheit. **Pflanzpartner:** *Foeniculum vulgare* ›Purpureum‹ und *Lythrum* (Gartenformen des Blutweiderich) mit goldblättrigem Holunder; Sorten von *Rosa rugosa* und Beinwell *(Symphytum × uplandicum)* mit schwarzem Holunder.

Geißblatt (*Lonicera periclymenum* ›Serotina‹)

Bäume, Sträucher und Kletterpflanzen sind Teil der Grundbepflanzung eines Bauerngartens; man sollte sie jedoch – mit Ausnahme altmodischer Rosen und *Clematis* – sparsam verwenden, damit der Gesamteindruck authentisch bleibt.

Zwiebel- und Knollenblumen

Damit der Bauerngarten im Frühjahr einen schönen Anblick bietet, braucht man eine große Zahl von Zwiebelblumen. Zum Unterpflanzen von Rabatten eignen sich am besten Arten, die man viele Jahre ungestört wachsen lassen kann wie Narzissen. Heiklere Pflanzen wie etwa Tulpen, die im Sommer aus dem Boden genommen werden müssen, setzt man besser an leichter zugängliche Stellen.

Madonnenlilie
(*Lilium candidum*)

Zierquitte siehe *Choenomeles speciosa*

Dahlia
(Dahlie)

Dahlien sind vielleicht ein wenig aus der Mode gekommen, seit sich gedämpfte Pastelltöne großer Beliebtheit erfreuen, aber aus den Bauerngärten sind sie nie ganz verschwunden – noch immer sieht man im Herbst prächtige Vorgärten voller Dahlien. Legen Sie einen von Dahlien gesäumten Weg an (mit Rabatten zu beiden Seiten) oder einfach ein Dahlienbeet, das im Herbst in leuchtenden Farben erstrahlt. Am besten verwendet man eine bunte Mischung aus Farben und Formen, die von riesigen Kaktusdahlien bis zu winzigen Pomponsorten reichen.

Größe: H: 75 cm; B: 45–90 cm. **Standort:** Sonne. **Winterhärte:** nicht winterhart; Knollen aus dem Boden nehmen und an einem frostfreien Ort überwintern. **Boden:** nahrhafte, feuchte, aber einigermaßen durchlässige Erde mit einem hohen Anteil an organischem Material. **Pflanzpartner:** verschiedene Dahliensorten zusammensetzen.

Fritillaria imperialis
(Kaiserkrone)

Auf alten Fotos von Bauerngärten sieht man Kaiserkronen, die sich in Reihen aus einem Meer bodendeckender Pflanzen erheben oder einen Weg säumen. Da sie nahrhaften, durchlässigen Boden brauchen, gräbt man vor dem Pflanzen im Herbst reichlich alten Mist und eine Handvoll Knochenmehl unter. Dann setzt man die Zwiebeln 15 cm tief auf ein Bett aus grobem Sand. Ihre großartigen Blüten tragen Kaiserkronen im Frühjahr. Meist sind sie orangefarben, es gibt aber auch gelbe und gefülltblühende Sorten. Wenn sie zu dicht werden, gräbt man sie aus, sobald die Blätter im Sommer einziehen, und teilt die Zwiebeln.

Größe: H: 150 cm; B: 30 cm. **Standort:** Sonne. **Winterhärte:** hart. **Boden:** durchlässige, nahrhafte Erde. **Pflanzpartner:** späte Osterglokken, Lungenkraut *(Pulmonaria)*.

Kaiserkrone siehe *Fritillaria imperialis*

Lilium
(Lilie)

Echte Bauerngartenlilien sind Madonnenlilie *(Lilium candidum)*, Tigerlilie *(L. tigrinum)* und Türkenbundlilie *(L. martagon)*. Madonnenlilien werden an einem sonnigen Platz mit durchlässiger, bevorzugt kalkreicher Erde so gepflanzt, daß die Spitzen der Zwiebeln gerade herausschauen. Tigerlilien und Türkenbundlilien pflanzt man in Sonne oder Halbschatten 10–15 cm tief. Während die Türkenbundlilie aber Kalk verträgt, sind Tigerlilien Kalkflieher. Da alle Lilienarten und sogar -sorten verschiedene Wachstumsansprüche haben, sollte man beim Kauf stets überprüfen, ob der vorgesehene Standort ihren Bedürfnissen entspricht. In meinem Garten, der Tonboden hat, faulen Lilienzwiebeln, wenn sie in der Erde bleiben. Deshalb lasse ich sie in großen Töpfen in den Boden ein, und den Winter verbringen sie dann in einem ungeheizten Gewächshaus. Auf diese Weise kann ich auch problemlos kalkfliehende Sorten ziehen. Einige Lilien duften herrlich, insbesondere Königslilie *(L. regale)*, *L.* × *testaceum* und die Goldbandlilie *(L. auratum)*. Für den Schatten eignet sich *L.* ›Mabel

Violet‹, eine Lilie mit wunderbarem Duft und rauchigpurpurnen Blüten. Im Frühjahr düngt man Lilien kräftig und verteilt um sie herum feuchten Torf.

Größe: H: 90–120 cm; B: 30 cm. **Standort:** je nach Art Sonne oder Halbschatten. **Winterhärte:** hart. **Boden:** nahrhafte, durchlässige Erde. **Pflanzpartner:** Glockenblume *(Campanula), Clematis,* Rosen, strauchige Salbeiarten *(Salvia).*

Narcissus

(Narzisse, Osterglocke)

Man setzt Narzissen am besten in Gruppen hinten in die Rabatte, wo vor ihnen wachsende Stauden ihr Laub nach der Blüte verbergen. Sie gedeihen gut in schweren Böden, die im Winter naß sein können, solange sie während des Sommers relativ trocken sind. Bei Arten, die in Gras wachsen, sollte man die welken Blüten nicht entfernen, damit sie sich aussamen können. Eingebürgerte Narzissen läßt man ungestört wachsen, bis sie zu dicht werden und nicht mehr gut blühen. Dann nimmt man sie, sobald das Laub welkt, aus dem Boden und pflanzt sie um. Schöne Narzissen für den Bauerngarten sind die Dichternarzisse *(Narcissus poeticus* var. *recurvus)* und ihre gefüllte Form, die spätblühende *N. pseudonarcissus* ssp. *obvallarius* und die Osterglocke *(N. pseudonarcissus).*

Größe: H: je nach Art 15–40 cm; B: 8 cm. **Standort:** Sonne oder leichter durchbrochener Schatten. **Winterhärte:** hart. **Boden:** recht schwere Erde, die aber im Sommer trocken ist. **Pflanzpartner:** Wolfsmilch *(Euphorbia),* grünblühender *Helleborus* oder frühjahrsblühende Sträucher und Goldlack *(Cheiranthus cheiri).*

Osterglocke siehe *Narcissus*

Obst und Kräuter

Obststräucher

Obststräucher sind wichtige Pflanzen im Bauerngarten, denn ein Bereich mit einer schönen Auswahl an Obst ist ebenso reizvoll wie ein ordentliches Gemüsebeet. Wo wenig Platz ist, können Beerensträucher auch an Mauern, Zäunen oder Bögen erzogen werden. Sie brauchen einen tiefgründigen, fruchtbaren Boden, der im Winter nicht naß wird, und einen sonnigen Platz.

Größe: je nach Gattung und Art verschieden. **Standort:** Sonne. **Winterhärte:** hart. **Boden:** nährstoffreiche Erde. **Pflanzpartner:** mit Walderdbeeren unterpflanzen.

Obstbäume

Auch Obstbäume sind wichtige Elemente in einem echten Bauerngarten, und nichts ist reizvoller als ein knorriger alter Apfelbaum. Da man Obstbäume heute mit schwachwüchsigen Unterlagen bekommt, ist es nicht schwer, selbst für einen kleinen Garten einen geeigneten Baum zu finden. Obstbäume haben die gleichen Ansprüche an Boden, Standort und Düngung wie Obststräucher.

Kräuter

Im Bauerngarten können Kräuter in Rabatten wachsen, wo ihr Laub einen schönen Hintergrund für die Blumen bildet, man kann aber auch einen Kräutergarten anlegen. Da in diesem leicht das Grün dominiert, lohnt es sich, auch hübsche blühende Pflanzen einzubeziehen wie Lavendel, Thymian, Indianernessel, Nelken, Nachtkerze und Kapuzinerkresse oder Pflanzen mit farbigen und panaschierten Blättern, wie goldblättrigen Rosmarin und Dost, violetten Salbei, das rote Basilikum ›Dark Opal‹, buntblättrigen Beinwell (*Symphytum grandiflorum* ›Variegatum‹), Lungenkraut und Edelminze *(Mentha × gentilis).* Kräuter mit einem schönen Duft sind Minze und Salbei. Darüber hinaus sollte man immergrüne Kräuter in Töpfe und Kübel pflanzen, wie Rosmarin und Lorbeer, sowie als Einfassung Zwergbuchs, damit der Kräutergarten auch im Winter reizvoll aussieht.

Größe: H und B: je nach Art unterschiedlich. **Standort:** geschützt und sonnig. **Winterhärte:** je nach Art unterschiedlich; viele sind frostempfindlich. **Boden:** durchlässige Erde. **Pflanzpartner:** Buchs, in Form geschnittene Bäume.

Indianernessel
(*Monarda didyma*)

Obstbäume und Kräuter sind neben Gemüse vermutlich die ältesten authentischen Bauerngartenpflanzen.

Register

Kursiv gesetzte Seitenzahlen beziehen sich auf die Abbildungen, **fettgedruckte** Seitenzahlen auf das Kapitel »Die wichtigsten Pflanzen für den Bauerngarten«.

Abkürzungen bei den botanischen Pflanzennamen:
syn. = Synonym
ssp. = *subspecies* (Unterart)
var. = *varietas* (Varietät)

Danksagung

Der Verlag dankt den folgenden Fotografen und Organisationen für ihre freundliche Genehmigung zur Veröffentlichung der Fotos:

Noel Kavanagh S. 1; Clive Nichols S. 2; Clive Nichols S. 3; John Glover S. 4–5; Christopher Wood Gallery/Bridgeman Art Library S. 6–7; Tessa Traeger S. 8; British Museum/Bridgeman Art Library S. 9; The Royal Horticultural Society S. 10; Fine Art Photographic S. 11; Don Cart/National Trust Photographic Library S. 12; links Jerry Harpur (Designer Peter Place, Boxford) S. 13; rechts Nick Meers S. 13; Clay Perry/Garden Picture Library S. 14; Jerry Harpur (Mill Cottage, Hitcham) S. 16; oben Jerry Harpur (Designer Christopher Grey-Wilson) S. 17; unten Boys Syndication S. 17; Jerry Harpur (Chiffchaffs, Chaffeymoor, Dorset S. 18; oben John Glover S. 19; unten S & O Mathews S. 19; Eric Crichton S. 20; Jerry Harpur (Eastgrove Cottage Garden, Sankyns Green, Worcs.) S. 21; John Glover S. 22; oben Jerry Harpur (Heide Garden, Melbourne) S. 23; unten Noel Kavanagh S. 23; John Glover S. 24; Noel Kavanagh S. 25; John Glover/Garden Picture Library S. 26; National Trust Photographic Library S. 27; Eric Crichton S. 29; Derek Gould S. 30; links Brian Carter/Garden Picture Library S. 31; rechts Brian Carter/Garden Picture Library S. 31; S & O Mathews S. 32; oben Eric Crichton S. 33; unten Boys Syndication S. 33; John Glover S. 34; Christine Ternynck S. 37; Lamontagne S. 38; A–Z Botanical Collection S. 40; Jacqui Hurst/Boys Syndication S. 41; Steven Wooster/Garden Picture Library S. 45; Boys Syndication S. 46; Harry Smith Horticultural Collection S. 47; John Glover S. 48; Clive Nichols S. 49; Derek Gould S. 50; Marianne Majerus S. 52; Brigitte Thomas S. 53; Andrew Lawson S. 54; links Noel Kavanagh S. 55; rechts Photos Horticultural S. 55; Andrew Lawson S. 56; Jacqui Hurst/Boys Syndication S. 57; Clive Nichols S. 60; Clive Nichols S. 61; Clive Nichols S. 64; Jerry Harpur (Designer Penny Crawshaw) S. 65; Jerry Harpur (Designer Michael Balston, Patnex, Wilts.) S. 66; S & O Mathews S. 67; Brigitte Thomas S. 70; Brigitte Thomas S. 74; Didier Willery/Garden Picture Library S. 77; Elizabeth Whiting and Associates S. 78; Gary Rogers/Garden Picture Library S. 79; Eric Crichton S. 80; Andrew Lawson S. 83; Photos Horticultural S. 85; Marianne Majerus S. 89; Brian Carter/Garden Picture Library S. 90; oben John Glover S. 91; unten Photos Horticultural S. 91; Sophie Hughes/NCCPG Collection S. 92; David Askham/Garden Picture Library S. 93; Michael Perry/Bosvigo Plants S. 96; Brian Carter/Garden Picture Library S. 97; Marijke Heuff/Garden Picture Library S. 98; Andrew N. Gagg S. 99; John Glover S. 102–3; Marianne Majerus S. 104; Christian Sarramon S. 105; J. S. Sira/Garden Picture Library S. 106; John Glover/Garden Picture Library S. 107; Hugh Palmer S. 108–9; A–Z Botanical Collection S. 110; A–Z Botanical Collection S. 112; John Glover S. 113; Clive Nichols S. 114; Brigitte Thomas/Garden Picture Library S. 115; Didier Willery/Garden Picture Library S. 118; A–Z Botanical Collection S. 119; John Glover S. 120; Andrew Lawson S. 122.

Der Verlag dankt außerdem: Carole McGlynn, Derek und Judy Tolman, Barbara Mellor, Barbara Nash, Janet Smy, Michael Shoebridge und Vanessa Luff.

Adressen

Lieferadressen für alte Obstbäume erhältlich bei:

Bund Deutscher Baumschulen, Bundesgeschäftsstelle, Postfach 1229,
25402 Pinneberg, Tel. 041 01/ 20 59-0

Pflanzenliebhaber-Gesellschaften:

Gesellschaft der Staudenfreunde e. V.
Erhard u. Brigitte Wörfel
Meisenweg 1
65795 Hattersheim
Tel. 0 61 90/36 42

Deutsche Dendrologische Gesellschaft e. V.
Wolfgang Schönherr
Hawstr. 28
54290 Trier
Tel. 06 51/330 61

Verein Deutscher Rosenfreunde
Hanni Bartetzko
Waldseestr. 14
76530 Baden-Baden
Tel. 072 21/294 11

Deutsche Dahlien-, Fuchsien- und Gladiolen-Gesellschaft e. V.
Elisabeth Göring
Drachenfelsstr. 9a
53117 Bonn
Tel. 02 28/35 58 35